Kreditrisikomanagement

SCHÄFFER
POESCHEL

Andreas Oehler (Hrsg.)

Kreditrisikomanagement

Portfoliomodelle und Derivate

2000
Schäffer-Poeschel Verlag Stuttgart

Herausgeber:
Prof. Dr. Andreas Oehler, Lehrstuhl für Betriebswirtschaftslehre,
insbesondere Finanzwirtschaft, Otto-Friedrich-Universität Bamberg

Die Deutsche Bibliothek – CIP-Einheitsaufnahme

Kreditrisikomanagement :
Portfoliomodelle und Derivate / Andreas Oehler (Hrsg.).
- Stuttgart : Schäffer- Poeschel, 2000
ISBN 3-7910-1663-6

Gedruckt auf säure- und chlorfreiem, alterungsbeständigem Papier.

ISBN 3-7910-1663-6

www.schaeffer-poeschel.de
info@schaeffer-poeschel.de
Einbandgestaltung: Willy Löffelhardt
Druck und Bindung: Franz Spiegel Buch GmbH, Ulm
Printed in Germany
Juli / 2000

Schäffer-Poeschel Verlag Stuttgart
Ein Tochterunternehmen der Verlagsgruppe Handelsblatt

Fokus Kreditrisikomanagement: Eine Einführung*

Die Messung, Bewertung und Steuerung von Ausfallrisiken hat unter der Bezeichnung „Kreditrisikomanagement“ in allen Wirtschaftsunternehmen, besonders aber in Finanzintermediären, eine herausragende Bedeutung erlangt. Schon heute ist erkennbar, daß Verfahren der systematischen Kreditrisikomessung und –steuerung zu einem der entscheidenden Wettbewerbsfaktoren der Finanzindustrie werden.

Übergreifender Ausgangspunkt dieser Entwicklung war der zunächst bilaterale, inzwischen multilaterale Wettbewerb international tätiger Banken um Kreditverträge mit Wirtschaftsunternehmen und staatlichen Einheiten. Die Akteure im regulierungsbedingt entstandenen Trennbankensystem der USA haben es früh verstanden, die Kreditrisikobeurteilung und indirekt damit zusammenhängend dann auch des Pricing marktorientiert anzusiedeln. Die standardisierte Krediteinstufung via Ratingagenturen schwerpunktmäßig im Bond-Bereich hat entsprechend eine lange Tradition.
Ausgelöst unter anderem durch die verstärkte De-Regulierungs-Tendenz aufgrund des nationalstaatlichen Regulierungswettbewerbs entwickeln sich die ursprünglich heftig konkurrierenden Arten von Bankensystemen inzwischen deutlich aufeinander zu. Trennbanken US-amerikanischer Prägung nehmen stärker universalbanktypischen Charakter an, kontinentaleuropäische Institute wandeln sich von der traditionellen Universalbank zum Multi-Spezialisten. Dies hat in jüngerer Zeit die lange vom Relationship Lending geprägte europäische und besonders deutsche Bankenlandschaft zunehmend in die Wettbewerbssituation versetzt, einerseits aus Kostengründen von der personalisierten individuellen zu einer stärker systematisierten, strukturierten und schließlich standardisierten Kreditrisikobeurteilung überzugehen und andererseits im Hinblick auf die Bewertung der Kreditverträge öffentliche und marktliche Ansätze zu berücksichtigen, die es in Kontinentaleuropa lange Zeit lediglich für den Markt für Euronotes gab.
Die maßgebliche dritte Triebfeder dieser Entwicklung neben dem internationalen marktwirtschaftlichen Wettbewerb und dem Regulierungswettbewerb von Staaten und Staatengemeinschaften ist die supranationale Re-Regulierung im Umfeld der Bank for International Settlement in Basel. Die via nationale aufsichtliche Regulierung transportierten erweiterten Möglichkeiten einer stärkeren Annäherung von ökonomischer und regulatorischer Eigenkapitalnutzung und die zukünftig wohl vorgesehene Berücksichtigung auch von Diversifikationseffekten in Portfolios und Derivaten zur Justierung von Risikopositionen intensiviert die Angleichung der Finanzsysteme nochmals.

* Die Autoren und der Herausgeber danken Dipl.-Wirtsch.-Inf. Frank Spellmann für die umfassende Unterstützung bei der redaktionellen Betreuung der Verlagsvorlage dieses Buches.

Diese Konvergenz der Finanzsysteme ist dabei in doppelter Hinsicht zu erwarten: Zum einen wird schon heute eine deutliche Angleichung zwischen den Arten der Bankensysteme spürbar. Zum anderen relativiert die Marktorientierung auch in Kontinentaleuropa die Vormachtstellung des Bankensystems zugunsten eines marktgesteuerten Finanzsystems, welches die externe Bewertung und Bepreisung von Kreditrisiken fördert. Darauf muß die interne Kreditrisikosteuerung vorbereitet sein, was die intensiven Anstrengungen auch deutscher Banken in jüngerer Zeit eindrucksvoll demonstrieren.

Nach den Jahren der Thematisierung der bloßen Notwendigkeit eines differenzierten Risikomeß-, -bewertungs- und -steuerungssystems für Finanzintermediäre und inzwischen via KonTraG – allerdings noch schleppend – auch für andere Wirtschaftsunternehmen sowie nach einer Zeit der fast ausschließlichen Beschäftigung mit Instrumenten des Marktrisikomanagements steht jetzt die Messung und Steuerung von Kreditrisiken im Brennpunkt der praxisorientierten wie wissenschaftlichen Diskussion.
Fokussierten die Bemühungen anfangs auf die Messung und Bewertung singulärer Kreditrisiken, ist inzwischen die aus dem Marktrisikomanagement gut bekannte Portfoliobetrachtung dominant. Doch die Kriterien und Methoden der Marktrisikomessung und -steuerung lassen sich aufgrund der Charakteristika des Kreditrisikos nicht einfach für das Kreditrisikomanagement übernehmen. Zusätzlich zur notwendigen Transformation sind zudem wechselseitige Wirkungsbeziehungen zu beachten.

Die Arbeiten der Autoren dieses Bandes setzen genau hier an. Die Beiträge beschäftigen sich intensiv aus wissenschaftlicher wie aus praxisorientierter Sicht mit Kreditportfoliomodellen und deren Relation zu bekannten Techniken des Marktrisikomanagements. Darüber hinaus erhalten die Nutzung von Derivaten, die Integration von Markt- und Kreditrisiken und – last but not least – die aufsichtliche Perspektive einen hohen Stellenwert. Damit wird in dieser Form erstmalig ein tiefreichender Einblick in den aktuellen Stand der Forschung und der Praxis des Kreditrisikomanagements gegeben.

Die einzelnen Arbeiten der Autoren sind wie folgt einzuordnen:

- Andreas **Pfingsten** und Gerhard **Schröck** fokussieren in ihrem Beitrag auf die zentrale Bedeutung der Methodik der Krediteinstufungsmodelle zur quantitativen Erfassung von Kreditrisiken im Kundengeschäft von Banken. In einem ersten Schwerpunkt widmet sich der Artikel der Messung des erwarteten und unerwarteten Ausfalls auf der Grundlage von Krediteinstufungsmodellen. Im Anschluß an die Erörterung der reinen Meßmethodik beschäftigt sich ein zweiter Schwerpunkt mit der Bedeutung der Einführung von Krediteinstufungsmodellen aus Unternehmenssicht und aus aufsichtsrechtlicher Perspektive.

- Der Beitrag von Stefan **Huschens** und Herman **Locarek-Junge** widmet sich schwerpunktmäßig portfolioorientierten Kreditrisikomodellen, die aktuell unter anderem für die regulatorische Eigenkapitalunterlegung von Kreditrisiken diskutiert werden. Dabei werden die vier bekanntesten, in der Praxis verwendeten Portfoliomodelle sowohl systematisch bezüglich ihrer methodischen Konzeption als auch hinsichtlich ihres praktischen Einsatzes untersucht. Der Vergleich der Modelle beruht dabei auf Ausführungen zu ausgewählten statistischen Grundfragen der Kreditrisikomessung von Portfolios. Besondere Beachtung finden die impliziten Korrelationsannahmen der einzelnen Modelle.

- Die Studie von Rüdiger **Kiesel** und Bernd **Schmid** erörtert die Modellierung von stochastischen Ausfallwahrscheinlichkeiten und die damit verbundenen Berechnungen des erwarteten und unerwarteten Ausfalls sowie darauf basierender Risikomaße. Der Schwerpunkt der Analyse liegt auf einem Vergleich der Ansätze der stochastischen Modellierung von Ausfallwahrscheinlichkeiten einzelner Schuldner und der darauf beruhenden Ermittlung von Korrelationen einerseits mit eher praxisorientierten Kreditrisikomodellen andererseits. Problembereiche bei der praktischen Anwendung der diskutierten Verfahren werden detailliert dargelegt.

- Die Analyse von Gerhard **Stahl** und Uwe **Traber** beschäftigt sich mit der essentiellen Frage der Beurteilung der Prognosegüte interner Modelle zur Messung von Markt- und Kreditrisiken. Schwerpunktmäßig wird hierbei auf die Ermittlung der Güte der Kalibrierung von VaR-Modellen anhand verschiedener aus der Wettervorhersage bekannter Kriterien und Methoden eingegangen. Die mit unterschiedlichen Backtesting-Verfahren ermittelten Ergebnisse ausgewählter Portfolios werden miteinander verglichen und ihre Eignung für den praktischen Einsatz diskutiert. Die Ergebnisse favorisieren, nicht ganz unerwartet, aber nun überzeugend belegt, das Clean-Backtesting.

- Der Arbeit von Jörn **Barth** untersucht die in Theorie und Praxis bisher kaum beachteten Auswirkungen von Marktrisiken auf Kreditrisiken bei marktabhängigen Finanzderivaten auf Portfolioebene. Die Erweiterung der Analyse Barths gegenüber den vorstehenden Beiträgen liegt also sowohl in einer expliziten Ergänzung der Kreditportfoliobetrachtung von Derivaten als auch in der Verbindung zur Marktrisikoebene. Zuerst wird das selbst entworfene „Market-Influenced Credit Risk“ (MICR)-Modell vorgestellt, das auf existierenden Kreditrisikomodellen aufbaut, die um entsprechende Marktrisikokomponenten erweitert werden. Berücksichtigt wird hierbei vor allem das Zinsniveau. Die theoretischen Ausführungen werden um eine empirische Analyse des MICR-Modells mit Zinsswaps unter Verwendung von Worst-Case-Maßen ergänzt, die gegenüber dem Value-at-Risk weiterentwickelt wurden und eine präzisere Messung in extremen Marktsituationen erlauben.

- Hans-Peter **Burghof**, Sabine **Henke** und Bernd **Rudolph** erörtern die bankaufsichtliche Behandlung von Finanztiteln, insbesondere Kreditderivaten, im Rahmen eines aktiven Kreditportfoliomanagements. Die bisherigen Beiträge werden somit im Hinblick auf die Einbindung von Derivaten auf der Kreditportfolioebene intensiviert und gleichzeitig durch die explizite Berücksichtigung der aufsichtlichen Perspektive bereichert. Die regulatorischen Vorschriften werden im Hinblick auf ihre Anreizkompatibiltät bei der Verwendung von Kreditderivaten untersucht. Da das bisherige Recht keine geeignete portfolioorientierte Erfassung erlaubt, werden Lösungsvorschläge zur Behandlung von Kreditderivaten aufgezeigt und das aktuelle Basler Konsultativpapier kritisch beleuchtet.

Bamberg im Mai 2000 *Andreas Oehler*

Inhaltsverzeichnis

Autorenverzeichnis

Dr. Jörn Barth
Graduiertenkolleg „Allokation auf Güter- und Finanzmärkten“, Universität Mannheim

Dr. Hans-Peter Burghof
Wissenschaftlicher Mitarbeiter am Seminar für Kapitalmarktforschung und Finanzierung, Ludwig-Maximilians-Universität München

Dipl.-Kffr. Sabine Henke
Wissenschaftliche Mitarbeiterin am Seminar für Kapitalmarktforschung und Finanzierung, Ludwig-Maximilians-Universität München

Prof. Dr. Stefan Huschens
Lehrstuhl für Quantitative Verfahren, insbesondere Statistik, Technische Universität Dresden

Dr. Rüdiger Kiesel
London School of Economics, London

Prof. Dr. Hermann Locarek-Junge
Lehrstuhl für Betriebswirtschaftslehre, insbesondere Finanzwirtschaft und Finanzdienstleistungen, Technische Universität Dresden

Prof. Dr. Andreas Pfingsten
Institut für Kreditwesen, Westfälische Wilhelms-Universität Münster

Prof. Dr. Bernd Rudolph
Seminar für Kapitalmarktforschung und Finanzierung, Ludwig-Maximilians-Universität München

Dipl.-Math. Bernd Schmid
Risklab Germany, München

Gerhard Schröck, MBA
Oliver, Wyman & Co., Frankfurt am Main

Dipl.-Math. Gerhard Stahl
Grundsatzfragen „Interne Modelle“, Bundesaufsichtsamt für das Kreditwesen, Berlin

Leitender Regierungsdirektor Uwe Traber
Grundsatzfragen „Interne Modelle“, Bundesaufsichtsamt für das Kreditwesen, Berlin

Bedeutung und Methodik von Krediteinstufungsmodellen im Bankwesen°

von

Andreas Pfingsten / Gerhard Schröck

° Dieser Beitrag ist ein Ergebnis der Zusammenarbeit von Prof. Dr. Pfingsten und Oliver, Wyman & Company im Rahmen des Oliver Wyman Institute. Die Autoren danken Til Schuermann für wertvolle Hinweise. Die geäußerten Ansichten geben allein die Meinungen der Autoren und nicht notwendigerweise die von Oliver, Wyman & Company wieder.

Im vorliegenden Beitrag steht die zentrale Bedeutung von Krediteinstufungsmodellen im Bankwesen im Mittelpunkt der Betrachtung. Dabei gehen wir neben der reinen Meßfrage auch auf die Bestimmung des Erwarteten Verlustes sowie des ökonomischen und des regulatorischen Kapitals für Kreditrisiken ein. Die Errichtung trennscharfer Krediteinstufungsverfahren ermöglicht darüber hinaus Preisstrategien im Kreditmarkt, die zur Vermeidung bzw. Verringerung von adverser Selektion beitragen. Daneben können Krediteinstufungsmodelle Grundlage für die Verminderung der Eigenkapitalkosten sein und damit zu einer Verbesserung der risikobereinigten Preisbildung in dem Sinne führen, daß sich ein Kreditinstitut weder durch fundamental überhöhte Preise aus dem Markt kalkuliert noch unbewußt Kunden subventioniert.

Diese an sich schon wichtigen Vorteile guter Krediteinstufungsmodelle erhöhen sich noch dadurch, daß deren weitergehende Nutzung zur Verminderung von Kosten im Kreditprozeß beitragen kann. Beispielsweise können die Ergebnisse eines internen Kreditratings dazu genutzt werden, bestimmte Engagements von vornherein abzulehnen, andere Kreditanträge nach knapper Prüfung zu vergeben und die knappe Expertenkapazität gezielt für Fälle einzusetzen, die kein eindeutiges Bild ergeben und daher einer genaueren Analyse zu unterziehen sind. Insofern können Krediteinstufungsmodelle auch den Kreditprozeß und die Organisationsstruktur verändern.

1 Einleitung und Überblick

Die Versorgung der Wirtschaft mit Fremdkapital ist eine der wesentlichen Aufgaben, an denen Kreditinstitute mitwirken. Dabei werden von ihnen unterschiedliche Funktionen übernommen. In einer pauschalisierten Zweiteilung lassen sich bankdominierte Finanzsysteme, für die Deutschland als ein Beispiel gelten kann, und kapitalmarktorientierte Finanzsysteme, wofür exemplarisch die USA stehen, unterscheiden. In ersteren stellen Kreditinstitute - ganz ihrem Namen entsprechend - Kredite direkt zur Verfügung. In letzteren findet ein weitaus größerer Teil von Unternehmensfinanzierungen[1] über den Kapitalmarkt statt. Hieran wirken Kreditinstitute u.a. im Rahmen der Emission und als Investoren mit.

Für jegliche Investoren, also keinesfalls nur für Kreditinstitute, ist das mit einer Kreditvergabe bzw. einem Anleiheerwerb verbundene (Kredit-)Risiko eine zentrale Kenngröße bei der Entscheidungsfindung. Während Kreditinstitute bei der Kreditvergabe zu diesem Zweck oft eine eigene Einschätzung über die Bonität des potentiellen Kreditnehmers generieren, wird diese Tätigkeit bei Anleihen eher durch Rating-Agenturen wahr-

1 Für Daten vgl. z.B. Allen/Gale 1998.

genommen, die eine Bonitätseinschätzung des Emittenten oder des speziellen Finanztitels erarbeiten.

Die bankintern verwendeten, zum Teil recht unterschiedlichen Ansätze werden wir in der Folge zumeist als Krediteinstufungsmodelle bezeichnen, um nicht mit dem Begriff Rating eine einseitige Ausrichtung an den Methoden der Rating-Agenturen zu suggerieren. Gleichwohl ist festzustellen, daß sich der Begriff des Rating inzwischen auch immer mehr für bankintern verwendete Bonitätsbeurteilungssysteme durchsetzt[2].

Im vorliegenden Beitrag stellen wir zunächst dar, welche Bedeutung Krediteinstufungsmodellen auf Grund des Wirkens von Marktkräften (Abschnitt 2) bzw. aufgrund regulatorischer Maßnahmen (Abschnitt 3) zukommt. Die dabei zentrale Messung Erwarteter und Unerwarteter Verluste, die sich inzwischen als Marktstandard zur Charakterisierung von Kreditrisiken durchgesetzt hat, wird in Abschnitt 4 eingehend behandelt. Der folgende Abschnitt 5 beschäftigt sich mit der Messung von Korrelationen zwischen Krediten bzw. dem gleichzeitigen Ausfall zweier Kreditnehmer. Über deren Detailprobleme wird derzeit eine intensive Diskussion in Wissenschaft und Praxis geführt. In Abschnitt 6 wird eine kurze Einschätzung darüber abgegeben, was heute der Standardansatz in den führenden Banken im Bereich der Krediteinstufungsmodelle ist. Mit einigen Schlußfolgerungen runden wir den Beitrag in Abschnitt 7 ab.

2 Wirkung von Marktkräften

Bereits seit einiger Zeit werden von vielen Kreditinstituten die relativ schlechten (risikobereinigten) Ergebnisse im Kreditgeschäft mit Sorge gesehen. Immer enger werdenden Zinsmargen stehen nicht unerhebliche Kreditrisiken gegenüber, die nicht durch Einsparungen bei der Abwicklung kompensiert werden können und sollten, sich vor allem aber nicht hinreichend in risikoorientierter Bepreisung widerspiegeln. Aufgrund abnehmender Kundenloyalität – so die gängige Meinung – ist auch die Kompensation durch andere Geschäfte (Stichwort Cross Selling und Quersubventionierung) nicht in der gewünschten Weise gegeben, zumal hierfür i.d.R. ebenfalls kein entsprechendes Pricing erfolgt.

Vermutlich ist das Phänomen unbefriedigender Ergebnisse aus dem Kreditgeschäft gar nicht wirklich neu. Methodische Fortschritte und zugleich die Konvergenz auf einheitliche Konzepte, z.B. das Vordringen von RAROC-Ansätzen (RAROC = Risk-Adjusted

---

2 Vgl. Krahnen/Weber 1999.

Return on Capital) und eine zunehmende Orientierung am Shareholder Value[3], lassen die Problematik u.U. nur deutlicher sichtbar werden. Ein weiterer methodischer Fortschritt ist in dem wachsenden Verständnis bei der Betrachtung ganzer Kreditportfolios zu sehen. Hierzu tragen entsprechende Portfoliomodelle bei, z.B. CreditMetrics™ (JP Morgan), PortfolioManager (KMV), CreditRisk+ (CSFP), CreditPortfolioView (McKinsey) sowie Eigenentwicklungen der Banken. Inzwischen existieren erste wissenschaftliche Arbeiten, in denen einzelne Modelle verglichen werden[4]. Die genannten Modelle machen grundsätzlich deutlich, daß der Diversifikationsgrad der Portfolios oftmals unzureichend ist und nicht unerhebliche (regionale und branchenspezifische) Klumpenrisiken vorliegen. Dem könnte bei gegebener Liquidität an entsprechenden Märkten durch Hedging von Kreditrisiken relativ leicht abgeholfen werden, indem z.B. durch aktiven Kauf und Verkauf von Krediten oder vergleichbaren Instrumenten (z.B. Asset Backed Securities, Kreditderivaten) die Portfoliostruktur in der für die Optimierung der Risiko-Ertrag-Relation gewünschten Weise verändert würde. Aufgrund der hierdurch neu eröffneten Möglichkeiten für Kreditinstitute ist es wenig verwunderlich, daß die Liquidität der entsprechenden Märkte in den letzten Jahren durch entsprechende Nachfrage nach solchen Instrumenten signifikant gewachsen ist (vgl. Abbildung 1) und wohl auch weiter stark wachsen wird.

3 Vgl. Schröck 1997.

4 Siehe etwa Koyluoglu/Hickman 1998; Wahrenburg 1999; Crouhy/Galai/Mark 2000 sowie Gordy 2000.

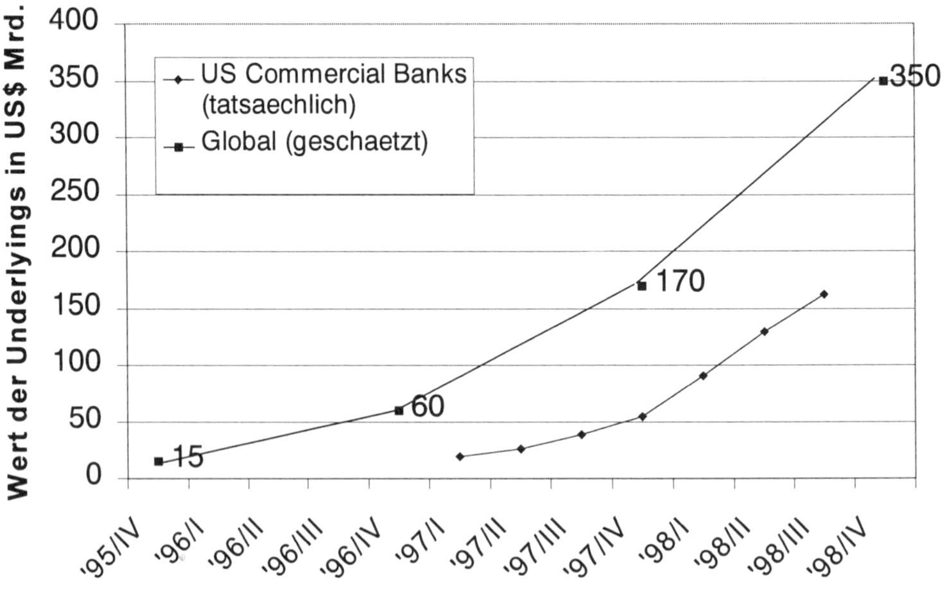

Abbildung 1: Handelsvolumen von Kreditderivaten[5]

Die Handelbarkeit von Finanztiteln verlangt eine hinreichende Marktliquidität und benötigt für effiziente Märkte akzeptierte Bewertungsansätze. Insofern sind als Grundlage der Risikoeinschätzung (kalibrierte) Krediteinstufungsmodelle mit nachgewiesener Validität eine der fundamentalen Voraussetzungen für die Funktionsfähigkeit von Sekundärmärkten für Kredite. Liquide Märkte andererseits liefern durch eine Vielzahl von Transaktionen zahlreiche Preisinformationen, die letztlich selbst wieder Grundlage (für die Verbesserung) von Bewertungsmodellen sein können.

Im Vergleich zu Marktpreisrisiken haben Ausfallrisiken aus dem Kreditgeschäft allerdings einige besondere Merkmale. So ist vor allem darauf hinzuweisen, daß ein Marktpreisrisiko (z.B. ein Fall des DAX) aus Sicht eines einzelnen Kreditinstituts / Investors exogen ist. Ein Ausfallrisiko (z.B. der Konkurs eines Bauunternehmens) hat demgegenüber auch endogene Komponenten. So hängen Ausfallwahrscheinlichkeit und Ausfallhöhe nicht zuletzt von der Betreuungs- und Überwachungsqualität sowie dem Verhalten

5 British Bankers Association 1998.

des Kreditinstituts in Krisenzeiten ab. Kreditgenossenschaften behaupten beispielsweise, daß sie sich wegen ihrer regionalen Verantwortung erst relativ spät aus kritischen Engagements zurückziehen. Im Vergleich zu den Großbanken müßte sich dies – abhängig von der tatsächlich gewählten Definition – in geringeren Ausfallraten (weil sich einige kritische Fälle wieder erholen) und größeren relativen Verlustquoten im Konkursfall zeigen. Wie in Abschnitt 4 deutlich wird, können sich jedoch diese institutsspezifischen Unterschiede (höhere Ausfallrate und niedrigere Verlustquote versus niedrigere Ausfallrate und höhere Verlustquote) bei der Berechnung des Erwarteten Verlustes insgesamt wieder ausgleichen.

Gleichwohl ist vorstellbar, daß in gewissem Rahmen im Kreditgeschäft wie im Umgang mit klassischen Marktpreisrisiken eine Funktionsaufspaltung stattfindet. Dem traditionellen Buy-and-hold-Ansatz (Vergabe des Kredites und anschließend dauerhafte Übernahme des Kreditrisikos bis zum Laufzeitende oder Ausfall des Engagements) wird als neues Paradigma ein Aktives Kreditportfolio-Management gegenüber gestellt (vgl. Abbildung 2). Dies verändert die herkömmlichen Geschäftsprozesse im Kreditgeschäft dramatisch und erfordert eine grundlegende Neuordnung der Organisation[6].

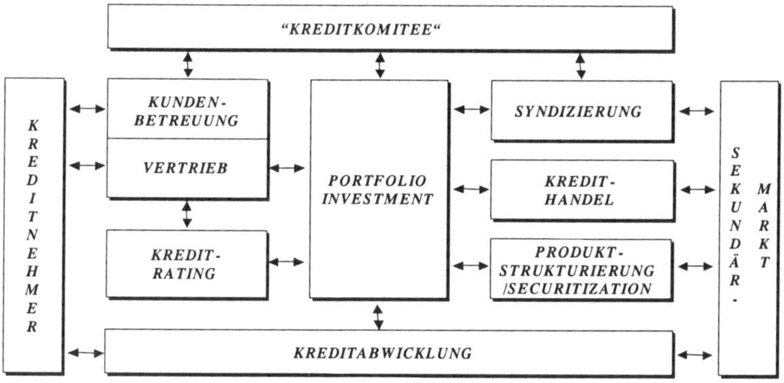

Abbildung 2: Moderner Kreditprozeß[7]

6 Vgl. Kuritzkes 1999 sowie Kuritzkes/Harris/Strothe 2000.
7 Kuritzkes 1999.

Entscheidendes Merkmal ist die Trennung der im traditionellen Kreditgeschäft in einer Einheit enthaltenen Funktionen und ihre Aufsplittung in getrennte Organisationseinheiten. Zwischen diesen werden Leistungen ausgetauscht, was ein umfassendes System von Verrechnungspreisen bzw. die Etablierung interner Märkte erfordert.

Nicht übersehen werden dürfen die dabei potentiell entstehenden Probleme, denen bei der Neuverteilung der Aufgaben und Verantwortlichkeiten entsprechend entgegengewirkt werden muß:

- Die Zersplitterung der Funktionen begünstigt die Zersplitterung von Informationsbedarf und -erwerb.

- Mit dieser Zersplitterung sinken Informationsvorteile (sofern solche überhaupt bestehen) des traditionellen Kreditinstituts gegenüber anderen Akteuren am Kapitalmarkt. Möglicherweise wird die Funktionstrennung deshalb nur dort erfolgen, wo ohnehin keine Informationsvorteile gegeben sind.

- Intern (und extern) droht Moral Hazard, d.h. die opportunistische Ausnutzung von Informationsvorteilen. So könnte z.B. der Vertrieb versucht sein, das Risiko von Engagements zu untertreiben, um dadurch höhere Erlöse beim Weiterverkauf an das Portfolio-Investment zu erzielen. Daher ist eine unabhängige, neutrale Kreditrisikoeinschätzung gerade auch aus interner Sicht wünschenswert.

Nicht zuletzt wegen des letzten Punktes ist das Einführen bzw. Ändern geeigneter Anreizsysteme, die mit aussagekräftigen und allgemein (bankintern) anerkannten Krediteinstufungsmodellen als neutralem Ankerpunkt arbeiten, von herausragender Bedeutung für die erfolgreiche Umsetzung des Aktiven Kreditportfolio-Managements.

3 Regulatorische Veränderungen und deren Folgen

Das gerade in letzter Zeit zunehmende Interesse allgemein an Kreditrisiko- und speziell an verbesserten Krediteinstufungsmodellen, das sich u.a. im Erscheinen von Büchern wie denen von Ong[8] und Saunders[9] zeigt, wird auch durch aktuelle Entwicklungen in der Regulierung getrieben. Sieht man einmal von vielen Detailregelungen ab, so waren bisher pauschal und risikounabhängig Kredite an viele Gebietskörperschaften in den westlichen Industrienationen gar nicht, Kredite an Kreditinstitute in diesen Ländern mit

---

8 Ong 1999.

9 Saunders 1999.

1,6% und Unternehmenskredite mit 8% aufsichtsrechtlichen Eigenmitteln zu unterlegen. Derartig undifferenzierte Regeln sind kein geeignetes Abbild der tatsächlichen Risikosituation von Kreditnehmern. Dieser Mangel war bekannt, wurde aber im Zuge des Fortschritts bei Kreditportfolio-Analysen deutlicher sichtbar und genauer meßbar. Mit der Ausweitung des Handels von Krediten und des indirekten Handels mittels Kreditderivaten etc. ergeben sich weitere, über das bereits bestehende Maß hinausreichende Anreize zur Regulierungsabitrage, die im wesentlichen die Diskrepanz zwischen dem erforderlichen regulatorischen und dem aus Eigeninteresse der Kreditinstitute zur Verfügung gestellten ökonomischen Kapital ausnutzen. So wird ein Kreditinstitut aus ökonomischer Sicht z.B. den Kredit an ein AAA geratetes Unternehmen mit viel weniger, an ein C geratetes Unternehmen jedoch mit deutlich mehr als den geforderten 8% Eigenkapital unterlegen. Insofern wird gerade hinsichtlich des erforderlichen Eigenkapitals durch die pauschalen regulatorischen Vorschriften die tatsächliche Risikoübernahme der Kreditinstitute nicht zutreffend abgebildet. Besonders deutlich fällt die Diskrepanz dann aus, wenn sich Investoren einschalten, die - weil selbst nicht Kreditinstitute - keinen regulatorischen Vorschriften zur Unterlegung von Kreditrisiken mit Eigenkapital unterliegen.
Gerade dies letztgenannte Phänomen regt noch zu einer Randbemerkung an. Bei den Handelsgeschäften hat man sich in der Regulierung gemäß der Maxime „Same Business, Same Risk, Same Regulation" zu einer Gleichbehandlung von Kreditinstituten und Wertpapierfirmen durchgerungen. Aus einer übergeordneten Perspektive gilt diese Regel jedoch nicht; denn beispielsweise sind Kreditrisiken in Kreditinstituten mit regulatorischem Kapital zu unterlegen, die Lieferantenkredite eines produzierenden Unternehmens hingegen nicht. Insofern liegt bei umfassenderer und genauerer Betrachtung diesbezüglich keine funktionale, d.h. die einzelnen Geschäfte in den Vordergrund stellende Regulierung vor, sondern eine institutionelle Regulierung, die grundsätzlich Unterschiede zwischen den einzelnen Typen von Finanzintermediären etc. macht.

Die oben angedeuteten Möglichkeiten zur Regulierungsabitrage wurden und werden von der Bankenaufsicht natürlich schon länger mit Sorge gesehen. Sie fördern über falsche Anreize und irreführende Steuerungsimpulse eine Risikoerhöhung im Bankwesen. Daher werden seit einiger Zeit mögliche Änderungen der aufsichtsrechtlichen Anforderungen zur Eigenmittelunterlegung diskutiert. Mit dem am 3. Juni 1999 veröffentlichten Konsultationspapier des Baseler Ausschusses für Bankenaufsicht ist hierbei ein Meilenstein gesetzt worden. Er macht auch denjenigen deutlich, die bisher die Diskussion um verbesserte Modelle zur Eigenkapitalunterlegung von Kreditrisiken eher uninteressiert verfolgt haben, daß - unabhängig davon, wie der eingeleitete Konsultationsprozeß weitergeht – fundamentale Änderungen bevorstehen. Gemäß Konsultationspapier ruht die Kapitaladäquanz auf drei Säulen:

1. Bestimmung des aufsichtsrechtlichen Mindestkapitals: Erweiterung der risikodifferenzierten Kapitalunterlegung für Kreditrisiken nach internen und externen Krediteinstufungsmodellen; weiterhin auch die Einbeziehung der Zinsrisiken des Anlagebuches (ALM-Risiko) sowie der Betriebsrisiken.

2. Aufsichtsrechtliche Überprüfungen der Kapitaladäquanz: Diese würden nicht zuletzt auf eine Systemprüfung in den Banken hinauslaufen. (Einflußfaktoren sind das Risikoprofil und die Qualität der Risikomessung und des Risikomanagements sowie die Forderung an die Banken, ein umfassendes System zur Kapitalallokation zu haben.) Damit einhergehend würde sie einen größeren diskretionären Beurteilungsspielraum für die Aufseher mit sich bringen, um einen über die Minimalanforderungen hinausgehenden Kapitalbedarf festzulegen.

3. Nutzung der disziplinierenden Wirkung von Marktkräften: Hier steht eine umfangreichere Veröffentlichungspflicht der Kreditinstitute zu Kapitalstruktur, Risikoprofil und Grad der Kapitaladäquanz im Vordergrund.

Krediteinstufungsmodelle sind besonders im Bereich der erstgenannten Säule von grundlegendem Interesse, spielen aber auch für die beiden anderen Punkte eine wichtige Rolle. Das für Kreditgeschäfte bereitzuhaltende Risikokapital soll zukünftig abhängig davon differenzierter ermittelt werden können. Dazu werden hinreichend feine Krediteinstufungen benötigt, die sich in geeigneter Weise in risikorelevante Kennzahlen (z.B. erwartete Ausfallraten) transformieren lassen. Vor allem von US-amerikanischer Seite aus wurde dabei von Anfang an externen Ratings ein tragende Rolle zugedacht, die dort auch für eine Vielzahl von mittelständischen Unternehmen zur Verfügung stehen. Bei diesen Ratings handelt es sich um Einstufungen, die als objektiv in dem Sinne angesehen werden, daß sie nicht vom Eigeninteresse (Reduzierung des benötigten Kapitals) einer speziellen Bank getrieben werden. Sie unterliegen diesbezüglich keinem Moral Hazard Problem. Mit den vorhandenen Datenbasen können, so die Idee, Ratings in Ausfallwahrscheinlichkeiten, erwartete Ausfallbeträge etc. umgesetzt werden, aus welchen anschließend Kapitalanforderungen abgeleitet werden können.

Der aktuelle Vorschlag[10] sieht vor, geratete Unternehmen in Abhängigkeit von ihrem Rating in 5 Klassen einzuteilen, von denen allerdings die mittleren 3 Klassen das gleiche Risikogewicht bekommen. Dies wird z.B. von Altman und Saunders[11] mittels diverser statistischer Analysen als zu wenig differenzierend nachgewiesen; die Ausfallraten der Unternehmen in diesen drei mittleren Klassen sind zu unterschiedlich, um von

10 Vgl. Baseler Ausschuß für Bankenaufsicht 1999b.
11 Altman/Saunders 2000.

einer homogenen Gruppe sprechen zu können.

Angesichts der insbesondere in Deutschland geringen Zahl extern gerateter Unternehmen (laut Auskunft der EU-Kommission ca. 25 im Vergleich zu ca. 600 in der EU und mehreren Tausend in den USA[12]) wird verständlich, daß von Seiten der deutschen Vertreter im Baseler Ausschuß die gleichzeitige Anerkennung interner Ratings oder die Bildung weiterer externer Rating-Agenturen propagiert wird. Ohne solche Veränderungen wird ein Wettbewerbsnachteil für deutsche Kreditinstitute auf internationaler Ebene befürchtet, da sie keine Kapitalersparnisse auf dem Heimatmarkt für den Wettbewerb an anderen Standorten einsetzen können. Ob es zu einer Anerkennung interner Ratings kommen wird und welche Voraussetzungen ggf. dafür zu erfüllen sind, läßt sich zum gegenwärtigen Zeitpunkt nicht sagen. Nicht zuletzt sind noch konzeptionelle Fragen vor allem zum Back-Testing, d.h. der Überprüfung der Richtigkeit der Ratings ex-post, zu klären und Datenbasen auf ihre Qualität und Aussagekraft hin zu überprüfen.

Von der geeigneten Lösung der offenen Fragen sowie der Qualität der zur Verfügung stehenden Daten wird auch abhängen, wie die bankindividuelle Prüfung abläuft und welche Ergebnisse sie bringt (Punkt 2). Die positive Reaktion des Marktes hinsichtlich deutlich verbesserter Transparenz von Kreditinstituten dürfte dagegen eindeutiger ausfallen (Punkt 3).

Ausgehend von der derzeit gültigen Eigenmittelregulierung wären zwei grundsätzlich unterschiedliche Wege sowie mehrere Varianten dazwischen denkbar (gewesen). Das eine Extrem der denkbaren Lösungen könnte die vollständige Abschaffung der Regulierung darstellen, indem (u.U. durch entsprechende Publizitätsvorschriften unterstützt) auf eine Selbstregulierung durch den Markt gesetzt würde. Am anderen Ende des Spektrums könnte quasi im bestehenden Regulierungsrahmen auf eine deutliche Verbesserung der Meßmethoden gesetzt werden, die letztlich wie bei den Marktpreisrisiken auf die Anerkennung interner Modelle zur Eigenmittelunterlegung von Kreditrisiken hinausliefe. Der aktuelle Baseler Vorschlag ist wohl tendenziell dieser zweiten Rubrik zuzuordnen, wobei allerdings mit den Publizitätsvorschriften ergänzend auf Marktdisziplinierung gesetzt wird und interne Kreditrisikomodelle aufgrund noch vielfältiger offener theoretischer wie praktischer Fragen derzeit noch außerhalb des zulässigen Rahmens liegen.

---

12 Vgl. o.V. 1999.

4 Messung Erwarteter und Unerwarteter Verluste

Die Diskussion um Krediteinstufungsmodelle bzw. allgemeiner um die richtige Messung von Kreditrisiken hat in letzter Zeit die systematische Trennung der Betrachtung von Erwarteten und Unerwarteten Verlusten (EV und UV) hervorgebracht. Dem Namen entsprechend werden als Erwartete Verluste die über einen genügend langen Zeitraum ermittelten durchschnittlichen jährlichen Ausfälle (pro Ratingklasse) angesehen. Die Differenz zwischen den tatsächlich eingetretenen Ausfällen (ex-post) und den (ex-ante) erwarteten Ausfällen einer Periode wird als Unerwartete Verluste bezeichnet.

Erwartete Verluste stellen nicht ein Risiko im Investorensinne dar, sondern sind ein vorhersehbarer Aufwandsposten, der die erwartete Rendite beeinflußt und sich entsprechend in differenzierten Risikozuschlägen widerspiegeln sollte. Diese sind gemäß dem Versicherungsprinzip zu berechnen und sollten auf jeden Fall Bestandteil der Mindestmarge sein. Die Berechnung marktdeduzierter Risikokosten von Brakensiek[13] geht beispielsweise in diese Richtung. Sofern eine vollständige Vereinnahmung der Erwarteten Verluste mittels dieses Risikozuschlags stattfindet, ist hierfür kein weiteres ökonomisches Kapital erforderlich.

Der Erwartete Verlust sollte aus den Risikocharakteristika der einzelnen Transaktionen abgeleitet werden. Er ist als Produkt aus erwarteter Ausfallrate, Verlustquote und (erwartetem) Exposure zu messen (vgl. Abbildung 3).

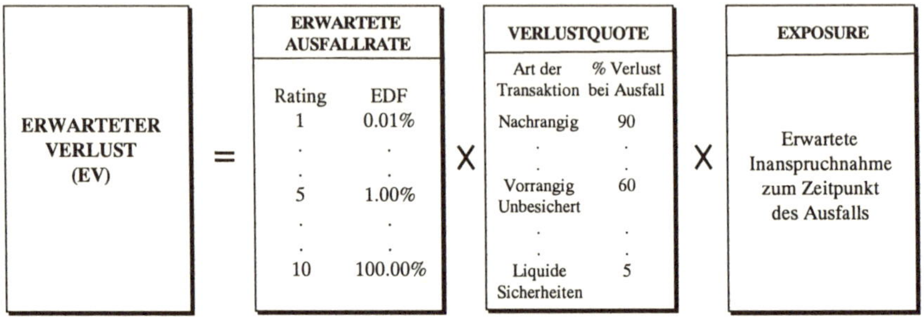

Abbildung 3: Zerlegung des Erwarteten Verlustes in Einflußfaktoren

13 Vgl. Brakensiek 1991.

Die erwartete Ausfallrate wird dabei durch die Bonität des Kreditnehmers bestimmt. Den einzelnen Ratingklassen, in denen sich diese Bonität ausdrückt, sind daher durchschnittliche Ausfallwahrscheinlichkeiten (ggf. bei mehrjährigen Krediten unter Berücksichtigung der Migration zwischen Bonitätsklassen im Zeitablauf) zuzuordnen. Eine zutreffende derartige Kalibrierung der Ratingklassen könnte – neben der nachzuweisenden Trennschärfe des Krediteinstufungssystems – bei einer aufsichtsrechtlichen Überprüfung der Qualität eines bankindividuellen Krediteinstufungsmodells von großer Relevanz sein.

Anders als die erwartete Ausfallrate, die kreditnehmerspezifisch ist und über die Ratings klassifiziert wird, sind Verlustquote und Exposure (auch) fazilitätsspezifisch. In die Ermittlung der Verlustquote gehen dabei u.a. der Rang einer Forderung, gestellte Sicherheiten und vereinbarte Covenants ein; sie beinhaltet daher die Verluste aus Kapital, Zinsen und allen Beitreibungskosten. Das Exposure als erwartete Inanspruchnahme eines Kredits zum Zeitpunkt des Ausfalls ist maßgeblich von der Art der Kreditzusage abhängig. Oftmals wird davon auszugehen sein, daß ein Unternehmen, welches in (Liquiditäts-)Schwierigkeiten kommt, alle Kreditlinien ausschöpfen wird, um mit den dadurch gewonnenen Cash Flows noch zu retten, was letztlich vielleicht doch nicht mehr zu retten ist.

Die multiplikative Zerlegung des Erwarteten Verlustes in die drei genannten Komponenten geht zunächst von einer Unabhängigkeit zwischen ihnen aus. Diese kann bei vielen einfachen Kreditprodukten unterstellt werden, ist jedoch bei manchen komplexeren Strukturen nicht mehr unbedingt gegeben. So haben beispielsweise Sicherheiten oder Covenants nicht nur eine Wirkung auf den Betrag, der letztlich uneinbringlich ist, sondern auch auf das Verhalten des Kreditnehmers (z.B. seine Projektwahl[14]) und damit auf die erwartete Ausfallrate. Derartige Abhängigkeiten führen überdies dazu, daß in bestimmten Bereichen (z.B. Projektfinanzierung oder gewerbliche Immobilienfinanzierung) insgesamt ein Fazilitätenrating sinnvoll sein kann, bei dem die Bonität des Kreditnehmers eine untergeordnete Rolle bei der Ermittlung des Erwarteten Verlustes spielt.

Der Unerwartete Verlust drückt das Ausmaß der Abweichungen vom durchschnittlich eintretenden Erwarteten Verlust aus. Er kann grundsätzlich mit Streuungsmaßen (z.B. der Standardabweichung) oder mit sogenannten Downside-Risikomaßen (z.B. Value-at-Risk), die allein auf Abweichungen nach unten basieren, gemessen werden. Wie groß der Beitrag eines einzelnen Geschäftes zum Unerwarteten Verlust eines Portfolios ist, hängt dabei maßgeblich vom Diversifikationsgrad dieses Portfolios und seiner Korrela-

---

14 Vgl. Bester/Hellwig 1989.

tion mit dem zusätzlichen Geschäft ab.

Die Unerwarteten Verluste verursachen eine Volatilität der Erträge im Zeitablauf. Risikoaverse Entscheider bevorzugen jedoch konstante Rückflüsse gegenüber schwankenden Rückflüssen mit gleichem Erwartungswert[15]. Die Risikoprämie im engeren Sinne soll eben diesen erwarteten Nutzenverlust aus Schwankungen (d.h. letztlich den Unerwarteten Verlust) kompensieren. Diesbezüglich ist eine Vergleichbarkeit der Kreditgeschäfte mit den Handelsgeschäften herzustellen. Daher erfordert der Unerwartete Verlust – der Idee des Value-at-Risk aus der Marktrisiko-Messung folgend – ein Polster aus ökonomischem Kapital, für das eine Prämie zu fordern ist. Bei Risikoneutralität oder wenn das Kreditportfolio hinreichend gut diversifiziert ist, kann diese Risikoprämie (im engeren Sinne) zu Null werden. (Im übrigen ist darauf hinzuweisen, daß der Value-at-Risk als Risikomaß nicht immer mit der angesprochenen Erwartungsnutzenmaximierung kompatibel ist[16].)

5 Korrelationen zwischen Krediten bzw. dem Ausfall zweier Kreditnehmer

Die sog. Ausfallkorrelationen können nicht so unmittelbar beobachtet werden wie z.B. Kurskorrelationen im Aktienmarkt. Für ihre Berechnung werden derzeit vor allem drei Vorgehensweisen diskutiert:

1. Marktorientiert: Ableitung aus Aktienkurskorrelationen.

2. Historisch: Ableitung aus der Analyse historischer Zeitreihen.

3. Auf der Basis eines Faktorenmodells: durch subjektive oder ökonometrische Schätzung der Sensitivitäten gegenüber makroökonomischen Faktoren.

Für die marktorientierte Vorgehensweise ist die Annahme grundlegend, aus den Korrelationen von Aktienkursen sei auf die Korrelation der Ausfälle zurückzuschließen. Auf den ersten Blick erscheint dies problematisch, da es sich bei Aktien um Eigenkapitaltitel handelt, bei Krediten hingegen um Fremdkapitaltitel. Plausibel wird die Vorgehensweise, wenn auf das Modell von Merton[17] zurückgegriffen wird. Dort wird der Marktwert des Fremdkapitals mittels eines Put auf das Unternehmen ermittelt, so daß eine Verbindung zwischen dem stochastischen Prozeß für den Unternehmenswert, dem Wert des Eigenkapitals und dem Wert des Fremdkapitals herzustellen ist. Mit Hilfe dieses Mer-

---

15 Vgl. etwa Eisenführ/Weber 1999, S. 207 ff.

16 Vgl. Guthoff/Pfingsten/Wolf 1998.

17 Merton 1974.

ton-Modells können somit auch Ausfallkorrelationen aus den Korrelationen der Vermögenswerte ermittelt werden. Eine seiner Anwendungsvoraussetzungen ist allerdings auch für den hier vorliegenden Fall von zentraler Bedeutung, nämlich die Handelbarkeit der Aktien in einem liquiden Markt. Damit ist die marktorientierte Vorgehensweise nur für ein bestimmtes Segment des Kreditgeschäfts sinnvoll möglich.

Aus der Analyse historischer Ausfall-, Konkurs- und Verlustzeitreihen kann prinzipiell ebenfalls auf Korrelationen zwischen Krediten geschlossen werden. Allerdings bedarf es dazu großer historischer Datenpools, die derzeit oftmals nicht zur Verfügung stehen. Gibt es jedoch lang zurückreichende Zeitreihen, so darf nicht unmittelbar von der Konstanz der daraus ermittelten Korrelationen ausgegangen werden. Ausfallkorrelationen sind im Zeitablauf instabil, weil sie mit den Veränderungen der Kreditqualität des Portfolios variieren. Die dabei auftretenden Meßfehler sollten nicht unterschätzt werden[18]. Darüber hinaus sind solche Zeitreihen meist nur auf Gesamtbankebene verfügbar; paarweise Ausfallkorrelationen sind daher nahezu unmöglich zu beobachten und müssen deswegen aus der Volatilität der Verluste abgeleitet werden. Hierbei können sich jedoch weitere Schwierigkeiten ergeben: Neben mangelnder Datenpflege kann die Definition eines Ausfalls oder die Berechnung eines Verlustes im Laufe der Zeit gewechselt haben. Darüber hinaus sind Verlustzeitreihen oft von bilanzpolitischen oder steuerlichen Erwägungen geleitet worden.

Ausfallwahrscheinlichkeiten und -beträge hängen nicht unerheblich von makroökonomischen Faktoren wie z.B. dem Wachstum des Bruttoinlandsproduktes, Preissteigerungen etc. ab. Diese Idee, die u.a. dem Modell von Wilson[19] und einigen bankinternen Modellen zugrundeliegt, läßt sich auch zur Ermittlung von Korrelationen verwenden; denn in den Sensitivitäten der Einzelbonitäten gegenüber makroökonomischen Faktoren sind implizite Korrelationen enthalten. Für die Anwendung einer derartigen Konzeption bedarf es jedoch einer relativ vollständigen Menge von makroökonomischen Faktoren sowie eines guten ökonometrischen Modells, was für den Vorschlag von Wilson noch nachzuweisen wäre.

6 State of the Art

Derzeit quantifizieren die führenden Banken das Kreditrisiko durch relativ komplexe Modelle, die von mehreren Parametern getrieben werden[20]. Im Mittelpunkt steht dabei

[18] Vgl. Garside/Stott/Strothe 1999.

[19] Wilson 1997a und 1997b.

[20] Zu den verwendeten Modellen und Methoden vgl. u.a. Baseler Ausschuß für Bankenaufsicht 1999a sowie Jones/Mingo 1999.

ein Krediteinstufungsmodell, aus dem vornehmlich die erwartete Ausfallrate als wichtigster Einflußfaktor gewonnen wird. Sie fließt sowohl in die Berechnung des Erwarteten Verlustes als auch in die Ermittlung des Unerwarteten Verlustes ein. Für die Ermittlung der weiteren Parameter des Erwarteten Verlustes bedarf es einer sorgfältigen Analyse des Verzugsportfolios. Ein Portfoliomodell schließlich liefert Informationen über Konzentrationen und Korrelationen, die für die Bestimmung der (ökonomischen) Kapitalunterlegung maßgeblich sind und aus dem Beitrag zum Unerwarteten Verlust mit einem bestimmten Konfidenzniveau ermittelt wird. Die so ermittelten Parameter gehen in RAROC-Kennzahlen ein, welche als Basis für eine Gesamtbanksteuerung genutzt werden können (vgl. Abbildung 4).

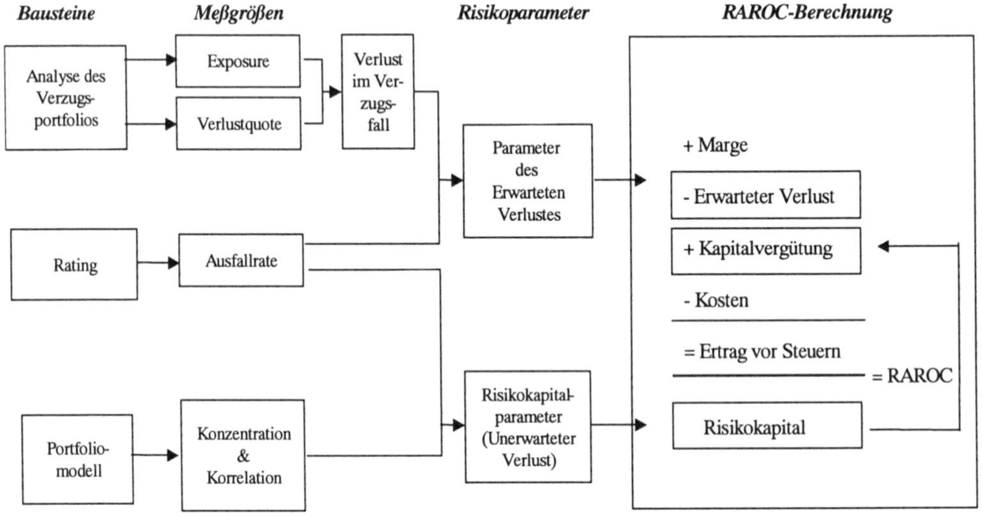

Abbildung 4: Zusammenspiel mehrerer Modelle zur Messung und Bepreisung des Kreditrisikos

Damit eine Systematik, wie sie in Abbildung 4 dargestellt ist, angesichts unterschiedlicher Rating-Systeme in den einzelnen Geschäftsfeldern zu einer einheitlichen Preis- und Risikopolitik im Kreditgeschäft (und auch gegenüber dem Wertpapiergeschäft) führt, ist eine Vergleichbarkeit interner und externer Krediteinstufungen erforderlich. Diese kann dadurch erreicht werden, daß eine Kalibrierung der einzelnen Ratingstufen auf Ausfallwahrscheinlichkeiten erfolgt. Mittels diverser interner und externer Daten kann so ein kalibriertes Rating-System erstellt werden, bei dem sich der in Abbildung 5 beispielhaft dargestellte (meist exponentielle) Verlauf der Ausfallwahrscheinlichkeit in Abhängigkeit von der Ratingklasse ergibt.

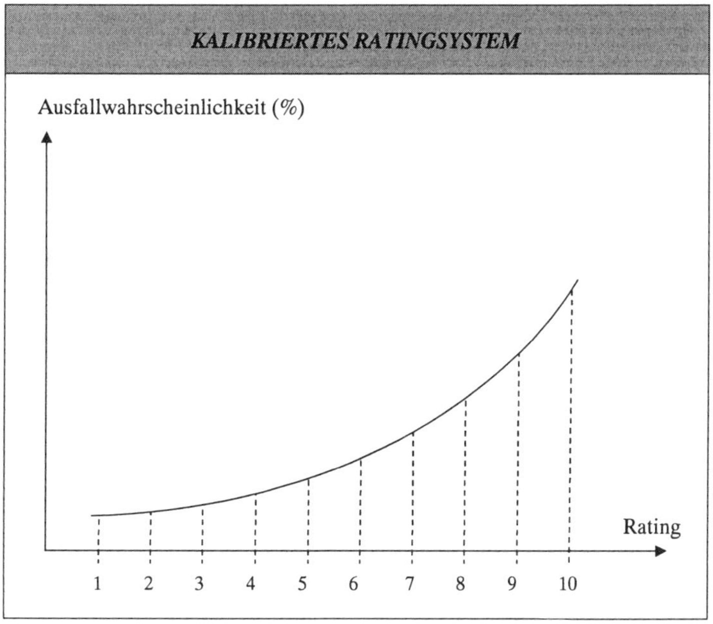

Abbildung 5: Rating und Ausfallwahrscheinlichkeit

Grundsätzlich kann eine Grafik wie Abbildung 5 für jedes Rating-System generiert werden. Mittels der bereits oben geforderten Vereinbarkeit mehrerer Systeme über die Kalibrierung kann dann anhand von Ausfallwahrscheinlichkeiten eine Art „Umrechnungstabelle" erstellt werden. In dieser werden einerseits die im Durchschnitt erwarteten Ausfallraten (EAR) pro bankinterner Ratingklasse angegeben. Andererseits sind für

Ratingklassen externer Agenturen (z.B. Standard & Poor´s und Moody´s) ebenfalls erwartete Ausfallraten verfügbar, anhand derer eine Zuordnung zu den internen Ratingklassen erfolgen kann (Abbildung 6).

Internes Rating	**EAR (1 Jahr)**	**S & P Equivalent**	**Moody's Equivalent**	**Beschreibung**
-	0.01-0.07%	AAA - A	Aaa - A2	Top Investment Grades
1	0.08%	A-	A3	Active Business Grades
2	0.12%	BBB+	Baa1	
3	0.18%	BBB	Baa2	
4	0.27%	BBB-	Baa3	
5	0.41%	BB+		
6	0.61%	BB+	Ba1	
7	0.91%	BB		
8	1.37%	BB-	Ba2	
9	2.05%		Ba3	
10	3.08%	B+		
11	4.61%	B	B1	
12	6.92%	B-	B2	High Yield Grades
13	10.38%	CCC	B3	
14		CC, C		Watchlist
15		D		Defaulted

Abbildung 6: Kalibrierung unterschiedlicher Rating-Systeme mittels erwarteter Ausfallraten

Um aus Rating-Kennziffern differenzierte Risikokosten und RAROC-Werte ableiten zu können, die eine zielgerichtete Feinsteuerung des Kreditportfolios erlauben, muß ein (internes) Rating hinreichend differenzieren und genügend trennscharf sein, d.h. aus unserer Sicht mindestens 8 bis 10 Stufen umfassen[21].

Aus theoretischer Perspektive ist ein ausreichend feines Rating überdies zur Vermeidung adverser Selektion erstrebenswert. Andernfalls würden innerhalb einer Ratingklas-

---

21 Vgl. Treacy/Carey 2000 zur Grobkörnigkeit der derzeit von großen Banken in den USA verwendeten Skalen.

se die tatsächlichen Ausfallwahrscheinlichkeiten der einzelnen Kreditnehmer soweit vom (kalibrierten) Mittel abweichen, daß gerade die relativ besten Kreditnehmer der Klasse die realistische Chance hätten, bei einem anderen Kreditinstitut besser eingestuft zu werden und damit geringere Risikoaufschläge zahlen zu müssen. Dem Kreditinstitut mit dem zu groben Rating verblieben daher systematisch in jeder Klasse die schlechtesten Kreditnehmer.

Die Einschätzung, ob ein Kreditnehmer solvent bleiben oder insolvent werden wird, ist demgegenüber nur binär. Ihre Qualitätsbeurteilung kann daher auf die Fehler erster und zweiter Art abstellen. Im ersten Fall werden Kreditnehmer akzeptiert, die später insolvent werden und daher Verluste verursachen, im zweiten Fall erhalten potentielle Kreditnehmer, die später nicht insolvent werden, keine Kredite und bringen daher keine Gewinnbeiträge[22]. Mittels der Powerstatistik (vgl. Abbildung 7) und Kennzahlen, die auf der Rangkorrelation beruhen, kann gemessen werden, wie nahe ein bestimmtes Modell dem Idealmodell kommt. Im Idealmodell erzielt jedes insolvent werdende Unternehmen ein schlechteres Ergebnis beim Krediteinstufungsmodell als jedes solvent bleibende Unternehmen. Alternativ läßt sich die Modellgüte z.B. auch mit der sogenannten Fehlerfläche messen, d.h. der Fläche unterhalb der Kurve möglicher Kombinationen von Fehlern erster und zweiter Art[23].

22 Vgl. Baetge 1998a.
23 Vgl. Baetge 1998b.

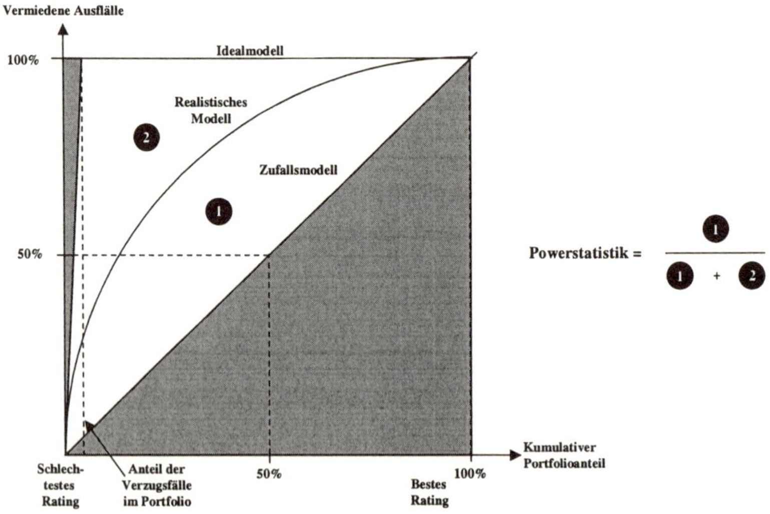

Abbildung 7: Powerstatistik

Im Laufe einer Kreditbeziehung gibt es Warnsignale, die eine drohende Insolvenz anzeigen. Dazu gehören z.B. die verspätete Vorlage von Jahresabschlüssen, ungenehmigte Kontoüberziehungen und das plötzliche Ausnutzen aller freien Kreditlinien. Im letztgenannten Fall sind für die Kreditinstitute gegensteuernde Maßnahmen häufig kaum noch erfolgversprechend zu ergreifen. Krediteinstufungsmodelle auf Basis von Bilanz- und Finanzkennzahlen wirken im Vergleich dazu deutlich früher.

Letztlich schlagen sich jedoch auch in diesen Kennzahlen, so gut sie auch konzipiert sein mögen, nur Entwicklungen nieder, die bereits früher begonnen haben. Im Interesse einer möglichst frühzeitigen Information über das wahre Ausmaß einer Insolvenzgefahr ist es daher sinnvoll, von der Messung von Symptomen auf die Erfassung der tatsächlichen Ursachen überzugehen. Erforderlich ist dementsprechend die Berücksichtigung quantitativer und qualitativer Faktoren aus dem Wirtschaftsumfeld (z.B. Rezession) und dem Unternehmen selbst (z.B. Abhängigkeiten von Lieferanten oder Kunden, Nachfolgeprobleme etc.). Diesbezüglich existiert noch eine Menge Forschungsbedarf, um weitere relevante Ursache-Wirkung-Zusammenhänge messen und nachweisen zu können.

Auch bei der Bestimmung von (Ausfall-)Korrelationen ist erst eine Näherungslösung gefunden. Aufgrund der Vielzahl der zu schätzenden paarweisen Korrelationen werden innerhalb einer Ratingklasse die Exposures zunächst nach Segmentierungsdimensionen zusammengefaßt, z.B. nach Branche, Region und Größe des Kreditnehmers, letztere meist gemessen anhand von Bilanzkennzahlen. Dann müssen – unter der Annahme, daß die Korrelationen innerhalb eines so ermittelten Clusters gleich 1 sind – nur noch die Korrelationen zwischen den Clustern ermittelt werden. Bei der Hinzunahme weiterer Segmentierungsgrößen (z.B. Größe der ausstehenden Kreditsumme) sollte immer das Gesetz des abnehmenden Grenznutzens im Vordergrund stehen und die vermeintlich gewonnene Genauigkeit mit der Robustheit der berechneten Korrelationen abgewogen werden.

7 Schlußfolgerungen

Das weitere Vordringen qualitativ hochwertiger Krediteinstufungsmodelle dürfte einen Trend verstärken, der bereits bisher in vielen Kreditmärkten zu beobachten war (vgl. Abbildung 8): Die Lücke zwischen risikobereinigten Mindestmargen und den tatsächlich realisierten Margen wird in allen Rating-Segmenten immer geringer. Dabei sind die Margen bei Kreditnehmern der höchsten Bonität u.a. durch den Druck des Kapitalmarktes (Stichwort Desintermediation) gesunken. Demgegenüber steigen die Margen im Bereich schlechterer Bonität eher an, da Kreditinstitute nicht mehr bereit oder in der Lage sind, die nun dank verbesserter Meßmethoden sichtbare Quersubventionierung zwischen den Kundensegmenten beizubehalten (Stichwort adverse Selektion). Diese Ineffizienz kann durch das Fehlen von entsprechenden Meßinstrumenten und dem damit verbundenen Informationsmangel in der Vergangenheit erklärt werden. Die Einführung von RAROC-Tools erhöht nunmehr auch den Druck auf die Angebotsseite am unteren Ende des Kreditrisiko-Spektrums.

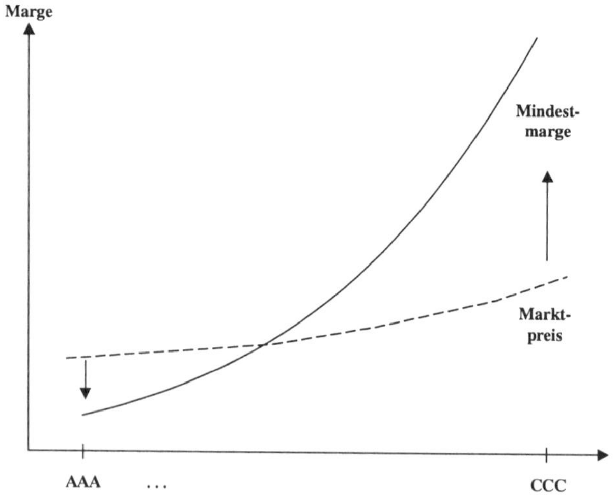

Abbildung 8: Ratingbasierte Mindestmargen und Marktpreise von Ausfallrisiken

Präzise und trennscharfe (interne) Krediteinstufungsmodelle werden daher auch in der Zukunft eine zentrale Rolle im Bankwesen einnehmen[24]. Gerade die Entwicklung hin zum Aktiven Kreditportfolio-Management und die Zersplitterung in Einzelfunktionen verlangen nach verläßlichen und neutralen Ratings, um Moral Hazard zu verhindern und unter anderem, z.B. im Vertrieb, Qualität statt Quantität zu entlohnen, faire Transferpreise zwischen Vertrieb und der zentralen Portfolio-Management-Funktion zu ermitteln oder auch Preiskalkulationen für Asset Backed Securities und andere Sekundärmarkttransaktionen vornehmen zu können. Darüber hinaus wird der Baseler Ausschusses bei der Neuregelung der Kapitaladäquanz internen Ratingmodellen eine wichtige Rolle bei der Bestimmung der minimalen Kapitalanforderungen beimessen.

Bankintern eröffnen – wie bereits einleitend angedeutet – Krediteinstufungsmodelle eine Reihe von strategischen Optionen im Kreditmarkt:

24 Zur Zukunft des Kreditgeschäftes vgl. Guthoff/Pfingsten/Schuermann 1999.

1. Trennscharfe Meßverfahren vermeiden adverse Selektion und können die Kundenauswahl verbessern, indem die überlegene Prognosekraft eines guten Ratings gegenüber anderen Marktteilnehmern ausgenutzt wird.

2. Die zentrale Input-Größe „Ausfallwahrscheinlichkeit" aller derzeit im Markt angebotenen Kreditportfoliomodelle basiert auf Krediteinstufungsmodellen. Aufbauend auf einer überlegenen Strategie zur Portfoliodiversifikation können Wettbewerbsvorteile durch die Senkung der Eigenkapitalkosten erreicht werden.

3. Ein risikobereinigtes Pricing auf der Basis von Krediteinstufungsmodellen eröffnet die Möglichkeit zu einer risikoorientierten Marktsegmentierung und der Ausnutzung von Ineffizienzen der Nachfrageseite.

4. Eine Senkung der Kreditprozeßkosten durch eine konsequente Neuausrichtung der Prozeßschritte auf das gemessene Risiko anhand von Krediteinstufungsmodellen eröffnet zusätzlich Wettbewerbsvorteile, die sich vor allem in der Schnelligkeit der Kreditentscheidung widerspiegeln.

Konzeptionelle und statistische Grundlagen der portfolioorientierten Kreditrisikomessung

von

Stefan Huschens / Hermann Locarek-Junge

1 Einleitung

Nachdem Interne Modelle für das Marktrisikomanagement inzwischen akzeptiert und in den nationalen Verordnungen zugelassen sind, wird die Zulassung von portfolioorientierten Kreditrisikomodellen für die regulatorische Eigenkapitalunterlegung diskutiert. Überlegungen, solche Modelle „analog" zu den Marktrisikomodellen zu entwickeln und den VaR-Ansatz direkt zu übertragen (*Credit-VaR*), ist heftig widersprochen worden. Die Baseler Arbeitspapiere vom April 1999 lesen sich in dieser Hinsicht sehr zurückhaltend: "However, before a portfolio modelling approach could be used in the formal process of setting regulatory capital requirements for credit risk, regulators would have to be confident not only that models are being used to actively manage risk, but also that they are *conceptually sound*, *empirically validated*, and produce *capital requirements that are comparable across institutions*."[1] Das Baseler Konsultationspapier sagt hierzu: "... that for some sophisticated banks use of internal credit ratings and, *at a later stage, portfolio models* could contribute to a more accurate assessment of a bank's capital requirement in relation to its particular risk profile."[2] [jeweils Herv. d. Verf.] Nachfolgend sollen zunächst die bekannten portfolioorientierten Kreditrisikomodelle CreditMetrics[3], CreditRisk+ [4], Credit Portfolio View[5] und das KMV-Modell[6] dargestellt und ihre Funktionsweise sowie ihre Eingangsdaten präsentiert werden. Die Modelle und die auf ihrer Grundlage realisierten Systeme unterscheiden sich in vielfacher Hinsicht durch ihre Risikodefinition, ihre technische Konzeption und die verwendete empirische Datenbasis.[7]

Die Modelle werden im Kapitel 2 bezüglich der methodischen Konzeption und der mit ihr verbundenen Annahmen sowie in den Grundzügen bezüglich der empirischen Messung und Schätzung ihrer Eingangsparameter zur Verwendung in praktisch anwendbaren Modellen präsentiert. Dies soll weitgehend ohne Rückgriff auf die in den Modellen verwendeten statistischen Prämissen geschehen, die im anschließenden Kapitel 3 ausführlich analysiert werden. Dort werden nicht mehr Details der verschiedenen vorgeschlagenen Kreditrisikomesssysteme dargestellt, sondern ausgewählte Grundfragen diskutiert, die in den einzelnen Systemen teilweise sehr unterschiedlich gelöst sind. Im Abschnitt 3.1 werden einige Fragen der stochastischen Modellierung, anschließend in 3.2 Fragen der statistischen Schätzung diskutiert. Besonders relevant sind die in den Systemen verwendeten Prämissen bezüglich der Unabhängigkeit und Homogenität von Modellpara-

1 BIZ 1999b, S. 1.

2 BIZ 1999a, S. 4.

3 J.P. Morgan/Reuters 1997.

4 Credit Suisse Financial Products 1997.

5 McKinsey 1998, Wilson 1997a, 1997b.

6 Crouhy/Mark 1998a, Kealhofer 1995a, 1995b.

7 Ein rechnerischer Vergleich zwischen den Modellen wird hier nicht durchgeführt. Im Kapitel 4 werden Ergebnisse aus Vergleichsrechungen referiert, vgl. Crouhy/Mark 1998b, Wahrenburg/Niethen 2000.

metern wie Ausfallwahrscheinlichkeit, Korrelation etc. sowie die Modellierung von Abhängigkeiten zwischen diesen Größen. Anhand einiger in den Systemen verwendeten vereinfachenden Annahmen werden die Konsequenzen für die statistische Schätzung von Ausfallwahrscheinlichkeiten anhand der historischen Ausfallraten von Krediten und die Auswirkungen von Korrelation auf die Schätzung der Ausfallwahrscheinlichkeit dargestellt.

Im letzten Kapitel werden Ergebnisse aus Simulationsstudien und empirischen Untersuchungen für die einzelnen Systeme referiert. Wie eine Studie von Wahrenburg/Niethen zeigt, hängen die Modellergebnisse bezüglich der Risikoschätzung für ein identisches Kreditportfolio stark von den Inputparametern und den verschiedenen impliziten Korrelationsannahmen ab, weshalb Kapitel 3 besondere Bedeutung gewinnt.[8]

2 Konzeptionelle Grundlagen der Kreditrisikomessung

2.1 Darstellung der Ansätze und Modelle

Kredit- und Marktrisikomodelle unterscheiden sich aus mehreren Gründen erheblich. Zunächst ist die Menge der verwendbaren Daten in Kreditrisikomodellen deutlich geringer und die Qualität deutlich schlechter. Für die meisten Kreditinstrumente gibt es keine Marktpreise, und die historischen Kurse wären auch nicht in gleicher Weise für die Prognose des Kreditrisikos verwendbar. Viele Anleihemärkte, etwa der deutsche Markt für Industrieobligationen, ähneln Emissionsmärkten. Die Liquidität auf dem Sekundärmarkt ist gering und die Preisqualität deshalb schlecht. Die relevanten Ereignisse (*credit events*) wie Ausfall (*default*) oder Bonitätsverschlechterung (*downgrading*) entstehen außerdem wesentlich seltener und die Prognosezeiträume für das Kreditrisiko sind länger als für das Marktrisiko. Um überhaupt zu anwendbaren Modellen zu kommen, sind deshalb eine Reihe von vereinfachenden Annahmen und ergänzende Datenreihen als Ersatz für die latenten Einflussgrößen erforderlich.

Die erforderliche empirische Überprüfung gestaltet sich ebenfalls schwierig. Der Prognosehorizont im Bereich des Kreditrisikos beträgt ein Jahr oder mehr, während sich das Marktrisiko üblicherweise auf einen oder zehn Tage, auf jeden Fall aber auf Zeiträume deutlich unter einem Jahr, bezieht. Die geforderten Sicherheitsniveaus hingegen sind höher als die beim Marktrisiko üblichen 95% oder 99%. Um eine ähnliche Güte der Modellüberprüfung wie beim Marktrisiko zu erreichen, wäre bei direkter Übernahme der Modellkonfiguration - gesetzt dies wäre möglich - eine viel zu lange historische Zeitpe-

8 Wahrenburg/Niethen 2000, S. 19f.

riode mit mehreren vollständigen Kreditperioden erforderlich, was diesen Ansatz ohne zusätzliche Annahmen unpraktikabel macht.[9]

Die grundsätzliche Unterscheidung der Modelle erfolgt nach den verwendeten Eingangsdaten in die *Ausfallraten-Modelle*, die mit den Kreditausfallwahrscheinlichkeiten direkt arbeiten, und die auf einer Veränderung von Marktwerten basierenden Modelle, die sog. *Asset-Wert-Modelle*. Erstere arbeiten auf Basis der Überlegung, dass Insolvenz eintritt, wenn das Vermögen eines Unternehmens seine Schulden unterschreitet; deshalb hängt hier das Ausfallrisiko von der stochastischen Entwicklung der Aktiva eines Unternehmens ab. Da diese Entwicklung nicht direkt zu beobachten ist, werden andere Größen, z.B. der Börsenkurs als Indikatorvariable verwendet. Ausfallratenmodelle dagegen versuchen, die Schätzung der Ausfallwahrscheinlichkeit eines Kredites oder Kreditnehmers auf Basis historischer Ausfallhäufigkeiten vorzunehmen. Die bekanntesten Kreditportfoliomodelle lassen sich einer dieser Kategorien zuordnen:

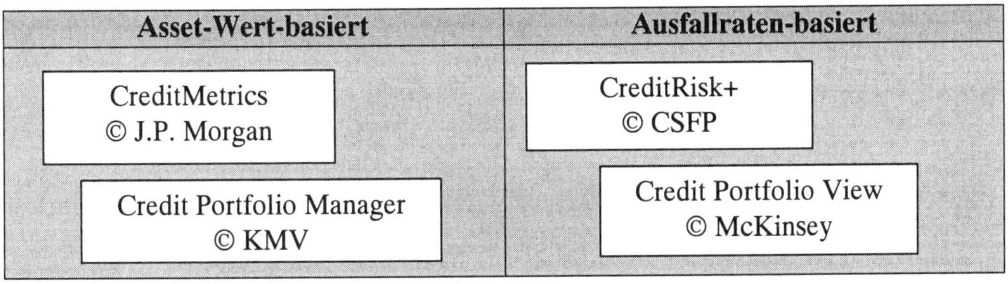

Abbildung 1: Zuordnung der bekanntesten Kreditrisikomodelle

2.2 Eingangsparameter der Modelle

2.2.1 Methodische Konzeption

Die Modelle unterscheiden sich auch hinsichtlich ihrer Offenheit für analytische Überprüfungen. Für CreditMetrics und CreditRisk+ stehen alle erforderlichen Informationen im Internet zur Verfügung. Für Credit Portfolio View existiert eine zugängliche Benutzerdokumentation. Dagegen hält KMV die wichtigsten internen Informationen vertraulich, so dass eine intensive Analyse durch Externe nicht möglich ist.

9 BIZ 1999b, S.2.

	CreditRisk+	CreditMetrics™	Credit Portfolio View	Credit Portfolio Mgr.
Initiator	CSFP (1997)	J.P. Morgan (1997)	McKinsey & Co. (1997)	KMV (1997)
Publikationen	Methodik und Software im Internet	Methodik und Daten im Internet	Methodik veröffentlicht im Internet	Methodik vertraulich (proprietär)
Methodische Grundlagen	Ausfallraten/ Versicherungsmathematik	Asset-Wert-basierter Ansatz	Ausfallraten-basierter Ansatz	Asset-Wert-basierter Ansatz

Abbildung 2: Einordnung der bekanntesten Kreditrisikomodelle[10]

Nach dem Risikokonzept bei der Definition des Modellierungszieles unterscheidet man Modelle, die einen möglichen Verlust aus dem Kreditausfall (*Default*) analysieren - die *Default Models* (DM) - und Modelle, die bereits eine Verschlechterung der Kreditqualität während der Laufzeit (z.B. Downgrading) als Kreditereignis betrachten und damit den *Credit Spread* von gehandelten Kreditinstrumenten wie Anleihen modellieren, sog. *Mark-to-Market-Models* (MTM).[11]

	CreditRisk+	CreditMetrics™	Credit Portfolio View
Definition "Risiko"	Verlust aus Kreditausfällen	Marktwertänderung	Marktwertänderung
Risikotreiber	Keiner (Default Rates)	Asset-Wert	Makroökonomie
Kreditausfälle	Ja	Ja	Ja
Bonitätsveränderungen	Nein (integrierbar)	Ja (Credit Spread)	Ja (Credit Spread bei Anleihen)

Abbildung 3: Risikoverständnis bekannter Kreditrisikomodelle[12]

Bezüglich der Modellierung unterscheiden sich die einzelnen Modelle auch in den Datenquellen, wobei die Ausfallraten-Modelle bestimmte Abhängigkeiten über die Branchen und Sektoren oder auch makroökonomische bzw. (branchen-)konjunkturelle Abhängigkeiten unterstellen, während die Asset-Wert-basierten Modelle die multivariate

[10] Schierenbeck/Rolfes 1999, Wahrenburg/Niethen 2000.
[11] Vgl. z.B. Overbeck/Stahl 1998, S. 82ff.
[12] Schierenbeck/Rolfes 1999, Wahrenburg/Niethen 2000.

Normalverteilung von Aktienrenditen und ihre Korrelation mit Aktienindizes unterstellen. Die Verluste beim Ausfall eines einzelnen Kredits (*Loss Given Default*, LGD) sind ebenfalls a priori unbekannt. Für sie kann eine Korrelation mit anderen Einflussgrößen unterstellt werden oder der relative Verlust, der mit dem Rückgewinnungsanteil, der *Recovery Rate*, negativ korrespondiert, wird als konstant (zumindest pro Branche, Sektor etc.) angenommen:

	CreditRisk⁺	**CreditMetrics™**	**Credit Portfolio View**
Zuordnung der Ausfallraten	Internes Scoring/Rating	Rating	Rating / Scoring, Branche, Region
Korrelation von Ausfällen	Stochastische Abhängigkeit der Ausfallraten	Multivariate Normalverteilung der Asset-Renditen	Stochastische Abhängigkeit der Ausfallraten
Korrelation der Kreditereignisse	Volatile Ausfallraten und Sektorzuordnung	Korrelationen der Aktienindizes (Region, Branche)	Konjunkturelle Entwicklungen (Branche, Region)
Recovery Raten	Zufällig	Konstant	Konstant

Abbildung 4: Risikomodellierung bekannter Kreditrisikomodelle[13]

2.2.2 Empirische Messung/Schätzung

Für alle Modelle ergibt sich das oben skizzierte grundsätzliche Problem, dass für die angestrebten Sicherheitsniveaus (*Konfidenzniveaus*) und den Zeitraum, für den das Kreditrisiko abgeschätzt werden soll, nicht genug historische Kreditdaten zur Verfügung stehen, um alle Parameter zu schätzen. Dieses Problem wird auch bei einem Ausbau der elektronischen Verarbeitung von Kreditakten bestehen bleiben, da die Anzahl der Ausfälle vergleichsweise gering ist und man stets auf einigermaßen aktuelles Material angewiesen ist. Deswegen ist eine beliebige Verlängerung der historischen Datenfenster nicht möglich. Auch im günstigsten Fall, bei dem eine Fehlspezifikation des Modells und eine Parameterinstabilität ausgeschlossen werden, umfassen die benötigten Datenreihen mehrere Jahre. Aus diesem Grund werden bei der Modellierung zahlreiche vereinfachende Annahmen eingeführt. Deren Gültigkeit ist aber für das Modellergebnis von höchster Relevanz: „To make the estimation process manageable, model-builders tend to invoke many critical simplifying assumptions.“ [14]

13 Schierenbeck/Rolfes 1999, Wahrenburg/Niethen 2000.

14 BIZ 1999b, S. 43.

Dabei handelt es sich u.a. um die folgenden Annahmen:

a) Die Risikotreiber sind multivariat normalverteilt oder folgen einer alternativen spezifizierten gemeinsamen Wahrscheinlichkeitsverteilung.

b) Es besteht Unabhängigkeit zwischen den Risikofaktoren und dem LGD bzw. der Recovery Rate, dem Credit Spread und dem Ausfallbetrag.

c) Kreditnehmer aus einem vordefinierten Risikosegment (Branche, Land etc.) werden für statistische Zwecke als identisch angesehen.

d) Innerhalb eines Segmentes besteht Unabhängigkeit zwischen den Ausfallwahrscheinlichkeiten und den Übergangswahrscheinlichkeiten zu anderen Kreditratings.

e) Die Modellparameter sind über die Jahre hinweg stabil; d.h. man kann davon ausgehen, dass ein Durchschnitt weniger Werte den korrekten Parameterwert widerspiegelt.

Zusätzlich wird in der Regel ein statistisches Schätzrisiko unterdrückt und man geht davon aus, dass die Ausfallwahrscheinlichkeit exakt der durchschnittlichen Ausfallhäufigkeit der Vergangenheit entspricht.

2.2.3 Prognosefähigkeit

Bei der Aufgabe, das mit einem vorgegebenen Sicherheitsniveau verknüpfte Kreditrisiko eines Kreditportfolios zu schätzen, handelt es sich um eine sehr anspruchsvolle statistische Schätz- bzw. genauer ökonometrische Prognoseaufgabe. Es ist der äußerste Rand der Verteilungsfunktion einer Verlustverteilung zu schätzen. Die Schätzung selbst reagiert sehr empfindlich auf die Nichteinhaltung obiger Annahmen. Einerseits kann dies zu Verzerrungen führen, andererseits kann auch der Anspruch an den Stichprobenumfang bei vorgegebener statistischer Sicherheit erheblich zunehmen. In diesem Fall wird zwar eine Punktschätzung ermittelt, es ist aber überhaupt nicht klar, ob der errechnete Wert wirklich der gesuchte ist oder diesem auch nur nahe kommt. Dies fällt nicht unbedingt auf, da die berechneten Werte oft sowieso nicht als Schätzwerte angesehen werden: "Moreover, when estimating credit risk, practitioners generally presume that all parameters and assumptions are known with certainty, thus ignoring credit issues arising from parameter and model uncertainty and/or instability."[15]

---

[15] BIZ 1999b, S. 44. Vgl. auch Duffee 1996a, Huschens 1997 und Huschens 1998 zur Risikoschätzung mit Angabe von Schätzintervallen.

In der Kreditpraxis liegen die geforderten Eingabedaten zu Korrelationen nicht vor, weshalb man sich mit Korrelationen zwischen Ersatzgrößen, insbes. den in Segmenten, Branchen, Ratingkategorien etc. zusammengefassten Krediten, behilft. Verschiedentlich wird vorgeschlagen, die Daten aus anderen Beständen, etwa aus dem Kapitalmarkt der USA zu verwenden. Dies erscheint vor dem Hintergrund der hohen Sensitivität der Modellergebnisse höchst problematisch. Auch die Verwendung von Kapitalmarktdaten für normale Kredite kann zu einer Verzerrung führen, da die erwartete Ausfallwahrscheinlichkeit z.B. in den USA für diese Instrumente unter der allgemeinen Ausfallwahrscheinlichkeit für Kredite liegt. In Deutschland wird auf Jahre hinaus mit einer besonderen Problematik zu leben sein, da die historischen Kredit(ausfall)akten mit dem Inkrafttreten der Insolvenzordnung zum 1.1.1999, die das Kreditereignis anders definiert, nur noch eingeschränkte Verwendung finden können.

Die Kritik an den möglicherweise unzutreffenden Annahmen betrifft insbesondere die Modelle, die stärker auf Vergangenheitswerten beruhen, d.h. den Ausfallraten-basierten Modellen, die sich auf Ausfallzeitreihen stützen. Aber auch die eher zukunftsgerichteten Asset-Wert-basierten Modelle leiden unter dieser Problematik. Die in diesen Modellen verwendeten Annahmen sind stark idealisierend und teilweise sehr problematisch, z.B. die Annahme, dass Aktienkurse den ökonomischen Wert des Vermögens eines Unternehmens zutreffend widerspiegeln und nicht auch Ausdruck einer gewandelten Risikoeinschätzung der Märkte sein könnten. Außerdem ist es optimistisch zu glauben, dass Aktienmärkte alle verfügbare Information widerspiegeln. Dies ist zwar Kern der Markteffizienzhypothese, aber es ist nicht gesagt, dass in den kreditrelevanten Bereichen, Branchen oder Ländern die Märkte in dem gewünschten Umfang effizient sind.

Die Konzentration auf die aktuarischen Modelle auf Basis der Ausfallraten im Kapitel 3 ist deswegen nicht der Tatsache zuzuschreiben, dass hier die Annahmen problematischer wären. Allerdings lassen sie sich etwas leichter behandeln, speziell vor dem Hintergrund, dass das KMV-Modell als ein wichtiges Asset-Wert-Modell seine Funktionsweise nicht offen legt und deshalb hier auch nicht besprochen werden kann.

3 Statistische Grundlagen der Kreditrisikomessung

Um Kreditrisiken im Portfoliozusammenhang beurteilen zu können, ist ein wahrscheinlichkeitstheoretisches (stochastisches) Modell erforderlich, das nicht nur die Ausfallereignisse und Ausfallwahrscheinlichkeiten einzelner Kredite modelliert, sondern das simultane Ausfallverhalten mehrerer Kredite in einem Portfolio. Dazu müssen Annahmen über spezielle Verteilungen, über die stochastische Unabhängigkeit bestimmter Zufallsvariablen und über Korrelations- oder allgemeinere Abhängigkeitsstrukturen getroffen werden. Um ein solches Modell durch statistische Schätzverfahren oder Kalibrierung an empirische Daten anpassen zu können, werden in der Regel vereinfachende Homogenitätsannahmen getroffen, z.B. die Annahme gleicher Ausfallwahrscheinlichkeiten innerhalb einer Bonitätsklasse (Risikokategorie, Ratingstufe usw.).

Im folgenden werden nicht Details der verschiedenen vorgeschlagenen Kreditrisikomeßsysteme dargestellt, sondern ausgewählte Grundfragen diskutiert, die in den Kreditrisikomeßsystemen teilweise sehr unterschiedlich gelöst sind. Zunächst werden im Abschnitt 3.1 einige Grundfragen der stochastischen Modellierung diskutiert. Im anschließenden Abschnitt 3.2 werden Grundfragen der statistischen Schätzung diskutiert.

3.1 Ausfallwahrscheinlichkeiten und Portfolioverlust

3.1.1 Verlustverteilung

Der potentielle Verlust aus einem Kreditportfolio mit n verschiedenen Kreditengagements kann durch die Zufallsvariable

$$L = \sum_{j=1}^{n} A_j l_j$$

dargestellt werden. Dabei bezeichnen A_j die j-te *Ausfallvariable* und l_j den Verlustbetrag, der aus einem Ausfall des j-ten Kredites resultiert. A_j ist eine Zufallsvariable mit

$$P(A_j = 1) = p_j,\ P(A_j = 0) = 1 - p_j$$

wobei $A_j = 1$ für das Ausfallereignis steht und p_j die *Ausfallwahrscheinlichkeit* ist. Im einfachsten Fall, der hier unterstellt wird, ist l_j eine feste Zahl, die sich aus dem Produkt aus Kreditbetrag und Wiedergewinnungsrate ergibt. L ist dann eine Zufallsvariable mit möglichen Realisationen zwischen der Unterschranke $l_{\min} = 0$, falls sämtliche Kredite nicht ausfallen, und der Oberschranke $l_{\max} = \sum_{j=1}^{n} l_j$, falls sämtliche Kredite ausfallen.

Für die Risikobeurteilung interessiert die *Verlustverteilung*, d.h. die Wahrscheinlichkeitsverteilung der Zufallsvariablen L. Diese ist Grundlage für die Berechnung von Risikomaßen wie beispielsweise dem Value-at-Risk zu einem vorgegebenen Sicherheitsniveau. Das ökonomische Kapital zu einem vorgegebenen Sicherheitsniveau ergibt sich als Differenz zwischen dem Value-at-Risk und dem erwarteten Verlust. Ein grober Ansatz approximiert die Verlustverteilung durch eine Normalverteilung, so dass die Bestimmung des Erwartungswertes und der Varianz genügt, um die gesamte Verteilung zu approximieren.

Der Erwartungswert von L ist

$$E(L) = \sum_{j=1}^{n} p_j l_j$$

und die Varianz ist

$$\text{var}(L) = \sum_{j=1}^{n} \text{var}(A_j) l_j^2 + \sum_{j,k=1, j \neq k}^{n} \text{cov}(A_j, A_k) l_j l_k$$

mit

$$\text{var}(A_j) = p_j (1 - p_j), \quad \text{cov}(A_j, A_k) = p_{jk} - p_j p_k,$$

wobei $p_{jk} = P(A_j = A_k = 1)$ die *simultane Ausfallwahrscheinlichkeit* von je zwei Krediten bezeichnet. Bei stochastischer Unabhängigkeit gilt $p_{jk} = p_j p_k$ und es verschwinden die Kovarianzen und damit der zweite Summand im Ausdruck für die Varianz.

In die Berechnung der Varianz gehen neben den Verlustbeträgen und den Ausfallwahrscheinlichkeiten nur die simultanen Ausfallwahrscheinlichkeiten von je zwei Krediten ein. Dies darf aber nicht zu dem Schluss verleiten, dass die Verlustverteilung nur von diesen Parametern abhängt. Insbesondere ist die gemeinsame Wahrscheinlichkeitsverteilung der Ausfallvariablen durch die Angabe der einfachen Ausfallwahrscheinlichkeiten und der simultanen Ausfallwahrscheinlichkeiten von je zwei Krediten noch nicht festgelegt. Ohne weitere einschränkende Spezifikationen gibt es keinen Grund zu der Annahme, dass L näherungsweise normalverteilt ist und somit die Verteilung von L durch den Erwartungswert und die Varianz hinreichend charakterisiert ist.

3.1.2 Unabhängigkeits- und Homogenitätsannahmen

Eine Analyse der Verlustverteilung und eine Schätzung ihrer Parameter erfordert in der Regel eine oder mehrere der folgenden vereinfachenden Annahmen:

A1 stochastische Unabhängigkeit der Ausfallvariablen,

A2 Homogenität der Ausfallbeträge: $l_1 = l_2 = \ldots = l_n$,

A3 Homogenität der Ausfallwahrscheinlichkeiten: $p_1 = p_2 = \ldots = p_n$.

a) Die Verlustverteilung unter den Annahmen A1, A2 und A3

Ohne Beschränkung der Allgemeinheit wird $l_j = 1$ und $p_j = p$ für $j = 1,\ldots,n$ unterstellt. Der Verlust ist in diesem Spezialfall eine binomialverteilte Zufallsvariable mit den Parametern n und p,

$$L = \sum_{j=1}^{n} A_j \sim \mathrm{B}(n, p)$$

Dabei gilt

$$E(L) = np, \quad \mathrm{var}(L) = np(1-p).$$

Die Binomialverteilung kann für hinreichend großes n durch eine Normalverteilung approximiert werden,

$$\mathrm{B}(n,p) \approx \mathrm{N}(\mu, \sigma^2), \quad \mu := np, \quad \sigma^2 := np(1-p),$$

wobei die Güte der Approximation umso schlechter wird, je weiter p von 0.5 entfernt ist. Typisch für Anwendungen im Bereich der Kreditrisikomessung sind allerdings kleine Werte von p, für die sich eine alternative Approximation durch die Poissonverteilung anbietet:

$$\mathrm{B}(n,p) \approx \mathrm{Poi}(\lambda), \quad \lambda := np.$$

b) Die Verlustverteilung unter den Annahmen A1 und A2

Bei inhomogenen Ausfallwahrscheinlichkeiten ist $L = \sum_{j=1}^{n} A_j$ eine Summe unabhängiger, aber nicht identisch verteilter Zufallsvariablen mit

$$E(L) = \sum_{j=1}^{n} p_j, \quad \mathrm{var}(L) = \sum_{j=1}^{n} p_j(1-p_j).$$

Die Frage, ob L näherungsweise normalverteilt ist, ist auch für sehr große n nicht trivial zu beantworten. Aus Methoden der asymptotischen Statistik ergibt sich, dass für eine zunehmende Anzahl der Summanden mit einer asymptotischen Normalverteilung dann gerechnet werden kann, wenn keiner der Summanden dominierend wird. Im hier vorliegenden Fall der Summation von bernoulliverteilten Zufallsvariablen ist die Existenz von Schranken c und d mit $0 < c \leq p_j \leq d < 1$ für alle Wahrscheinlichkeiten eine hinreichende Bedingung für die Verteilungskonvergenz der Summe gegen die Normalverteilung. Als Approximation bietet sich daher bei großer Anzahl von Summanden eine Normalverteilung mit den Parametern $E(L)$ und $\mathrm{var}(L)$ an. Eine Alternative, falls alle Wahrscheinlichkeiten klein sind, ist die Approximation durch eine Poissonverteilung mit dem Parameter $\lambda = E(L)$.

c) Die Verlustverteilung unter den Annahmen A1 und A3

Bei stochastischer Unabhängigkeit, homogenen Ausfallwahrscheinlichkeiten und inhomogenen Ausfallbeträgen ergibt sich für den Verlust eine Linearkombination von stochastisch unabhängigen und identisch verteilten Zufallsvariablen mit

$$E(L) = p\sum_{j=1}^{n} l_j, \quad \mathrm{var}(L) = p(1-p)\sum_{j=1}^{n} l_j^2 .$$

Auch in diesem Fall ist die Frage nach der Qualität einer Approximation durch die Normalverteilung nicht trivial. Formal analoge Ausdrücke werden in der asymptotischen Statistik bei der Analyse linearer Statistiken untersucht. Die formalen Bedingungen unter denen sich asymptotisch eine Normalverteilung einstellt, bedeuten anschaulich, dass keiner der Summanden und damit keiner der Ausfallbeträge größenordnungsmäßig die anderen dominiert. Dies ist der Grund, warum beispielsweise im CreditRisk+-Ansatz die Kredite in homogene Größensegmente eingeteilt werden, wobei für jedes Größensegment eine andere Ausfallwahrscheinlichkeit zugelassen wird.

3.1.3 Modellierung von Abhängigkeiten

Die Annahme der Unabhängigkeit der Ausfallereignisse ist eine starke Idealisierung, die möglicherweise im Massengeschäft (Kreditkartenunternehmen, Retailgeschäft der Banken) gerechtfertigt ist, aber sicher problematisch bei Großkrediten ist. Wohlbekannt sind Klumpeneffekte (z.B. Branchenkrise) und Dominoeffekte (Abhängigkeit über Lieferverflechtungen, Kreditfinanzierungen), die in der Regel zu einer positiven Korrelation der Ausfallereignisse führen. Theoretisch denkbar, aber von eher untergeordneter praktischer Bedeutung ist die negative Korrelation. Beispielsweise kann bei einer Konkurrenzsituation im Oligopol der Ausfall eines Konkurrenten die Ertragssituation der übrigen Konkurrenten verbessern und so deren Ausfallwahrscheinlichkeit vermindern.

Eine Alternative zur Unabhängigkeitsannahme ist die Spezifikation spezieller Abhängigkeitsstrukturen. Die wichtigsten Beispiele sind das Modell mit bedingter Unabhängigkeit der Ausfallvariablen oder Modelle mit einem Vektor kontinuierlicher Bonitätsvariablen, die weiter unten näher erläutert werden. Zunächst soll der Zusammenhang zwischen gemeinsamer Ausfallwahrscheinlichkeit und Korrelation diskutiert werden.

a) Gemeinsame Ausfallwahrscheinlichkeit und Korrelation

Zwischen der gemeinsamen Ausfallwahrscheinlichkeit und der Kovarianz zwischen den entsprechenden Ausfallvariablen besteht der Zusammenhang $\operatorname{cov}(A_j, A_k) = p_{jk} - p_j p_k$, so dass die Korrelation der Ausfallvariablen

$$\rho_{jk} = \frac{p_{jk} - p_j p_k}{\sqrt{p_j(1-p_j)p_k(1-p_k)}}$$

ist. Damit ist klar, dass die Ausfallkorrelationen die gleiche Information über die gemeinsame Wahrscheinlichkeitsverteilung enthalten wie die gemeinsamen Ausfallwahrscheinlichkeiten von je zwei Krediten. Eine weitere äquivalente Möglichkeit, den Zusammenhang zwischen zwei Ausfallvariablen zu beschreiben, ergibt sich aus der Betrachtung bedingter Ausfallwahrscheinlichkeit. Die Wahrscheinlichkeit für den Ausfall des j-ten Kredites bei Ausfall des k-ten Kredites ist durch die bedingte Wahrscheinlichkeit

$$p_{j|k} = P(A_j = 1 | A_k = 1) = \frac{p_{jk}}{p_k}$$

gegeben. Die bedingten Wahrscheinlichkeiten enthalten keine zusätzliche Information gegenüber gemeinsamen Ausfallwahrscheinlichkeiten und Korrelationen, lassen sich aber leichter interpretieren. Vor allem die Größenordnung eines Korrelationskoeffizienten ist im allgemeinen schwierig zu interpretieren. Im Spezialfall $p_j = p_k = p$ besteht der Zusammenhang

$$\rho_{jk} = \frac{p_{jk} - p^2}{p(1-p)} = \frac{p_{j|k} - p}{1-p}$$

zwischen Korrelation und bedingter Ausfallwahrscheinlichkeit. Wenn die Ausfallwahrscheinlichkeit p im Vergleich zur Ausfallkorrelation klein ist, ermöglicht diese Formel eine einfache Bestimmung der Korrelation, da dann der Korrelationskoeffizient etwa gleichgroß wie die bedingte Ausfallwahrscheinlichkeit ist.

b) Das Modell der bedingten Unabhängigkeit

Ein Ansatz zur Modellierung positiver Korrelationen zwischen den Ausfallvariablen soll hier für den Fall homogener Ausfallbeträge und homogener Ausfallwahrscheinlichkeiten dargestellt werden.

Die Grundidee ist, die Ausfallwahrscheinlichkeiten als variabel aufzufassen und die Variabilität auf Einflussfaktoren zurückzuführen. Bedingt auf diese Einflussfaktoren werden die Ausfallvariablen als stochastisch unabhängig unterstellt. Über die gemeinsame Reaktion auf sich ändernde Einflussfaktoren ergibt sich eine positive Korrelation der Ausfallvariablen. Die Einflussfaktoren werden entweder als unbeobachtbare zufällige Risikofaktoren modelliert oder aber es sind makroökonomische Variablen, die den Status im Konjunkturzyklus messen.

Die Ausfallwahrscheinlichkeit hängt dabei von einer Zufallsvariablen X ab, die stellvertretend für die Einflussfaktoren steht. Durch die Abhängigkeit von X ist die Ausfallwahrscheinlichkeit eine Zufallsvariable $p(X)$ mit dem Erwartungswert $\mu_p = E(p(X))$ und der positiven Varianz $\sigma_p^2 = \operatorname{var}(p(X))$. Für jede einzelne Ausfallvariable sind sowohl die bedingten Verteilungen

$$A_j | X = x \sim \mathrm{B}(p(x))$$

für verschiedene Realisationen x von X als auch die unbedingte Verteilung

$$A_j \sim \mathrm{B}(\mu_p)$$

Bernoulliverteilungen mit den Parametern $p(x)$ bzw. μ_p.

Durch die Annahme der bedingten Unabhängigkeit liegt zusammen mit der Verteilung von $p(X)$ auch die gemeinsame Wahrscheinlichkeitsverteilung der Ausfallvariablen fest.

Insbesondere gilt

$$E(A_j A_k | X = x) = E(A_j | X = x) E(A_k | X = x) = p^2(x),$$

woraus sich

$$E(A_j A_k) = E(p^2(X)), \quad \mathrm{cov}(A_j, A_k) = E(p^2(X)) - \mu_p^2 = \sigma_p^2$$

und somit

$$\rho_{jk} = \frac{\sigma_p^2}{\mu_p(1-\mu_p)} > 0$$

für die unbedingte Korrelation ergibt. Das Konzept der bedingten Unabhängigkeit ermöglicht also die Modellierung unbedingter positiver Korrelation. Dabei haben die auf jeden Zustand $X = x$ bedingte Kovarianz und Korrelation den Wert Null.

Im CreditRisk+-Modell werden verschiedene Approximationen vorgenommen, die dazu führen, dass in einem ersten Schritt ein *Poissonmodell* die Ausfälle in einer Risikoklasse beschreibt. Dabei treten Ereignisse im Zeitablauf zufällig aber mit einer bestimmten Intensität auf. Zählt man die Ereignisse in Zeitintervallen einer bestimmten Länge, so ist die Anzahl der Ereignisse pro Zeiteinheit poissonverteilt mit einem Intensitätsparameter, der die erwartete Anzahl von Ereignissen pro Zeiteinheit charakterisiert. Eine andere Betrachtungsweise desselben Ereignisstromes, der auch *Poissonstrom* heißt, ist die Betrachtung der zufälligen Zwischenereigniszeit, die exponentialverteilt ist. Der Parameter der Exponentialverteilung charakterisiert die erwartete Zwischenereigniszeit und ist der Kehrwert der erwarteten Anzahl von Ereignissen pro Zeiteinheit. Das Poissonmodell ermöglicht mit entsprechend kleiner Wahrscheinlichkeit beliebig große Ereigniszahlen pro Zeiteinheit und basiert insoweit auf der Fiktion einer unendlichen Grundgesamtheit. Die Poissonverteilung ergibt sich aus der Binomialverteilung durch einen Grenzübergang für einen über alle Grenzen wachsenden Parameter n bei konstanter Intensitätsrate np und somit gegen Null konvergierender Wahrscheinlichkeit p. Wenn das Poissonmodell verwendet wird, um das Ausfallverhalten in einer großen Grundgesamtheit gleichartiger Kredite zu beschreiben, so ist modellimmanent die *Annahme stochastischer Unabhängigkeit* unterstellt, da die bis zu einem Zeitpunkt t aufgetretenen Ereignisse nicht die Ereignisse des folgenden Zeitintervalls beeinflussen. Im CreditRisk+-Modell wird in einem zweiten Schritt diese stochastische Unabhängigkeit aufgehoben, indem der Intensitätsparameter stochastisch modelliert wird. Durch eine variable Ausfallintensität kann dann eine positive Korrelation der Ausfallvariablen abgebildet werden, obwohl die Ausfallereignisse bedingt auf eine gegebene Intensitätsrate als stochastisch unabhängig unterstellt werden.

c) Das Modell kontinuierlicher Bonitätsvariablen

Die gemeinsame Wahrscheinlichkeitsverteilung von n Ausfallvariablen ist schwierig zu spezifizieren, da diese eine große Anzahl von Parametern enthält, nämlich neben den einfachen Ausfallwahrscheinlichkeiten, die gemeinsamen Ausfallwahrscheinlichkeiten von jeweils zwei, drei usw. bis n Krediten. Die Angabe von Korrelationen legt nur die gemeinsamen Ausfallwahrscheinlichkeiten und zweidimensionalen Wahrscheinlichkeitsverteilungen von jeweils zwei Krediten fest, definiert aber nicht die gemeinsame Verteilung von mehr als zwei Krediten.

Ein Ansatz, um die gemeinsame Wahrscheinlichkeitsverteilung von n Ausfallvariablen mit einer reduzierten Anzahl von Parametern zu modellieren, besteht in der Verwendung kontinuierlicher Bonitätsvariablen. Das Ausfallereignis tritt dann ein, wenn die Bonitätsvariable B_j eine bestimmte Ausfallschranke (*default threshold*) z_j unterschreitet, wobei $P(B_j \leq z_j) = p_j$ gilt. Die Ausfallvariable A_j ist damit eine Indikatorvariable, die von B_j durch $A_j = \mathbf{1}\{B_j \leq z_j\}$ abhängt. Wenn die Bonitätsvariablen einer gemeinsamen multivariaten Normalverteilung folgen, so besitzen die Ausfallvariablen eine Abhängigkeitsstruktur, die vollständig durch die Parameter der multivariaten Normalverteilung abhängig fixiert ist. Die Bedeutung dieses Ansatzes ergibt sich insbesondere aus der Reduktion der Parameteranzahl. Dabei sind die Bonitätsvariablen in der Regel latente, nicht direkt beobachtbare Variablen, deren Korrelationsstruktur aber über die Korrelationsstruktur von Proxyvariablen geschätzt werden. Diese Grundidee liegt dem Asset-Wert-Ansatz[16] zugrunde, bei dem die geschätzte Korrelationsstruktur von Aktienkursrenditen genutzt wird, um die Korrelationsstruktur von latenten Bonitätsvariablen zu spezifizieren, durch die dann die simultanen Ausfallwahrscheinlichkeiten und Wahrscheinlichkeiten für simultane Änderungen der Bonitätseinstufung erklärt sind.

Bei diesem Ansatz können die Bonitätsvariablen als standardisiert vorausgesetzt werden. Bei gegebener Ausfallwahrscheinlichkeit p_j ist für eine standardnormalverteilte Zufallsvariable B_j die Ausfallschranke das p_j-Quantil der Standardnormalverteilung und damit durch die Ausfallwahrscheinlichkeit eindeutig fixiert. Für Bonitätsvariablen B_j und B_k mit der Korrelation ρ_{jk}^B ergibt sich die gemeinsame Ausfallwahrscheinlichkeit als

$$p_{jk} = P(A_j = A_k = 1) = P(B_j \leq z_j, B_k \leq z_k) = \Phi^{(2)}(z_j, z_k; \rho_{jk}^B),$$

wobei $\Phi^{(2)}(x, y; \rho)$ die zweidimensionale Verteilungsfunktion einer bivariaten standardisierten Normalverteilung bezeichnet. Zwischen der Korrelation der Bonitätsvariablen

16 Vgl. J.P. Morgan/Reuters 1997, S. 85; siehe auch oben in Abschnitt 2.1.

ρ^{B}_{jk} und der Ausfallkorrelation ρ_{jk} besteht ein monotoner Zusammenhang. Beide Korrelationen besitzen das gleiche Vorzeichen aber sehr unterschiedliche Größenordnungen. Korrelationen der Bonitätsvariablen in einer Größenordnung zwischen 0.4 und 0.6 korrespondieren mit Ausfallkorrelationen in einer Größenordnung zwischen 0.02 und 0.04.[17] Allerdings wird der Zusammenhang zwischen den beiden Korrelationen zusätzlich sehr stark durch die Größenordnung der Ausfallwahrscheinlichkeiten beeinflusst.[18]

3.2 Statistische Schätzung von Ausfallwahrscheinlichkeiten

3.2.1 Ausfallwahrscheinlichkeit und historische Ausfallrate

Ein einfacher, aber problematischer Ansatz besteht darin, die historisch beobachtete Ausfallrate, d.h. die relative Häufigkeit der Ausfälle in einer Risikokategorie, mit der Ausfallwahrscheinlichkeit gleichzusetzen. Diese gedankliche Gleichsetzung von Ausfallrate und Ausfallwahrscheinlichkeit äußert sich z.B. in unscharfen Bezeichnungen wie 'empirische Ausfallwahrscheinlichkeit' oder 'historische Wahrscheinlichkeit' für die beobachtete relative Häufigkeit. Die Unterscheidung zwischen der Ausfallwahrscheinlichkeit einerseits und Ausfallrate andererseits ist aber wichtig für das Verständnis der Auswirkungen von Stichprobenfehlern bei der Parameterschätzung und die Interpretation statistischer Daten. Dabei ist die Wahrscheinlichkeit eines Ereignisses ein theoretisches Konstrukt, sie ist in der Regel unbekannt und kann durch die relative Häufigkeit mit der gleichartige Ereignisse auftreten, nur geschätzt werden. So kann nicht jede empirische Schwankung der Ausfallrate mit einer Schwankung der Ausfallwahrscheinlichkeit gleichgesetzt werden. Es ist charakteristisch für eine stochastische Modellierung, dass eine Ausfallrate in der Regel nicht mit der Ausfallwahrscheinlichkeit identisch ist, sondern um die Ausfallwahrscheinlichkeit zufällig schwankt. Zwar ist unter sehr allgemeinen Bedingungen die Ausfallrate die bestmögliche Approximation an eine unbekannte Ausfallwahrscheinlichkeit. Ein stochastisches Modell ermöglicht aber auch eine Beurteilung, ob empirische Schwankungen der Ausfallrate mit der Annahme einer konstanten Ausfallwahrscheinlichkeit verträglich sind. Der Standardkontext, in dem eine relative Häufigkeit zur Schätzung einer Wahrscheinlichkeit verwendet wird, ist durch stochastisch unabhängige und identisch bernoulliverteilte Beobachtungen definiert. Die unbekannte Wahrscheinlichkeit ist in diesem Kontext der einzige zu schätzende statistische Parameter. Dieser kann durch die relative Häufigkeit erwartungstreu und konsistent geschätzt werden. Die Konsistenz des Schätzers ist in diesem Fall gleichbedeutend mit der Gültigkeit des Gesetzes der großen Zahlen. Zusätzlich garantiert der zentrale Grenzwert-

17 Vgl. J.P. Morgan/Reuters 1997, S. 91.
18 Vgl. hierzu Overbeck/Stahl 1998, S. 93.

satz der Statistik, dass für einen hinreichend großen Stichprobenumfang die relative Häufigkeit näherungsweise normalverteilt ist. Die wichtigste Konsequenz dieser Normalverteilungseigenschaft ist, dass sich Genauigkeitsbeurteilungen und die Konstruktion von Konfidenzintervallen vollständig auf eine Streuungsmaßzahl, nämlich die Standardabweichung oder die Varianz, stützen können. Im Bereich der Kreditrisikomessung treten einige Spezialprobleme auf, die den relativ einfachen Kontext der Schätzung von Wahrscheinlichkeiten durch relative Häufigkeiten komplizieren:

(a) Da die zu schätzenden Wahrscheinlichkeiten relativ klein sind, ist in der Regel die Normalverteilungsapproximation schlecht und damit auch die Interpretation der Standardabweichung problematisch.

(b) Die Ausfallwahrscheinlichkeiten sind im Zeitablauf nicht konstant. Der Weg, phasenweise jeweils unterschiedliche Ausfallwahrscheinlichkeiten zu schätzen, scheitert in der Regel an den zu kurzen Datenreihen für die einzelnen Phasen. Man muss sich daher auf die Berechnung durchschnittlicher Ausfallwahrscheinlichkeiten beschränken oder eine komplizierte Modellierung der zeitlichen Dynamik vornehmen. Für die Schätzung durchschnittlicher Ausfallwahrscheinlichkeiten sind längere Datenreihen erforderlich, die z.B. einen gesamten Konjunkturzyklus umfassen sollten.

(c) Die Annahme identischer Ausfallwahrscheinlichkeiten innerhalb einer Bonitätsklasse ist eine Idealisierung. Der durch diese Idealisierung eingebrachte Approximationsfehler ist schwierig abzuschätzen.

(d) Abhängigkeiten zwischen den Ausfallereignissen bei mehreren Krediten führen im Zusammenhang mit der statistischen Schätzung zu Wirkungen, die im folgenden Abschnitt näher untersucht werden.

3.2.2 Schätzung der Ausfallwahrscheinlichkeit bei Korrelation

Das zu schildernde Problem wird in einem möglichst einfachen Kontext dargestellt. Es werden n Ausfallvariablen mit derselben Ausfallwahrscheinlichkeit p betrachtet. Die Korrelation zwischen jeweils zwei Ausfallvariablen sei $\rho > 0$. Die Korrelationsmatrix der Ausfallvariablen ist dann eine Matrix mit Einsen auf der Hauptdiagonalen und ρ an allen übrigen Stellen.

Die Ausfallrate, d.h. die relative Häufigkeit der Ausfälle, ist durch

$$R = \frac{1}{n}\sum_{j-1}^{n} A_j$$

gegeben. Wegen

$$E(R) = p$$

ist die Ausfallrate eine erwartungstreue Schätzung für die Ausfallwahrscheinlichkeit. Die Varianz der Ausfallrate ergibt sich aus

$$\operatorname{var}\left(\sum_{j=1}^{n} A_j\right) = np(1-p) + (n^2 - n)\rho p(1-p)$$

als

$$\operatorname{var}(R) = \frac{p(1-p)}{n} + \frac{n-1}{n}\rho p(1-p) \quad > \rho p(1-p).$$

Diese Varianz ist eine in n monotone Funktion, wobei sich die Varianz mit zunehmendem Stichprobenumfang vermindert. Die rechte Seite kann als Approximation für die Varianz bei großem Stichprobenumfang n dienen. Der wesentliche Unterschied zum Standardfall der Unabhängigkeit ist, dass durch

$$\lim_{n\to\infty} \operatorname{var}(R) = \rho\, p(1-p)$$

eine Unterschranke für die Varianz gegeben ist, die auch mit beliebig vielen Beobachtungen nicht unterschritten wird. Bei positiver Korrelation der Beobachtungen kann der Stichprobenfehler also durch zusätzliche Beobachtungen nicht beliebig vermindert werden. Man könnte in Analogie zur einer in der Kapitalmarkttheorie üblichen Sprechweise sagen, dass bei unkorrelierten Beobachtungen das Schätzrisiko 'diversifizierbar' ist, während bei korrelierten Beobachtungen ein 'nicht diversifizierbarer' Teil des Schätzrisikos verbleibt, der in $\rho\, p(1-p)$ zum Ausdruck kommt.

Als Folge ist bei korrelierten Beobachtungen mit weitaus größeren Schwankungen der Ausfallrate um die Ausfallwahrscheinlichkeit zu rechnen, als dies im Standardfall unabhängiger Beobachtungen der Fall ist. Im Standardfall konvergiert die relative Häufigkeit gegen die Wahrscheinlichkeit p, während im Fall korrelierter Beobachtungen die relative Häufigkeit gegen eine Wahrscheinlichkeitsverteilung konvergiert, die um p zentriert ist und eine positive Varianz besitzt. Somit ist die relative Häufigkeit im Korrelationsfall kein konsistenter Schätzer für die Wahrscheinlichkeit oder anders formuliert: Das Gesetz der großen Zahlen ist im Fall gleichkorrelierter Beobachtungen nicht erfüllt. Auch die Voraussetzungen des zentralen Grenzwertsatzes der Statistik sind nicht erfüllt, so dass selbst im Fall sehr großer Stichprobenumfänge die Approximation durch eine Normalverteilung zu großen Fehlern führen kann.

Um eine zuverlässige Schätzung der Ausfallwahrscheinlichkeit zu erhalten, genügt es also nicht, die Anzahl der korrelierten Fälle in einer gegebenen Periode zu erhöhen. Vielmehr sind Beobachtungen aus aufeinanderfolgenden Perioden erforderlich, die als unabhängig vorausgesetzt werden müssen. Bei einer Schätzung der Ausfallwahrscheinlichkeit aus jeweils n korrelierten Ausfallvariablen in T Perioden beträgt die Gesamtzahl der Beobachtungen $N = nT$. Eine Schätzung für die Ausfallwahrscheinlichkeit ist dann

$$R = \frac{1}{N}\sum_{j=1}^{n}\sum_{t=1}^{T} A_{jt} = \frac{1}{T}\sum_{t=1}^{T} R_t ,$$

wobei R_t die aus den n Ausfallereignissen der Periode t bestimmte Ausfallrate ist. Für hinreichend großes n ist die Varianz dieses Schätzers durch

$$\operatorname{var}(R) \approx \frac{1}{T}\rho p(1-p)$$

gegeben. Beispielsweise ergibt sich für $p = 0.01$, $\rho = 0.16$ und $T = 25$ eine Standardabweichung von 0.007, die zeigt, dass die Schätzung der Ausfallwahrscheinlichkeit in diesem Fall noch mit einem sehr großen Stichprobenfehler behaftet ist.

Der approximative Zusammenhang

$$\operatorname{var}(R_t) \approx \rho\, p(1-p)$$

kann auch verwendet werden, um aus geschätzten Ausfallwahrscheinlichkeiten und einer Schätzung für die Varianz der Ausfallraten eine Schätzung für die Ausfallkorrelation zu ermitteln. Dabei wird die Varianz der Ausfallraten aus einer Folge historischer Ausfallraten geschätzt, wobei vorausgesetzt wird, dass die Ausfallereignisse im Zeitablauf unabhängig sind.[19] Bei einer Datenbasis von 25 jährlichen Beobachtungen resultiert ein erheblicher Schätzfehler für die Korrelationen.[20]

[19] Vgl. J.P. Morgan/Reuters 1997, S. 81.

[20] Vgl. Tabelle 8.1 in J.P. Morgan/Reuters 1997, S. 81.

4 Modellvergleich und praktische Anwendbarkeit

4.1 Empirische Schätzung der Ausfallkorrelationen

Wahrenburg/Niethen[21] haben für ein einfaches Beispiel-Kreditportfolio von an der Börse notierten deutschen Unternehmen der Baubranche das Kreditrisiko nach CreditMetrics und CreditRisk$^+$ berechnet. Um die Analyse überschaubar und transparent zu halten, wurde ein sehr einfaches Portfolio von homogenen Krediten untersucht, d.h. die Kredithöhe wird für alle Kreditnehmer identisch angenommen, um Größenkonzentrationseffekte zu vermeiden.[22]

Um in CreditMetrics eine mit CreditRisk$^+$ vergleichbare Risikodefinition zu gewährleisten, wurden nur durch Ausfälle entstehende Verluste berücksichtigt (defaults) und dabei eine konstante Wiedergewinnungsrate von 0 angesetzt. Um beide Modelle mit konsistenter Ausfallwahrscheinlichkeit zu schätzen, wurden in CreditMetrics alle Kreditnehmer einer einzigen Ratingklasse zugeordnet. Der Grund liegt darin, dass in CreditMetrics jedem Kreditnehmer über seine Ratingklasse eine Ausfallwahrscheinlichkeit zugeordnet wird; dagegen wird in CreditRisk$^+$ innerhalb eines Sektors eine einheitliche Ausfallwahrscheinlichkeit für alle Kreditnehmer angenommen. Als Schätzer für die erwartete Ausfallwahrscheinlichkeit wurde die durchschnittliche Ausfallrate aus der Insolvenzzeitreihe des Baugewerbes für den Zeitraum von 1980 bis 1994 (Jahreswerte) verwendet und damit ein Wert von 1.22% geschätzt. Analog wurde die Standardabweichung mit 0.26% geschätzt.

In CreditMetrics werden die Renditen der Aktiva aus einer multivariaten Normalverteilung mit vorgegebener Korrelationsmatrix ermittelt, die empirisch geschätzt werden muss. Hierzu wurde auf Basis der logarithmierten monatlichen Aktienrenditen von 1985 bis 1998 die empirische Korrelationsmatrix ermittelt, wobei die Renditekorrelationen nur schwach streuten und im Durchschnitt etwa 0.5 betrugen. Dieser Wert wurde weiter verwendet. In CreditRisk$^+$ ergibt sich die Ausfallkorrelation implizit durch die Annahme der Gammaverteilung für die Ausfallrate der Branche, deren Parameter oben spezifiziert wurden. Durch die beschriebenen Annahmen können die Modelle mit Ausnahme der Korrelationskonzepte als vergleichbar parametrisiert angesehen werden. Nur das *gemeinsame* Ausfallverhalten der Kreditnehmer bestimmende Größen, die Renditekorrelation in CreditMetrics und die Volatilität der Ausfallrate in CreditRisk$^+$, basieren auf un-

---

21 Wahrenburg/Niethen 2000, S. 11-14.

22 Für die Schätzung der Inputparameter „Ausfallrate" wurde die Insolvenzzeitreihe des Statistischen Bundesamtes für das Baugewerbe (1980-1994) sowie für die Entwicklung des „Asset-Wertes" die Aktienrenditen der Bauunternehmen im DAX 100 herangezogen.

terschiedlichen empirischen Größen, deren Konsistenz und Konsequenzen bezüglich der Korrelationsannahmen aber absichtlich nicht geprüft wurden.[23]

Auf Basis der Inputparameter wurde für unterschiedlich große Kreditportfolios jeweils die Kreditrisikoschätzung beider Modelle für ein Konfidenzniveau von 95% und 99% ermittelt. Wie zu sehen ist, ergeben sich deutliche Unterschiede, wobei der relative Unterschied mit zunehmender Zahl an Krediten nicht etwa sinkt, sondern sogar auf das bis zu 9-fache wächst.[24]

	95% Konfidenz		99% Konfidenz	
Anzahl	Credit Metrics	Credit Risk+	Credit Metrics	Credit Risk+
10	1	1	3	1
50	3	2	10	3
100	6	3	22	4
200	13	5	40	7
500	31	11	105	13
1000	63	19	209	23

Abbildung 5: Ergebnisse von CreditMetrics und CreditRisk+ bei empirischer Parameterschätzung[25]

4.2 Konsistente Bestimmung der Ausfallkorrelationen

Da die Ausfallwahrscheinlichkeiten bei obigem Vorgehen in beiden Modellen identisch angesetzt wurden, kann nur die in den Modellen implizite Korrelation von Ausfällen oder die Modellierung selbst das Ergebnis beeinflusst haben. In einem zweiten Schritt wurde deshalb versucht, die Korrelationskonzepte von CreditRisk+ und CreditMetrics ineinander überzuführen, um eine Vergleichsanalyse mit konsistenten Korrelationsannahmen zu erreichen.[26]

Ohne auf die Einzelheiten der Anpassung einzugehen, sollen hier lediglich die Ergebnisse referiert werden. Man kommt im Beispiel zu zwei unterschiedlichen Ausfallkorrelationen, je nachdem, ob die implizite Ausfallkorrelation von CreditMetrics (12.87%) oder von CreditRisk+ (0.06%) als gegeben unterstellt wird (vgl. Abbildung 6).

23 Wahrenburg/Niethen 2000, S. 13.

24 Ebenda, S. 14.

25 Ebenda.

26 Ebenda, S. 14-17.

	Emp. CR+-Ausfallkorrelation (0.06%)				Emp. CM-Ausfallkorrelation (12.87%)			
	95% Konfidenz		99% Konfidenz		95% Konfidenz		99% Konfidenz	
Anzahl	Credit Metrics	Credit Risk+	Credit Metrics	Credit Risk+	Credit Metrics	Credit Risk+	Credit Metrics	Credit Risk+
10	1	1	3	2	1	1	3	2
50	2	2	3	3	3	3	10	10
100	3	3	4	4	6	7	22	20
200	5	5	7	7	13	14	40	40
500	11	11	14	13	31	35	105	100
1000	20	20	25	23	63	71	209	200

Abbildung 6: Ergebnisse von CreditMetrics und CreditRisk+ bei konsistenter Korrelationsschätzung[27]

Es wird damit deutlich, dass die Ergebnisse beider Systeme für beide Konfidenzniveaus, für zwei unterschiedliche Werte der Ausfallkorrelation und für unterschiedliche Größen der Kreditportfolios innerhalb der jeweiligen Wertekombinationen nahezu übereinstimmen. Der Unterschied beträgt bei 1000 Krediten maximal 15%. Zwischen den Gruppen zeigt sich der aus Abbildung 5 bekannte Unterschied nun auch innerhalb der Schätzungen jedes einzelnen Systems. So ermittelt CreditRisk+ für 1000 Kredite und 99% Konfidenz einen Risikobetrag von 23 für die Korrelation 0.06%, aber 209 für die Ausfallkorrelation 12.87%.

Die Forderung einer Vergleichbarkeit der Risikoschätzung „*across institutions*" scheint also auch bei der Verwendung so unterschiedlicher Systeme wie CreditRisk+ und CreditMetrics erfüllbar zu sein. Hauptgrund für unterschiedliche Ergebnisse ist der Inputparameter Ausfallkorrelation.

4.3 Konsequenzen für die praktische Anwendbarkeit

Während sich der Vergleich der Systeme CreditRisk+ und CreditMetrics lediglich auf den Ausfall des Kredites bezog, modellieren die *Mark-to-Market-Models* die Marktwertänderung des Kreditportfolios. Ein Vergleich dieser Modelle zeigt, dass für die möglichst genaue Ermittlung dieses Risikos die genaue bzw. konsistente Schätzung der Übergangswahrscheinlichkeit eines Kreditnehmers zwischen einzelnen Ratingklassen (z.B. von A nach AA oder BBB; aber auch nach AAA und B) während eines Jahres (Schätzung der Rating-Übergangsmatrix, der sog. *credit migration matrix*) und zusätz-

27 Wahrenburg/Niethen 2000.

lich die Schätzung der gemeinsamen Übergangswahrscheinlichkeit mehrerer Kreditnehmer (zur Bestimmung der *Übergangskorrelation*) erforderlich ist.[28]

In analoger Weise dazu, wie es oben für die Ausfallwahrscheinlichkeiten beschrieben wurde, ergeben sich die Probleme der genauen und konsistenten Schätzung dieser Größen, wobei die Anzahl der Ratingänderungen recht gering und die gleichzeitigen Klassenwechsel somit nur schwer zu erfassen sind: „The major weakness of CreditMetrics/CreditVar I is not the methodology, which is rather appealing, but rather the reliance on transition probabilities based on average historical frequencies of defaults and credit migration.“[29]

Für Aufsichtszwecke scheinen die genannten Probleme aus heutiger Sicht nur schwer lösbar zu sein, da hier die Schätzung von sehr seltenen Ereignissen das Ziel ist: Gesucht ist ein Verlustpotential, das lediglich mit 0,5% oder noch geringerer Wahrscheinlichkeit überschritten wird. Die Schätzung der Verlustverteilung bzw. der P&L für eine weniger extreme Konstellation, d.h. bei größeren Wahrscheinlichkeiten und für kürzere Zeiträume, sollte dagegen erheblich geringere Probleme aufweisen, da das Ergebnis nicht so sensitiv gegenüber den verwendeten Inputparametern ist. Somit sollten die risikoadäquate Preisung von Risiken im Portfoliokontext und die Modellierung von Risiken der schlechteren Bonitätsklassen (höhere Ausfallwahrscheinlichkeit) zu Steuerungszwecken und für das interne Risikocontrolling als erste Anwendung der Modelle dienen. Die Kreditinstitute könnten auf dieser Basis die nötige Erfahrung sammeln und die nötigen Methoden zur konsistenten Parameterschätzung entwickeln, um zu einem späteren Zeitpunkt auch die Anforderungen der Aufsicht zu erfüllen.

---

28 Crouhy/Mark 1998a, S. 9ff.
29 Ebenda, S. 35.

Aspekte der stochastischen Modellierung von Ausfallwahrscheinlichkeiten in Kreditportfoliomodellen

von

Rüdiger Kiesel / Bernd Schmid

1 Einleitung

Die zentrale Bedeutung des Kreditrisikos (im weitesten Sinn die Gefahr der Bonitätsverschlechterung eines Kreditnehmers) als dominantes Risikoelement in den Büchern der meisten Banken und Finanzinstituten ist in den letzten Jahren zunehmend deutlich geworden, nicht zuletzt durch Fälle finanzieller Instabilität, die durch Mißmanagement des Kreditrisikos[1] verursacht worden waren. Es herrscht Übereinstimmung, daß ein verbessertes Verständnis der speziellen Eigenarten des Kreditrisikos verbunden mit einer Verbesserung der Quantifizierung und des Managements sowohl für individuelle Banken als auch für das internationale Finanzsystem wünschenswert wäre. Diese Erkenntnis hat bereits zu einer Verstärkung der kreditbezogenen Forschungsanstrengungen innerhalb von Finanzinstituten, Zentralbanken, Regulatoren und Universitäten geführt. Besonders Finanzinstitute waren führend in der Entwicklung von Kreditrisikomodellen, die Kredit-Exposures besser bewerten und die interne Kapitalallokation verbessern sollten. Regulatoren haben sich zum Ziel gesetzt, die Richtlinien zur Festlegung von regulatorischem Kapital dem tatsächlichen Risiko besser als im 1988 Baseler Akkord anzupassen (Banken haben die Lücken im 1988 Baseler Akkord zur Durchführung substantieller regulatorischer Arbitrage genutzt[2]).

In Praxis wie Forschung herrscht weitgehend Übereinstimmung, daß ein realistischer Kreditrisikomodellierungsansatz folgende wichtige Komponenten beinhalten muß[3]:

(1) Ausfallwahrscheinlichkeiten (Default Probabilities): Die Wahrscheinlichkeit, daß ein Schuldner seine finanziellen Verbindlichkeiten nicht mehr erfüllen kann.

(2) Rückflußquoten (Recovery Rates): Der prozentuale Anteil des Nennwertes der finanziellen Verpflichtung des Schuldners, der im Falle eines Ausfalls kompensiert wird.

(3) Übergangswahrscheinlichkeiten (Transition Probabilities): Die Wahrscheinlichkeit, daß die Kreditqualität eines Schuldners sich verbessert oder verschlechtert (ohne daß es zu einem Ausfall kommt).

(4) Korrelation des Ausfallrisikos bzw. der Kreditqualität verschiedener Schuldner: Das Ausmaß der Beziehung des Ausfallrisikos bzw. der Kreditqualität verschiedener Schuldner.

(5) Risikobeitrag und Konzentration von Kreditrisiken: Der Beitrag eines individuellen Finanzinstruments oder eines individuellen Schuldners zum Gesamtrisiko eines Kreditportfolios.

---

1 Cauette/Altman/Narayanan 1998.

2 Siehe etwa Jackson et al. 1999 oder Jones 1999.

3 Siehe etwa Ong 1999.

Bei den Punkten (1) – (3) handelt es sich um individuelle Risikoelemente, die sich auf ein einzelnes Finanzinstrument beziehen, während (4) und (5) für Portfolios von ausschlaggebender Bedeutung sind.

Mittlerweile gibt es eine Vielzahl von Arbeiten, die die Umsetzung der obigen Liste in den in der Praxis verwendeten Kreditrisikomodellen beschreiben, etwa die Bücher Cauette/Altman/Narayanan[4], Das[5], Ong[6] und Saunders[7] oder die Artikel Alexander/Phelan[8], Croughy/Galai/Mark[9], Gordy[10] und Schmid[11]. Wir verzichten deshalb auf eine zusammenfassende Beschreibung und konzentrieren uns darauf, die stochastischen und statistischen Annahmen und Techniken herauszuarbeiten, die bei der Modellierung von Ausfallwahrscheinlichkeiten verwendet werden. Die Konzentration auf Ausfallwahrscheinlichkeiten liegt in deren dominierender Rolle begründet, die sie bei der Modellierung individueller Kreditrisiken und Kreditportfoliorisiken spielen. Wir werden in unseren Ausführungen jedoch auch auf Aspekte der in (2) bis (5) erwähnten Größen und deren Einfluß auf Kreditrisiken zu sprechen kommen.

Im Zusammenhang mit Ausfallrisiken wollen wir insbesondere die folgenden Fragen erörtern:

(i) Welche verschiedenen Ansätze zur Modellierung von Ausfallrisiken gibt es?
(ii) Welche statistische Fragestellungen werfen die einzelnen Modellierungsansätze auf?
(iii) Welche Auswirkungen haben die verschiedenen Modellierungsansätze auf Risikokenngrößen?

Wir beginnen im nächsten Abschnitt mit einer Zusammenfassung der grundlegenden Bewertungsideen für (kreditrisikobehaftete) Wertpapiere und der Vorstellung der gängigen Kenngrößen für das Kreditrisiko solcher Wertpapiere. Im darauf folgenden Abschnitt diskutieren wir die verschiedenen Ansätze zur Bestimmung der Ausfallwahrscheinlichkeit von Schuldnern, die über die Ausgabe von Wertpapieren oder die Inanspruchnahme von Krediten Zahlungsverpflichtungen eingegangen sind. In einem weiteren Abschnitt betrachten wir dann verschiedene Aspekte des Kreditrisikos von Portfoli-

---

4 Cauette/Altman/Narayanan 1998.
5 Das 1998.
6 Ong 1999.
7 Saunders 1999.
8 Alexander/Phelan 1999.
9 Croughy/Galai/Mark 1999.
10 Gordy 2000.
11 Schmid 1998.

os kreditrisikobehafteter Wertpapiere und schließen mit einer Zusammenfassung der Erkenntnisse, die für die Beantwortung der obigen Fragen relevant sind.

2 Kreditrisikobehaftete Wertpapiere - Modellierung und Kenngrößen

Die grundlegende Formel zur Bewertung risikobehafteter Zahlungsströme (gegeben durch Finanzinstrumente) in einem arbitragefreien Finanzmarktmodell ist durch das risikoneutrale Bewertungsprinzip gegeben[12]. Danach ist der Preis zum Zeitpunkt t einer risikobehafteten Auszahlung X zum Zeitpunkt T durch den Erwartungswert bezüglich eines sogenannten äquivalenten Martingalmaßes gegeben:

$$X(t,T) = E_t\left[X \exp\left(-\int_t^T r_u du\right)\right] \tag{2.1}$$

Dabei ist r_t der Spot-Zinssatz und E_t ein bedingter Erwartungswert (qualitativ wird dadurch der Preis der Auszahlung von den vorhandenen Informationen für die Investoren abhängig gemacht). Bei der Modellierung einer kreditrisikobehafteten Auszahlung muß zusätzlich noch die Möglichkeit eines Ausfalles in Betracht gezogen werden. Dazu führt man die Zeit des Ausfalls τ und die Rückflußquote R, gegeben ein Ausfall, in das Modell ein und erhält

$$X(t,T) = E_t\left[I_{(T<\tau)} X \exp\left(-\int_t^T r_u du\right) + I_{(T\geq\tau)} RX \exp\left(-\int_t^T r_u du\right)\right], \tag{2.2}$$

wobei $I_{\{T<\tau\}}$ im Falle eines Ausfalls gleich 1 und sonst 0 ist (d.h. I ist die Indikatorfunktion der Menge $\{T < \tau\}$).

$$I_{(T<\tau)} X \exp\left(-\int_t^T r_u du\right)$$

Das Problem der Modellierung der Ausfallzeit wird in der Literatur im Prinzip mittels zweier verschiedener Ansätze betrachtet[13]. Im strukturellen Ansatz, der auf Arbeiten von Merton[14] basiert, ist die Ausfallzeit durch den Zeitpunkt gegeben, an dem der Wert eines Preisprozesses eine Schranke durchbricht (in der mathematischen Terminologie Stoppzeit genannt). In diesem Fall kann durch Beobachtung des Preisprozesses die Aus-

12 Siehe etwa Bingham/Kiesel 1998 für eine Einführung in die Thematik.
13 Eine detaillierte Diskussion wird in Ammann 1999 gegeben.
14 Merton 1973, Merton 1974.

fallzeit - und damit auch die Ausfallwahrscheinlichkeit - vorhergesagt werden. Eine andere Klasse von Modellen folgt dem sogenannten intensitätsbasierenden Ansatz[15]. Dabei wird die Ausfallzeit durch den ersten Sprung eines exogenen Sprungprozesses (etwa eines Poissonprozesses) modelliert und kann damit nicht durch preisbezogene Informationen alleine vorhergesagt werden. Eine Konsequenz dieses Ansatzes ist, daß die Ausfallwahrscheinlichkeit ebenfalls von exogenen Faktoren abhängig ist, die üblicherweise in der Intensität des Sprungprozesses beinhaltet sind. Die Attraktivität des intensitätsbezogenen Ansatzes erklärt sich vor allem aus der Tatsache, daß (unter geeigneten technischen Annahmen) der Intensitätsprozeß in eine Änderung des Zinsprozesses transformiert werden kann und dadurch eine geschlossene Bewertungsformel vergleichbar zu (2.1) erhalten werden kann.

Eine Transformation des Wahrscheinlichkeitsmaßes (ein Übergang zum sogenannten äquivalenten T-Forward Maß) ermöglicht es, den Wert einer kreditrisikobehafteten Auszahlung mittels dem Preisprozeß $p(t,T)$ einer risikofreien Auszahlung (der entsprechenden Nullkoupon-Anleihe) auszudrücken (dabei setzen wir zur Vereinfachung $X=1$):

$$X(t,T) = p(t,T)E_t\left\lfloor I_{(T<\tau)} + I_{(T\geq\tau)}R\right\rfloor = p(t,T)\big(R + (1-R)Q_t(\tau > T)\big), \tag{2.3}$$

wobei $Q_t(\tau \leq T)$ die Ausfallwahrscheinlichkeit (unter dem veränderten Wahrscheinlichkeitsmaß unter Berücksichtigung aller im Zeitpunkt t bekannten Informationen) quantifiziert. Formel (2.3) erlaubt eine einfache Interpretation: der Wert eines kreditrisikobehafteten Wertpapiers ergibt sich als die Summe des Wertes einer risikofreien Auszahlung $R \cdot X$ (Rückflußquote multipliziert mit dem Nennwert) und dem Erwartungswert einer risikobehafteten Auszahlung $(1-R)X$.

Wir können Formel (2.3) nun verwenden, um gewisse in der Praxis weit verbreitete Risikokenngrößen zu ermitteln. Eine erste und grundlegende Frage ist: Welchen durchschnittlichen Verlust erwarten wir im Falle eines Ausfalls? Eine Umformung der Gleichung (2.3) liefert

$$X(t,T) = p(t,T)\big(1 + (1-R)Q_t(\tau \leq T)\big) \tag{2.4}$$

und damit

$$p(t,T) - X(t,T) = p(t,T)\big((1-R)Q_t(\tau \leq T)\big). \tag{2.5}$$

15 Folgend Jarrow/Lando/Turnbull 1997.

Die linke Seite der Gleichung (2.5) stellt nun den erwarteten Verlust im Falle eines Ausfalls dar (i.e. die Differenz zwischen einer risikofreien und einer risikobehafteten Auszahlung). Wir bezeichnen diese Größe als den erwarteten Verlust (expected loss) *EL*. Typischerweise fragt man in diesem Kontext anstelle nach dem prozentualen Rückfluß (quantifiziert durch die Rückflußquote *R*) eher nach der Höhe des Verlusts im Falle des Ausfalls. Wir führen daher in Gleichung (2.5) den Verlust gegeben Ausfall (loss given default) *LGD* ein und erhalten für den erwarteten Verlust

$$EL = p(t,T) \times LGD \times Q_t(\tau \leq T). \tag{2.6}$$

Der „Diskontierungsfaktor" $p(t,T)$ in obigen Formeln bewirkt eine "mark-to-market"-Bewertung: Alle Bewertungen werden zu heutigen (Zeitpunkt *t*) Preisen durchgeführt. Zur Vereinfachung verzichten wir im Weiteren auf eine solche Diskontierung und bewerten alle Größen mit Fälligkeit (Zeitpunkt *T*) Preisen. Weiterhin verzichten wir auf die explizite Darstellung der Ausfallwahrscheinlichkeit mittels der (stochastischen) Ausfallzeit und benutzen die gebräuchlichere (und leichter zu interpretierende) erwartete Ausfallhäufigkeit (expected default frequency) *EDF*. Somit folgt für den erwarteten Verlust

$$EL = X \times LGD \times EDF. \tag{2.7}$$

Die Aussagekraft des erwarteten Verlusts *EL* als Risikokenngröße ist begrenzt; schließlich wird nur ein durchschnittlicher Verlust berechnet, wohingegen Risiko gemeinhin als Auswirkung unerwarteter Schwankungen aufgefaßt wird. Um diese Schwankungen um den erwarteten Verlust zu messen, bestimmen wir die Standardabweichung (Volatilität) des Wertes der kreditrisikobehafteten Auszahlung zur Fälligkeit.[16] Wir bezeichnen diese Größe als unerwarteten Verlust (unexpected loss) *UL*. Modellieren wir die Verlusthöhe *LGD* als eine von den Ausfallhäufigkeiten unabhängige stochastische Variable, so erhalten wir

$$UL = \sqrt{\operatorname{var}(X(T,T))} = X \times \sqrt{EDF \times \sigma_{LGD}^2 + LGD \times \sigma_{EDF}^2}, \tag{2.8}$$

wobei σ_{LGD}^2 die Varianz der Verlusthöhe und $\sigma_{EDF}^2 = EDF(1-EDF)$ die Varianz der Ausfallwahrscheinlichkeit bezeichnet.

Eine oft übersehene Tatsache ist der konzeptionelle Unterschied der Risikokenngrößen erwarteter und unerwarteter Verlust: der erwartete Verlust *EL* ist eine bedingte Größe -

16 Im Rahmen der dynamischen Analyse, mit Diskontierung, würden wir einfach die Standardabweichung des Wertprozesses (2.4) bestimmen.

der durchschnittliche Verlust gegeben ein Ausfall - und damit abhängig vom Eintreten des Ausfallereignisses. Der unerwartete Verlust *UL* hingegen ist eine Kenngröße der (unbedingten) Werteverteilung der risikobehafteten Auszahlung zum Fälligkeitszeitpunkt, und nicht etwa eine weitere Kenngröße einer bedingten Größe (Verlust gegeben Ausfall). Somit werden potentiell im unerwarteten Verlust *UL* auch positive Wertentwicklungen erfaßt und zur Risikomessung herangezogen. Da aber kreditrisikobehaftete Wertpapiere typischerweise nur begrenztes Gewinnpotential im Vergleich zum Verlustrisiko besitzen, sind Wertschwankungen im wesentlichen auf Verluste zurückzuführen.

Die Formeln (2.7) und (2.8) machen deutlich, daß Ausfallwahrscheinlichkeiten und Rückflußquoten die entscheidenden Größen bei der Quantifizierung von Ausfallrisiken sind. Wir werden die verschiedenen Ansätze zur Modellierung der Ausfallwahrscheinlichkeiten in den folgenden Abschnitten detailliert diskutieren.

Bei der Modellierung der Rückflußquoten können im Prinzip zwei Strategien verfolgt werden: Entweder man modelliert die Verlustgröße als eine stochastische Variable - wie bei der Herleitung der Formeln (2.7) und (2.8) mit gegebenem Erwartungswert und gegebener Varianz oder spezieller mit einer bestimmten Verteilung - oder als eine Konstante (wodurch sich der erste Summand unter der Wurzel in (2.8) erübrigt, da die Varianz dann Null ist).

Analysen der Veränderung der Risikokenngrößen in Bezug auf die zugrundeliegenden Faktoren haben gezeigt, daß die Sensitivität der meisten Kenngrößen bezüglich der Schätzung der Ausfallwahrscheinlichkeit am größten ist. Recovery Rates spielen oft nur eine untergeordnete Rolle und bewirken nur moderate Veränderungen der Kenngrößen. Auf dieser Grundlage erscheint oft die Annahme einer konstanten Recovery Rate gerechtfertigt.

Entschließt man sich zu einer stochastischen Modellierung, so wird diese üblicherweise auf der Grundlage historischer Daten aus dem Corporate Bond Sektor vorgenommen. Bonds werden dazu in Seniority Classes eingeteilt. Man unterscheidet zwischen Senior Secured, Senior Unsecured, Senior Subordinated, Subordinated und Junior Subordinated. In Tabelle 1 sind die Ergebnisse einer Untersuchung von Carty & Lieberman (1996) aufgeführt, die durchschnittliche Recovery Rates für die einzelnen Seniority Classes bestimmt haben. Die Schätzung der Recovery Rate aus historischen Daten ist allerdings in verschiedener Hinsicht äußerst problematisch. Häufig können keine Marktpreise oder nur welche auf einem höchst illiquiden Markt beobachtet werden. Auch der Zeitpunkt für die Feststellung des Preises ist weitgehend unklar. Verschiedene Studien kommen zu dem Schluß, daß ungefähr ein Monat nach Bekanntgabe des Defaults der beste Zeitpunkt dafür ist.

Seniority Class	*Recovery Rate*	Standardabweichung
Senior Secured	53.80%	26.86%
Senior Unsecured	51.13%	25.45%
Senior Subordinated	38.52%	23.81%
Subordinated	32.74%	20.18%
Junior Subordinated	17.09%	10.90%

Tabelle 1: Durchschnittliche Recovery Rates aus historischen Daten[17]

Für eine Modellierung der Verteilung der Recovery Rates wird eine Wahrscheinlichkeitsverteilung mit kompaktem Wertebereich (Werte der Recovery Rates sind zwischen 0 und 100%) benötigt. Üblicherweise wird in der Praxis eine Betaverteilung angenommen.

Als Beispiel für obige Ausführungen betrachten wir den erwarteten und unerwarteten Verlust eines Kredits dessen Ausfallwahrscheinlichkeit mit $EDF = 0.0017$ (oft wird die Wahrscheinlichkeit in % angegeben, hier also 0.17%) ermittelt worden ist. Wir nehmen weiter eine Einstufung als "Senior Secured" an. Damit ist die Rückflußquote (gemäß Tabelle 1) 53.80%, und es ergibt sich für den erwarteten Verlust pro Geldeinheit der Rückzahlung

$$EL = 0.0017 \times (1 - 0.538) = 0.000785,$$

oder $EL = 0.0785\%$. Um den unerwarteten Verlust UL zu bestimmen, müssen wir die „Varianz" der Ausfallwahrscheinlichkeit ermitteln. Es ergibt sich $\sigma^2_{EDF} = 0.0017 \times (1 - 0.0017)$. Damit folgt für den unerwarteten Verlust

$$UL = \sqrt{0.0017 \times 0.2686 + (1 - 0.538) \times 0.00169} = 0.02581$$

oder $UL = 2.581\%$. Ein Vergleich der Größen zeigt, daß der unerwartete Verlust den erwarteten Verlust substantiell übertreffen kann, und daher als Risikokenngröße nicht zu vernachlässigen ist.

17 Moody's Investors Service. Weitere Beispiele empirischer Recovery Rates und Literaturhinweise finden sich in Ong 1999, Kapitel 4, oder im CreditMetrics Manual, Gupton/Finger/Bhatia 1997, Kapitel 7.

3 Modellierung von Ausfallwahrscheinlichkeiten

Die beiden im letzten Abschnitt angesprochenen Ansätze zur Modellierung der zufälligen Ausfallzeit eines kreditrisikobehafteten Wertpapiers - strukturell und intensitätsbasierend - finden sich bei der Modellierung von Ausfallwahrscheinlichkeiten (in den kommerziellen Modellen) wieder. Darüber hinaus ist es naheliegend, einen ökonometrischen, datenbasierenden Ansatz zu verfolgen.

3.1 Struktureller (Merton) Ansatz

Die zu Grunde liegende Motivation dieses Ansatzes ist die Idee, daß ein Unternehmen in Konkurs geht, sobald ein Preis-, Wert-, oder Signalprozeß eine endogen definierte Ausfallschranke (Default Point) unterschreitet. Wir wollen uns hier auf das auf Arbeiten von Robert Merton[18] beruhende Standardmodell beschränken. Ausfallwahrscheinlichkeiten werden in diesem Rahmen auf Grundlage des Firmenwertes (Aktiva der Firma) und der Höhe der Verbindlichkeiten des Unternehmens bestimmt. Bezeichnet man den Firmenwert zum Zeitpunkt t mit V_t und die Ausfallschranke mit D, so ist die mathematische Beschreibung der Ausfallwahrscheinlichkeit (*EDF*) der Firma zum Ende des Beobachtungszeitraumes T gegeben durch

$$EDF = \Pr(V_t \leq D)\,. \tag{3.1}$$

Damit nimmt das Ausfallrisiko zu, wenn sich die Differenz aus Firmenwert und Verbindlichkeiten verkleinert und nimmt ab, wenn sich diese Differenz vergrößert. Diese Beobachtung kann verwendet werden, um eine Klassifizierung der Kreditqualität von Unternehmen vorzunehmen. Dazu wird obige Differenz durch die Volatilität des Firmenwertes σ_V standardisiert und eine sogenannte "Distance to Default" *DD* wie folgt definiert:

$$DD = \frac{Erwarteter\ Firmenwert - Ausfallschranke}{Firmenwertvolatilität}\,. \tag{3.2}$$

Da weder Firmenwert noch die Volatilität des Firmenwerts direkt beobachtbar sind, wird ein optionspreistheoretischer Ansatz benutzt, um diese Größen aus dem Aktienpreisprozeß des Unternehmens zu bestimmen.

---

18 Merton 1973, Merton 1974.

Dabei folgt man üblicherweise Mertons Ansatz von 1974 und modelliert die zeitliche Entwicklung des Firmenwerts (unter einem risikoneutralen Wahrscheinlichkeitsmaß) mit Hilfe der stochastischen Differentialgleichung

$$dV_t = V_t r dt + V_t \sigma_V dW_t, \qquad (3.3)$$

wobei r die risikofreie konstante Wachstumsrate im risikoneutralen Modell und W_t eine standardisierte Brownsche Bewegung bezeichnen.

Abbildung 1 faßt diese Überlegungen noch einmal zusammen:

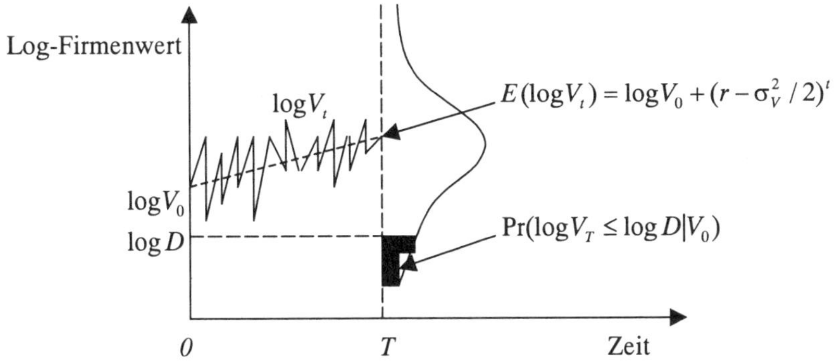

Abbildung 1: Verteilung des logarithmierten Firmenwerts am Ende des betrachteten Zeithorizonts unter dem tatsächlichen Wahrscheinlichkeitsmaß

Bei der Anwendung des Modells ergibt sich ein zentrales Problem: Sowohl der aktuelle Firmenwert V_0 als auch die Volatilität des Firmenwerts σ_V sind nicht beobachtbar.

Mit Hilfe von Informationen über den Aktienkurs bzw. die Marktkapitalisierung der Firma und deren Volatilität versucht man Informationen über den Firmenwert und dessen Volatilität zu generieren.

Geht man davon aus, daß sich die Firma nur durch ihr Eigenkapital und durch Fremdkapital in Form von Discount Bonds mit Nominalwert D finanziert und der Firmenwert sich aus der Summe von Eigen- und Fremdkapital zusammensetzt, so ergeben sich für die Aktionäre und die Gläubiger einer Firma folgende Optionspositionen:

- Unter der Annahme, daß die Gläubiger bei der Fremdkapitalaufnahme der Firma diese von den Aktionären kaufen, gibt es bei Fälligkeit der Schulden im Zeitpunkt T zwei Möglichkeiten: die Gläubiger bekommen von den Aktionären die Schulden zurückbezahlt oder die Firma geht endgültig in deren Besitz über, d.h. es ergibt sich eine Payoff-Struktur von $\min(D,V_T)$, was auch als $D-\max(0,D-V_T)$ ausgedrückt werden kann. Damit entspricht der Wert der Verbindlichkeiten der Firma dem Wert einer risikolosen Anlage in Höhe des Barwerts von D minus dem Wert einer Put-Option auf den Wert der Firma.

➢ Unter der Annahme, daß die Aktionäre bei der Fremdkapitalaufnahme die Firma an die Gläubiger verkaufen, gibt es bei Fälligkeit dieser Verbindlichkeiten im Zeitpunkt T zwei Möglichkeiten: die Aktionäre sind in der Lage, die Verbindlichkeiten zurückzubezahlen und damit die Firma zurückzukaufen, oder die Firma geht ganz in den Besitz der Schuldner über. Damit ergibt sich in T eine Payoff-Struktur von $\max(0,V_T-D)$. Das entspricht aber gerade dem Payoff einer Call-Option auf den Wert der Firma im Zeitpunkt T, und damit kann das Eigenkapital der Firma bzw. der Marktwert der Aktien als Call-Option auf den Firmenwert aufgefaßt werden.

Somit erlaubt die Black-Merton-Scholes Preisformel für europäische Call-Optionen einen Zusammenhang zwischen Aktienpreisprozeß E_t und Volatilität des Aktienpreisprozesses σ_t auf der einen und Firmenwertprozeß V_t und Volatilität des Firmenwertprozesses σ_V auf der anderen Seite herzustellen (wobei wir wie oben $t=0$ annehmen und auf Indizes in der Formel verzichten):

$$E = VN(d_1) - De^{-rT}N(d_2), \tag{3.4}$$

wobei N die kumulative Normalverteilung bezeichnet und d_1 bzw. d_2 durch

$$d_1 = \frac{\ln\left(\frac{V}{D}\right) + \left(r + \frac{1}{2}\sigma_V^2\right)T}{\sigma_V\sqrt{T}} \quad \text{bzw.} \quad d_2 = d_1 - \sigma_V\sqrt{T}$$

gegeben sind.

Eine Anwendung der Itô-Formel erlaubt es die stochastische Differentialgleichung des Aktienpreisprozesses aus der stochastischen Differentialgleichung des Firmenwertprozesses (3.3) herzuleiten[19]:

[19] Siehe etwa Bingham/Kiesel (1998) § 5.5 - 5.8 für eine Einführung in die Theorie des Itô-Kalküls und insbesondere § 6.2.3 für eine Herleitung der stochastischen Differentialgleichung einer Call Option.

$$\frac{dE_t}{E_t} = rdt + \frac{N(d_1(t))V_t\sigma_V}{E_t} dW_t.$$

(dabei ist $d_1(t)$ definiert, indem man T durch $(T-t)$ in obiger Definition ersetzt). Damit läßt sich die Volatilität des Aktienkurses σ_E mit Hilfe der Volatilität des Firmenwerts σ_V ausdrücken:

$$\sigma_E = \frac{N(d_1)V\sigma_V}{E}. \tag{3.5}$$

Mit Hilfe der Formeln (3.4) und (3.5) kann man nun den aktuellen Firmenwert V und die Volatilität des Firmenwerts σ_V aus den beobachtbaren Aktienkursen und der beobachtbaren Volatilität der Aktienkurse bestimmen. Die Ausfallwahrscheinlichkeit der Firma p^d kann dann durch

$$p^d = \Pr(V_T \leq D) = \Pr\left(W_T \leq -\frac{\ln\left(\frac{V}{D}\right) + \left(\mu_V - \frac{1}{2}\sigma_V^2\right)T}{\sigma_V\sqrt{T}} \right) = N(-d_2) \tag{3.6}$$

berechnet werden. Eine kurze Rechnung zeigt, daß gilt:

$$d_2 = \frac{E(\log(V_T)) - \log D}{\sigma_V\sqrt{T}}.$$

Daher wird d_2 häufig als Distance to Default bezeichnet[20].

Die Ausfallwahrscheinlichkeit p^d wurde in einem risikoneutralen Modell entwickelt und ist daher nicht direkt mit empirisch beobachtbaren Ausfallwahrscheinlichkeiten (den *EDF*s) vergleichbar. Im empirischen Modell wird die erwartete Wachstumsrate des Firmenprozesses μ_V verwendet, während im risikoneutralen Modell die risikofreie Rate r verwendet wird. Die Beziehung zwischen risikoneutralem und empirischem Modell erlaubt es die beobachtbaren Ausfallwahrscheinlichkeiten als

$$EDF = N(-\overline{d_2})$$

20 Beachte, daß σ_V die Volatilität des logarithmierten Firmenpreisprozesses ist.

zu bestimmen, wobei $\overline{d_2}$ durch

$$\overline{d_2} = d_2 + \frac{(\mu_V - r)T}{\sigma_V \sqrt{T}}$$

gegeben ist ($\overline{d_2}$ wird auch als tatsächliche Distance to Default und d_2 dann als risikoneutrale Distance to Default bezeichnet). Da die erwartete Wachstumsrate größer als die risikofreie Rate ist (d.h. $\mu_V \geq r$), folgt $p^d \geq EDF$, d.h. die risikoneutrale Ausfallwahrscheinlichkeit ist größer als die beobachtbare Ausfallwahrscheinlichkeit.

Qualitativ können die Ausfallwahrscheinlichkeiten sowohl beim risikoneutralen als auch empirischen Vorgehen als Wahrscheinlichkeit ausgedrückt werden, daß eine standardnormalverteilte Zufallsvariable unter einen kritischen Wert fällt.

Das strukturelle Modell ist der Rahmen des von KMV (einer Software/Beratungsfirma, die insbesondere Dienstleistungen zum Management von Kreditrisiken anbietet) entwickelten Kreditriskiomodelles (und Softwaretools) Portfolio Manager. Aber auch das auf Ratingklassen beruhende CreditMetrics (entwickelt von JP Morgan) benutzt Ideen dieses Ansatzes (insbesondere bei der Modellierung von Korrelationen, vgl. Abschnitt 4.2).

3.2 Der intensitätsbasierende Ansatz

Im intensitätsbasierenden Ansatz der Modellierung von Ausfallereignissen ist die Ausfallintensität die zentrale Größe. Unter der Ausfallintensität versteht man die durchschnittliche Ausfallrate, gegeben alle aktuell verfügbaren Informationen, gemessen als erwartete Anzahl von Ausfällen pro Jahr. Ein Intensitätsparameterwert von 0.12% würde damit z.B. eine Ausfallrate von 12 Schuldnern pro 10.000 Schuldnern bedeuten. Ein einfaches Beispiel dieses Ansatzes ist die Modellierung des Zeitpunktes des Eintretens eines Ausfalls durch den ersten „Sprung" eines Poisson Prozesses mit einem konstanten Intensitätsparameter $\lambda > 0$. In diesem Modell ist die Überlebenswahrscheinlichkeit (Wartezeit bis zum ersten Sprung) exponential verteilt, somit beträgt die Überlebenswahrscheinlichkeit für ein Jahr $e^{-\lambda}$ und für t Jahre $e^{-\lambda t}$. Die Annahme eines konstanten Intensitätsparameters hat also zur Folge, daß die Überlebenswahrscheinlichkeiten für eine feste Zeitspanne (von z.B. einem Jahr) über die Zeit konstant sind. Da Ausfall- und Überlebenswahrscheinlichkeiten stark von makroökonomischen Größen beeinflußt werden, ist die Annahme eines konstanten Intensitätsparameters zweifelhaft. Läßt man z.B. zu, daß sich der Intensitätsparameter einmal pro Jahr deterministisch ändert, so ergibt sich eine Überlebenswahrscheinlichkeit für t Jahre von $e^{-(\lambda_1+\ldots+\lambda_t)}$, wobei λ_i den

Intensitätsparameter für das i-te Jahr bezeichnet. Dieses Konzept des sich jährlich deterministisch ändernden Intensitätsparameters läßt sich weiter auf den Fall eines sich ständig deterministisch ändernden Parameters erweitern. Bezeichnet man den Intensitätsparameter im Zeitpunkt s mit λ_S, so ergibt sich eine Überlebenswahrscheinlichkeit für t Jahre von $\exp\left(-\int_0^t \lambda_s ds\right)$. Bei fortschreitender Zeit stehen einem nun aber in der Regel immer mehr Informationen über die Qualität des Schuldners zur Verfügung. Diese Informationen können von unterschiedlichsten Quellen stammen und werden üblicherweise zufällig eingehen. Deshalb ist es naheliegend, den Intensitätsparameter schließlich als stochastischen Prozeß zu modellieren. Unter einigen technischen Voraussetzungen kann man dann zeigen, daß sich die Überlebenswahrscheinlichkeit p^S im Zeitpunkt t unter Berücksichtigung aller zu diesem Zeitpunkt vorliegenden Informationen für ein Überleben bis zum Zeitpunkt s als $E_t\left[\exp\left(-\int_t^s \lambda(u)du\right)\right]$ berechnen läßt, wobei E_t den Erwartungswert, gegeben alle bis zum Zeitpunkt t verfügbaren Informationen, und $\{\lambda(s)\}_{s\geq 0}$ den stochastischen Intensitätsprozeß bezeichnen.

Beispiel:

Zur Modellierung von λ soll ein Cox/Ingersoll/Ross (CIR) Prozeß verwendet werden. Dazu nimmt man an, daß λ der stochastischen Differentialgleichung

$$d\lambda(t) = \kappa_\lambda\left(\theta_\lambda - \lambda(t)\right)dt + \sigma_\lambda\sqrt{\lambda(t)}dW(t) \tag{3.7}$$

genügt, wobei W eine standardisierte Brownsche Bewegung bezeichnet. Die Parameter können folgendermaßen interpretiert werden:

- $\theta_\lambda > 0$ ist das langfristige Mittel von λ, d.h. $\lim_{t\to\infty} E(\lambda(t)) = \theta_\lambda$.
- $\kappa_\lambda > 0$ ist die „durchschnittliche Rate“, mit der λ gegen das langfristige Mittel strebt.
- $\sigma_\lambda > 0$ ist der Volatilitätskoeffizient.

Die Überlebens- und Ausfallwahrscheinlichkeiten können dann unter Verwendung der üblichen CIR Methodik[21] bestimmt werden.

21 Siehe etwa Bingham/Kiesel 1998, Kapitel 8.

Das folgende Schaubild veranschaulicht den Einfluß des Volatilitätsparameters auf die Ausfallwahrscheinlichkeiten $1-p^s(0,T)$:

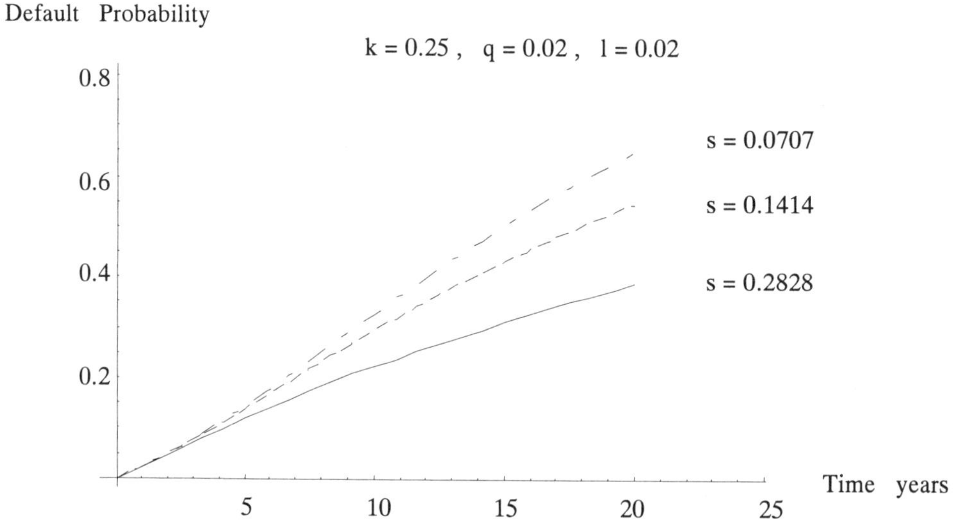

Abbildung 2: Einfluß von σ auf die Ausfallwahrscheinlichkeiten

Die Schätzung der Parameter in einem intensitätsbasierenden Modell kann entweder durch Anpassung an historische Ausfallraten oder - sofern Marktdaten verfügbar sind - implizit durch Schätzung aus aktuellen Bond-Spreads erfolgen.[22]

Bei der Schätzung aus historischen Ausfallraten besteht das Problem, daß aktuelle Informationen und Trends nicht berücksichtigt werden. Da aber gerade aktuelle makroökonomische Entwicklungen einen starken Einfluß auf die Ausfallwahrscheinlichkeiten haben, nimmt man damit einen Informationsverlust und eventuell unscharfe Parameterschätzungen in Kauf. Theoretisch würde man so vorgehen, daß man in Abhängigkeit von der zu schätzenden Anzahl von Parametern empirische Ausfallraten für unterschiedliche Zeitperioden den theoretischen von den Parametern abhängigen Ausfallwahrscheinlichkeiten gegenüberstellen und durch Anwendung eines Optimierungsver-

22 Die Verfahren werden z.B. bei Schmid/Zagst 1999 diskutiert und an Beispielen durchgeführt.

fahrens diejenigen Parameterwerte bestimmen würde, die die Summe der Abweichungsquadrate minimieren.
Bei der Schätzung der Parameter mit Hilfe von Bond-Preisen muß man beachten, daß man aus ihnen zunächst nur Ausfallwahrscheinlichkeiten unter dem transformierten Wahrscheinlichkeitsmaß gewinnt, was die Bewertungsformel

$$X(t,T) = p(t,T)\bigl(1 + (1-R)Q_t(\tau \leq T)\bigr)$$

aus Abschnitt 2 verdeutlicht. An Bond-Preise kann man somit zunächst auch nur Intensitätsprozesse unter dem transformierten Wahrscheinlichkeitsmaß anpassen. Zur Schätzung der Parameter unter dem tatsächlichen Maß muß man zusätzlich einen Risikoparameter (den market price of risk) schätzen und damit den Maßwechsel durchführen. Um die Parameter zu schätzen, stellt man Marktpreise den theoretischen Preisen gemäß obiger Formel gegenüber. Über $Q_t(\tau \leq T)$ hängt diese Formel von sämtlichen Parametern des Intensitätsprozesses ab. Neben der Methode der Minimierung der kleinsten Abweichungsquadrate werden dazu in der Praxis vor allem die verallgemeinerte Momentenmethode, die Kalman Filter Methodik und die Maximum Likelihood Methode angewandt. Ein häufig auftretendes Problem ist allerdings, daß nicht genügend Marktdaten zur Verfügung stehen, um sinnvoll Schätzungen durchzuführen, und auch selbst bei ausreichender Datengrundlage zeigt es sich, daß die Schätzungen oft nicht stabil sind.

Die von Credit Suisse Financial Products (CSFP) entwickelte CreditRisk$^+$ Methodik beruht auf dem intensitätsbasierenden Ansatz. CreditRisk$^+$ ist an den in der Versicherungswirtschaft benutzten Methoden zur Risikoanalyse von Schadensportfolios angelehnt und erlaubt es, viele in der Versicherungsmathematik schon lange bekannte Techniken zu verwenden.

3.3 Der empirisch-ökonometrische Ansatz

Der empirische Ansatz wird weitgehend von Ratingagenturen verfolgt, die über historische Datenbanken von Kreditereignissen verfügen. Ratingagenturen sind darauf spezialisiert, die Kreditwürdigkeit von Schuldnern einzustufen und Gläubiger über die Wahrscheinlichkeit zu informieren, mit denen Schuldner ihren Zinszahlungen und sonstigen Verbindlichkeiten nachkommen oder auch nicht nachkommen können. Die vier größten US Ratingagenturen sind Moody's Investors Service, Standard & Poor's, Fitch IBCA und Duff and Phelps. Die zunehmende Bedeutung solcher Agenturen zeigt sich zum einen in ihrer ständig steigenden Zahl und zum anderen in der stark zunehmenden Anzahl der durch sie ausgegebenen Ratings. So nahm die Zahl der durch Moody's beurteilten Schuldner von 1960 bis 1997 von 912 auf 3.841 zu. In regelmäßigen Zeitabständen werden die Ratings überprüft und gegebenenfalls angepaßt. Hat eine wichtige das Rating beeinflussende Entwicklung eingesetzt, so setzt Standard & Poor's den Schuldner auf die sogenannte Credit Watch List, Moody's auf die sogenannte Rating Review List. Auch in Deutschland sind mittlerweile bankunabhängige Agenturen im Aufbau, die insbesondere auch Ratings für den Mittelstand liefern sollen. Der Wunsch nach einer großen europäischen Ratingagentur wurde besonders nach der Asienkrise laut, bei der den amerikanischen Häusern Versagen vorgeworfen worden war. Dazu kamen Zweifel an der Unabhängigkeit und Seriosität der Institute, die damit begründet worden waren, daß die Agenturen als Folge der Asienkrise zwar einige deutsche Banken aber überhaupt keine amerikanische Bank herabgestuft hatten.

Bei der Bestimmung der Ausfallwahrscheinlichkeiten greifen die Ratingagenturen auf ihre historischen Datenbanken zurück, in denen sie sämtliche Ausfälle der letzten Jahrzehnte dokumentiert haben. In jedem Jahr besteht das für die Ermittlung der Wahrscheinlichkeiten zu Grunde liegende Firmenuniversum aus allen Firmen des Vorjahres, die nicht ausgefallen sind, und allen Firmen, die in diesem Jahr zum ersten Mal ein Rating erhalten. Jährliche Ausfallwahrscheinlichkeiten ergeben sich dann als der Quotient aus allen in dem Jahr ausgefallenen Firmen und der Anzahl aller Firmen im Universum. Aus den jährlichen Ausfallwahrscheinlichkeiten lassen sich kumulative Ausfallwahrscheinlichkeiten für größere Zeiträume ableiten. Analog wird bei der Bestimmung von Übergangswahrscheinlichkeiten vorgegangen.

Einer der Hauptkritikpunkte am Verfahren der Ratingagenturen ist deren Annahme, daß sich durchschnittliche Ausfall- und Übergangswahrscheinlichkeiten direkt aus historischen Beobachtungen ableiten und für Ausfall- und Ratingänderungsprognosen verwenden lassen. Dieser statische Ansatz steht deutlich im Widerspruch dazu, daß sich diese Wahrscheinlichkeiten sehr dynamisch über die Zeit verändern und stark vom Konjunkturzyklus abhängen.

Diesen Kritikpunkten wird durch ökonometrischen Ausfallmodellen begegnet in denen die Ausfallwahrscheinlichkeit p_t^d in der aktuellen Periode t in Abhängigkeit eines Vektors x_t von exogenen Variablen erklärt wird. Definiert man die Zufallsvariable D_t als 1, falls der Schuldner in Periode t ausfällt, und als 0, falls er nicht ausfällt, so erfolgt die Modellierung gemäß $p_t^d = \Pr(D_t = 1|x_t)$. Standardmodelle für diesen Ansatz sind die Probit und die Logit Modelle.

Beispiele:

a) Das Probit Modell: $p_t^d = N(\beta' x_t)$, wobei N die kumulative Standardnormalverteilung und β den Vektor der Gewichte der einzelnen exogenen Variablen bezeichnet. β wird üblicherweise aus historischen Datenreihen geschätzt.

b) Das Logit Modell: $p_t^d = \frac{e^{\beta' x_t}}{1 + e^{\beta' x_t}}$.

Dem Probit Modell liegt die Normal-, dem Logit Modell die logistische Verteilung zugrunde, die sich durch „heavier tails“ auszeichnet.

Das wohl bekannteste Modell dieser Klasse wurde vom Thomas Wilson in einer Serie von Arbeiten[23] vorgestellt. Weiterentwickelte Varianten sind die Grundlage des von McKinsey propagierten Kreditrisikomodelles CreditPortfolioView. Hierbei wird die Ausfallwahrscheinlichkeit in jeder Periode bedingt nach einem Index $Y_{i,t}$ aus makroökonomischen Faktoren $X_{j,t}$ (wie z.B. Wirtschaftswachstum, Arbeitslosigkeit, Zinsniveau, ...) hergeleitet. Jeder dieser Faktoren wird als Zeitreihe, typischerweise als ein autokorrelierter Prozeß der Ordnung 2, mit normalverteilten Innovationen modelliert.

$$X_{j,t} = k_{i,0} + k_{j,1} X_{j,t-1} + k_{j,2} X_{j,t-2} + \varepsilon_{j,t} \tag{3.8}$$

Der Index ergibt sich dann als gewichtete Summe der Faktoren

$$Y_{i,t} = \beta_{i,0} + \sum \beta_{i,j} X_{i,t} + \nu_{i,t} , \tag{3.9}$$

wobei die Fehlerterme wieder als normalverteilt angenommen werden. Schließlich wird der Index mittels der Logit Funktion in eine Ausfallwahrscheinlichkeit transformiert:

$$p_{i,t} = \frac{1}{1 + \exp(Y_{i,t})} . \tag{3.10}$$

Da die zufälligen Komponenten der Faktoren in einer normalverteilten Variable zusammengefaßt werden können, ergibt sich die Ausfallwahrscheinlichkeit als Logittransformierte einer standardnormalverteilten Zufallsvariable.

Zur Kalibrierung müssen alle Parameter aus dem System von Gleichungen (3.8) – (3.10) geschätzt werden, was einen relativ hohen Datenbedarf nach sich zieht. Neben

23 Wilson 1997a, 1997b.

den Daten zu Firmenausfällen, müssen auch die für die relevanten makroökonomischen Faktoren ausreichend lange Historien zur Verfügung stehen. Die Wahl der logistischen Regression wird von Wilson[24] mit der Tatsache begründet, daß der Wert der Response Variable (Ausfallwahrscheinlichkeit) zwischen Null und Eins liegt, und, in verschiedenen Teststudien der Wert das Bestimmtheitsmaßes R^2 zufriedenstellend war. In dieser Allgemeinheit sind beide Argumente bedenklich: Ausfallwahrscheinlichkeiten sind typischerweise relativ klein und damit robust gegenüber moderaten Veränderungen des Indexes. Weiterhin ist R^2 als unzureichendes Qualitätskriterium für Modellperformance in der logistischen Regression hinreichend dokumentiert. Die Konstruktion impliziert daher, daß das Modell für Subinvestment-Grade Firmen (höchste Sensitivität gegenüber Kreditzyklus und größte Ausfallwahrscheinlichkeiten) am besten geeignet ist.

3.4. Vergleich der Ansätze

Eine vergleichende Analyse der Ausfallwahrscheinlichkeiten einzelner Schuldner durch die Modelle kann sinnvollerweise nur zwischen empirischer und optionspreistheoretischer Modellierung erfolgen.[25]

Wir wollen zunächst die beiden Ansätze an einem Beispiel veranschaulichen. Wir bestimmen dazu die Einjahres-Ausfallwahrscheinlichkeiten für die Metallgesellschaft für einen Zeitraum von November 1990 bis Oktober 1999. Diesem Ergebnis werden die von Moody's angegebenen Wahrscheinlichkeiten gegenübergestellt.

Datengrundlage sind die Marktkapitalisierungen der Metallgesellschaft aus Datastream, die kurz- und langfristigen Verbindlichkeiten aus Reuters, Zinssätze (Libor) und historische Ratingänderungen aus Bloomberg.

---

24 Ebenda.

25 Der intensitätsbasierende Ansatz betrachtet nur Ausfallhäufigkeiten in Portfolios und nicht individuelle Ausfallhäufigkeiten.

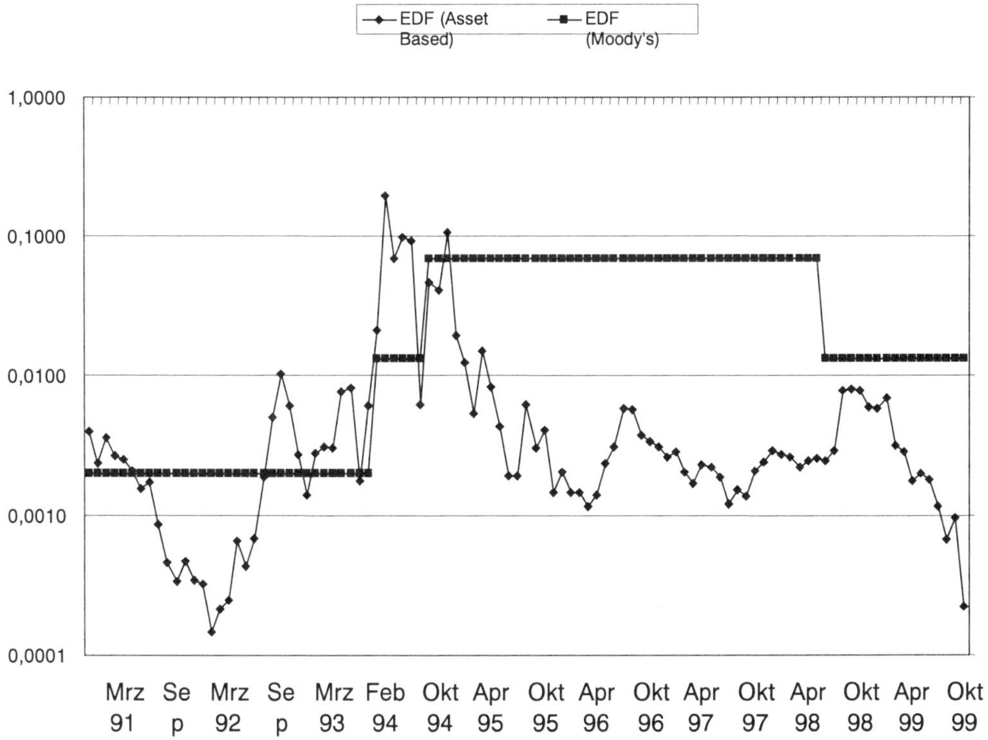

Abbildung 3: EDFs und Ausfallwahrscheinlichkeiten von Moody's für die Metallgesellschaft

Abbildung 3 verdeutlicht zwei interessante Effekte:

- Die *EDF*s reagieren schneller auf eine Verschlechterung der Bonität der Metallgesellschaft. Während bei Moody's erst im Januar 1994 ein Downgrade erfolgt, steigen die *EDF*s bereits seit Mitte 1992 stark an. Auch der zweite Downgrade wird von den *EDF*s vorweggenommen. Er erfolgt bereits im März 1994, bei Moody's erst im September 1994.
- Moody's ist konservativer bei der Wiedereinstufung der Metallgesellschaft in eine bessere Rating-Klasse. Der Markt „vergißt schneller" als die Ratingagentur und zeigt bereits ab Anfang 1995 wieder eine deutlich bessere Bonität an.

Zur Bestimmung der *EDF*s haben wir den von KMV vorgeschlagenen Ansatz verwendet.

KMV untersuchte in verschiedenen Studien das historische Ausfallverhalten einer sehr großen Anzahl von Firmen und leitet daraus eine funktionale Beziehung zwischen risikoneutralen Distance to Default d_2 und den *EDF*s her. Dazu werden die berechneten risikoneutralen Distances to Default mit tatsächlich beobachteten Ausfallraten für entsprechende Firmengruppen verglichen. An diese Daten wird dann eine glatte Kurve angepaßt. Untersuchungen von KMV belegen, daß zwischen einem und zwei Jahren vor einem Konkurs ein signifikanter Anstieg der *EDF*s zu beobachten ist, wodurch die Vorhersagefähigkeit der *EDF*s belegt wird.

Solche Studien belegen zwar die Vorhersagefähigkeit des KMV Ansatzes[26], sagen aber wenig über das absolute Risiko, und damit den Wert der Ausfallwahrscheinlichkeit aus. Weitere Studien[27] untersuchen die Verteilung der *EDF*s innerhalb von Bonitätsklassen von Ratingagenturen. Sie finden, daß sich die *EDF*s der Firmen, die einer bestimmten Ratingklasse zugeordnet wurden, in der Regel um den Median der Ausfallwahrscheinlichkeit häufen, und daß es hohe Variationen der Ausfallwahrscheinlichkeiten innerhalb der Ratingklassen gibt. Typischerweise bewirkt diese Struktur, daß die durchschnittliche Ausfallwahrscheinlichkeit der Ratingklasse signifikant höher ist als die Ausfallwahrscheinlichkeit der typischen Firma in der Klasse, d.h. die Ausfallwahrscheinlichkeit, die Firmen einer Ratingklasse zugeordnet wird, ist zu konservativ.

Für eine vergleichende Wertung reichen obige Ergebnisse allerdings nicht aus. Auf zufriedenstellenden statistischen Signifikanzniveau kann nur festgestellt werden, daß *EDF*s innerhalb von Ratingklassen nicht gleichverteilt sind. Ein möglicher Ansatz aussagekräftigere Vergleiche durchzuführen, wäre die Konsistenz von Ratings bzw. *EDF*s mit beobachtbaren Marktpreisen der gehandelten Wertpapiere von Firmen zu vergleichen. Erste Resultate für Ratingklassen[28] zeigen, daß im Durchschnitt 25% der Bondpreise inkonsistent mit der Ratingklasse der entsprechenden Firma sind. Allerdings leidet die Aussagekraft solcher Studien unter der geringen Qualität der vorhandenen Daten.

4 Portfolio-Betrachtungen

4.1 Erwarteter und unerwarteter Verlust im Portfoliokontext

Der erwartete Verlust in einem Portfolio EL_P mit n kreditrisikobehafteten Wertpapieren (die wir mit $i = 1,\ldots,n$ indizieren) ist durch

26 Verschiedene Studien ,etwa Kaplan/Urwitz 1979, belegen die Vorhersagefähigkeit von Ratings.

27 Etwa Kealhofer/Kwok/Wenlong 1998 oder Miller 1998.

28 Perraudin/Taylor 1999.

$$EL_P = \sum_i EL_i = \sum_i (X_i \times LGD_i \times EDF_i) \tag{4.1}$$

gegeben, wobei die mit i indizierten Größen jeweils die individuellen Beiträge des i-ten Wertpapiers bezeichnen. Da der erwartete Verlust als Erwartungswert eine lineare Größe ist, ergibt sich in diesem Fall eine einfache additive Beziehung.

Im Gegensatz dazu ist der unerwartete Verlust UL_P in einem Portfolio, der als Standardabweichung des Wertprozesses definiert ist, eine nicht lineare Größe:

$$UL_P = \left[\sum_{i,j} \rho_{ij} UL_i UL_j \right]^{\frac{1}{2}}, \tag{4.2}$$

wobei die individuellen unerwarteten Verluste durch[29]

$$UL_i = X_i \times \sqrt{EDF_i \times \sigma^2_{LGD(i)} + LGD_i \times \sigma^2_{EDF(i)}}$$

gegeben und die ρ_{ij} die Ausfallkorrelationen des i-ten und j-ten Wertpapiers bezeichnen. Mittels Formel (4.2) kann man zeigen, daß der unerwartete Verlust des Portfolios geringer als die Summe der unerwarteten Verluste der einzelnen Wertpapiere ist[30]. Damit haben wir (wie aus der Standard-Portfoliotheorie zu erwarten war) einen Diversifikationseffekt bezüglich des Risikomaßes unerwarteter Verlust UL erhalten. Eine Umformung der Formel (4.2) erlaubt es, den unerwarteten Verlust eines Portfolios als Summe der Risikobeiträge RC_i der einzelnen Wertpapiere ($i = 1, \ldots, n$) aufzufassen. Dabei verstehen wir unter dem Risikobeitrag eines Wertpapiers das zusätzliche Risikoinkrement, das ein einzelnes Wertpapier zum Gesamtportfoliorisiko beiträgt:

$$UL_P = \frac{\sum_i UL_i \sum_j \rho_{ij} UL_j}{UL_P} = \sum_i UL_i \frac{\partial UL_P}{\partial UL_i} = \sum_i RC_i \, .$$

Unglücklicherweise ist es im Falle eines kreditrisikobehafteten Portfolios - im Gegensatz zu einem Portfolio liquider Wertpapiere wie Aktien - oft nicht möglich, eine aktive Portfoliooptimierung zu betreiben. Eine regional gebundene Bank ist aufgrund des Feh-

29 Vergleiche (2.8).

30 Der mathematische Hintergrund dieser Tatsache ist die sogenannte Minkowskische Ungleichung.

lens eines liquiden Marktes nicht immer in der Lage, ihr Kreditportfolio im Sinne optimaler Gewichtung umzustrukturieren.
In der Praxis werden *EL* und *UL* oft als Prozentpunkte des (risikobehafteten) Exposures angegeben. In diesem Fall können Portfolio *EL* und *UL* als gewichtete Summen aufgefaßt werden und obige Überlegungen entsprechend übertragen werden.

4.2 Korrelationen

Unsere Analyse der Risikokenngröße unerwarteter Verlust hat gezeigt, daß die Korrelation der Ausfallwahrscheinlichkeit einen direkten Einfluß auf den unerwarteten Verlust eines Portfolios hat. Darüber hinaus beeinflussen die Korrelationen direkt die Risikobeiträge der einzelnen Wertpapiere zum Portfoliorisiko. Damit spielen Korrelationen bei Konzentrations- und Diversifikationseffekten die entscheidende Rolle. Unglücklicherweise ist eine statistische Schätzung von Korrelationen der Ausfallwahrscheinlichkeiten noch datenintensiver als die Schätzung der Ausfallwahrscheinlichkeit selbst.

Deshalb versucht man Ausfallkorrelationen direkt über Ausfallwahrscheinlichkeiten zu gewinnen. Betrachtet man das Problem, die Ausfallkorrelation zweier Schuldner *A* und *B* zu bestimmen, und bezeichnet man die jeweiligen Ausfallereignisse mit D_A bzw. D_B, so ist die Korrelation der beiden Ausfallereignisse mathematisch definiert als

$$\rho_{A,B} = \frac{P(D_A D_B) - P(D_A)P(D_B)}{\sqrt{P(D_A)(1-P(D_A))}\sqrt{P(D_B)(1-P(D_B))}} \; . \tag{4.3}$$

Da die Ausfallwahrscheinlichkeiten $P(D_A)$ und $P(D_B)$ aus den Modellen der letzten Sektion bekannt sind, bleibt nur das Problem, die Wahrscheinlichkeit eines gleichzeitigen Ausfalls von *A* und *B* zu bestimmen. Äquivalent dazu ist die Bestimmung der Wahrscheinlichkeit, daß mindestens einer der beiden Schuldner ausfällt, was aus der Formel $P(D_A D_B) = P(D_A) + P(D_B) - P(D_A + D_B)$ folgt.

Ein wichtiges Ergebnis des strukturellen (Merton) Ansatzes war, daß die Ausfallwahrscheinlichkeit eines Schuldners durch die Wahrscheinlichkeit einer normalverteilten Zufallsvariable, unter eine gewisse Schranke zu fallen, gegeben war. Daher liegt es nahe, die gemeinsame Ausfallwahrscheinlichkeit mittels einer bivariaten Normalverteilung zu bestimmen. Da die Ausfallwahrscheinlichkeiten über die Volatilitäten der Wertprozesse der Unternehmen berechnet wurden, bestimmt man den für die Kovarianzmatrix der bivariaten Normalverteilung noch notwendigen Korrelationsparameter über die Korrelation der Wertprozesse. Da die Wertprozesse in der Regel nicht beobachtbar sind, approximiert man diese Korrelation durch die Korrelation der Aktienkurse. Typischerweise liefert dieser Ansatz Ausfallkorrelationen, die eine Größenordnung kleiner als Aktienkorrelationen ausfallen. Korrelationen der Wertprozesse liegen in der Regel zwischen 0.1 und 0.6, Ausfallkorrelationen zwischen 0.002 und 0.15.

Als Beispiel berechnen wir die Ausfallkorrelation von Air Canada und Delta Airlines. Im Juli 1999 betrug die *EDF* von Air Canada (Schuldner *A*) $P(D_A) = 2\%$, die von Delta Airlines (Schuldner *B*) $P(D_B) = 0.5\%$. Die aus historischen Daten ermittelte Korrelation der Wertprozeßrenditen lag bei $\rho = 0.43$. Bei Unterstellung einer bivariaten Normalverteilung mit Kovarianzmatrix $\sum = \begin{pmatrix} \sigma_A^2 & \rho\sigma_A\sigma_B \\ \rho\sigma_A\sigma_B & \sigma_B^2 \end{pmatrix}$ ergibt sich dann die gemeinsame Ausfallwahrscheinlichkeit beider Airlines aus $P(D_A D_B) = \int_{-\infty}^{\substack{Default\\Point\\A}} \int_{-\infty}^{\substack{Default\\Point\\B}} f(V_A, V_B; \sum) dV_A dV_B$, wobei $f(V_A, V_B; \sum)$ die gemeinsame Dichte der bivariat normalverteilten Wertprozeßrenditen darstellt. Mit den Werten für Air Canada und Delta Airlines ergibt sich dann $P(D_A D_B) = 0.0935\%$ und $\rho_{AB} = 0.0846$.

Die Wahl der Normalverteilung als „Verteilung“ der Ausfallwahrscheinlichkeiten ist zwar eine Standardannahme in der Praxis, eine analytische Begründung gibt es dafür allerdings nicht. Eine analytische Formel für Ausfallkorrelationen wurde unter den Annahmen des strukturellen Modells von Zhou (1997) bestimmt. Ein gewisses Maß an Rechtfertigung ist allerdings die Tatsache, daß qualitative Eigenschaften der so erhaltenen Korrelationen mit den wenigen empirischen Studien übereinstimmen.

Um die Korrelationsstruktur eines Portfolios zu ermitteln, müßte man die Korrelationen zwischen allen Wertpapieren schätzen. Da sich schon bei einer Anzahl von 100 Wertpapieren 4.950 verschiedene Korrelationen ergeben, ist dies praktisch nicht möglich. Deshalb geht man zu Faktormodellen über, d.h. man erklärt die Aktienrenditen der zu berücksichtigenden Unternehmen durch Faktoren, wie z.B. den Renditen des zugehörigen Industrieindex. Damit wird die Anzahl der zu ermittelnden Korrelationen drastisch verringert.

Im folgenden Beispiel wird die Korrelation ρ der Aktienrenditen r_1 und r_2 zweier Firmen mit Hilfe von Indexrenditen r_{I1} und r_{I2} erklärt:

$$r_k = \beta_{1k} r_{I1} + \beta_{2k} r_{I2} + \varepsilon_k ,$$

wobei die β-Faktoren angeben, wie stark die verschiedenen Indexrenditen die Firmenrenditen erklären, und die ε_k als standardnormalverteilte Faktoren angenommen werden, die mit den Indexrenditen unkorreliert sind. Mit Hilfe von

$$Var(r_k) = \sigma_k^2 = 1 + \beta_{1k}^2 Var(r_{I1}) + \beta_{2k}^2 Var(r_{I2}) + 2\beta_{1k}\beta_{2k} Cov(r_{I1}, r_{I2})$$

und

$$Cov(r_1, r_2) = \sigma_{12} = \beta_{11}\beta_{12} Var(r_{I1}) + \beta_{21}\beta_{22} Var(r_{I2}) + (\beta_{11}\beta_{22} + \beta_{12}\beta_{21}) Cov(r_{I1}, r_{I2})$$

definiert man einen Schätzer für ρ durch

$$\rho = \frac{\sigma_{12}}{\sigma_1 \sigma_2} .$$

Sind nun die Korrelation der Indexrenditen durch 0.3, die Standardabweichung der Renditen von Index 1 durch 0.9 und von Index 2 durch 0.6 gegeben, so ergeben sich mit $\beta_{11} = 0.5$, $\beta_{12} = 0.8$, $\beta_{21} = 0.1$ und $\beta_{22} = 0.7$ die Werte $\sigma_1 = 1.098$, $\sigma_2 = 1.370$, $\sigma_{12} = 0.419$ und damit $\rho = 0.278$.

Es bleibt zu beachten, daß die Korrelation ein (lineares) Maß zur Einschätzung des Zusammenhanges zweier Zufallsereignisse ist. Nicht lineare Abhängigkeiten, z.B. Abhängigkeiten in der Volatilitätsstruktur der Ausfallereignisse, werden damit nicht erfaßt.

4.3 Portfolio-Verlust-Verteilungen

Hat man individuelle Ausfallwahrscheinlichkeiten (oder Ausfallwahrscheinlichkeiten von Klassen homogener Risiken) und die entsprechenden Korrelationen bestimmt, kann mittels Formel (4.2) der unerwartete Verlust *UL* als Risikomaß für ein Portfolio bestimmt werden.

Als Alternative zum unerwarteten Verlust eines Portfolios (der Standardabweichung der Portfolioverteilung) werden häufig auf Quantilen (Schranken, die die Verlustverteilung mit gewissen Wahrscheinlichkeiten, wie z.B. 1%, unterschreitet) beruhende Risikomaße, wie der Value at Risk (VaR) oder "expected shortfall" - der erwartete Verlust, gegeben der Verlust übertrifft eine gewisse Schranke - betrachtet.

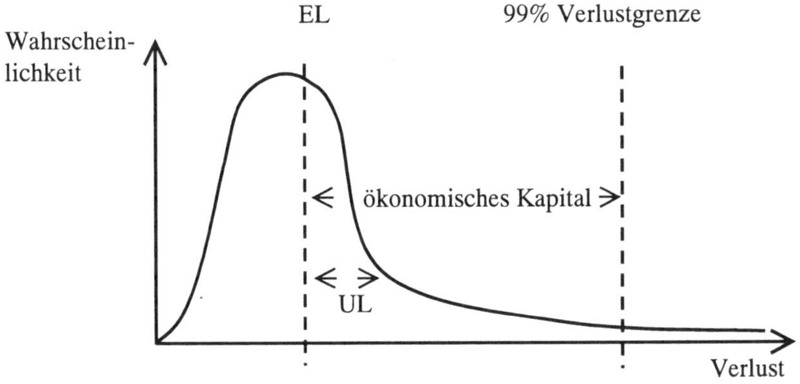

Abbildung 4: Risikomaße einer Verlustverteilung

Unglücklicherweise können diese Risikomaße nicht direkt aus den entsprechenden Werten der Einzelrisiken hergeleitet werden; es ist notwendig, die gesamte Verlustverteilung zu erzeugen. Typischerweise geschieht dies durch Monte Carlo Simulation, d.h. nachdem die Verteilungen der Einzelrisiken festgelegt wurden, werden Realisationen von Zufallsvariablen mit diesen Verteilungen erzeugt und die Werte zu einer Realisation des Portfoliowertes aggregiert. Wird dieser Vorgang hinreichend oft, typischerweise bis zu 50.000 Mal, wiederholt, entsteht eine simulierte Verteilung der Portfoliowerte, die die wahre Verteilung hinreichend genau approximiert.

Das folgende Schaubild zeigt eine typische simulierte Verlustverteilung eines Portfolios bestehend aus 25 Schuldnern unterschiedlicher Bonität mit einem Gesamt-Exposure von 130 513 072.

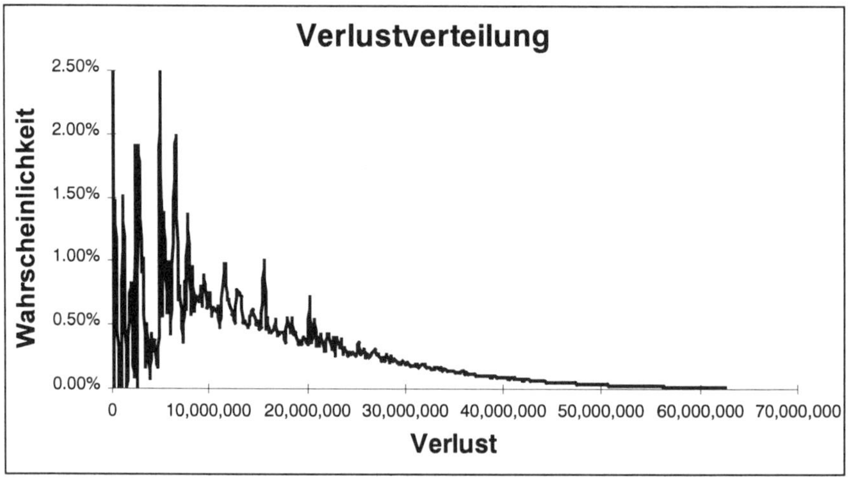

Abbildung 5: Beispiel einer durch Monte Carlo Simulation generierten Verlustverteilung

Auf den ersten Blick erscheint es überraschend, daß mit den verschiedenen Modellierungsideen für Ausfallwahrscheinlichkeiten erzeugte Portfolioverteilungen so ähnlich erscheinen. Es läßt sich jedoch zeigen, daß die Modellierungsansätze einem gemeinsamen Konzept genügen.

Dazu untersuchen wir, wie Fluktuationen der Ausfallwahrscheinlichkeiten in den verschiedenen Ansätzen realisiert werden. Im strukturellen (Merton) Ansatz ist der zu Grunde liegende zufällige Prozeß, der den Firmenwert modelliert, eine von einer Brownschen Bewegung getriebene stochastische Differentialgleichung (3.3), im intensitätsbasierenden Ansatz wird die stochastische Ausfallintensität durch eine von einer Brownschen Bewegung getriebene stochastische Differentialgleichung (3.7) modelliert, und schließlich im ökonometrischen Ansatz wird ein Index über normalverteilte Faktorprozesse erzeugt ((3.8) und (3.9)). Da Brownsche Bewegungen das zeitstetige Äquivalent normalverteilter Zufallsvariablen sind, werden in allen Modellen zufällige Schwankungen mittels normalverteilter Zufallsvariablen erzeugt. Nun können wir uns die Firmenwerte bzw. die Ausfallintensitäten einer Klasse von Firmen sowohl von firmenspezifischen Faktoren als auch weiteren systematischen (oder makroökonomischen) Faktoren abhängig vorstellen. Nehmen wir diese Faktoren als normalverteilt an, bleibt die Modellierung (da Summen normalverteilter Zufallsvariablen wieder normalverteilt sind) konsistent. Damit lassen sich alle Ansätze in einen gemeinsamen Rahmen einordnen: die zu Grunde liegenden zufälligen Fluktuationen werden von normalverteilten Faktoren bestimmt. Während im strukturellen und ökonometrischen Modell Ausfallwahrscheinlichkeiten direkt über eine Funktion dieser Faktoren bestimmt werden, ist die Ausfallwahrscheinlichkeit im intensitätsbasierenden Modell eine Funktion der Intensität, die eine Funktion der Faktoren ist. Die modellspezifischen Funktionen sind

- im strukturellen Modell:

$$p|_f = \Phi\left(\frac{c - \sqrt{\rho} f}{\sqrt{1-\rho}}\right),$$

  wobei f die Summe der normalverteilten Faktoren und ρ die Korrelation des Firmenwertes mit den Faktoren ist;

- im ökonometrischen Modell:

$$p|_f = \frac{1}{\exp(b_0 + b_1 f)},$$

  wobei f wieder die Summe der normalverteilten Faktoren ist, die Koeffizienten b_0, b_1 aus den Koeffizienten der Darstellungen (3.8) und (3.9) bestimmt werden;

- im intenstitätsbasierenden Modell:

$$p|_f = 1 - a \times \exp\left(-b\chi^2(f)\right),$$

  wobei nun $\chi^2(f)$ eine von der Summe der Faktoren f abhängige χ^2-verteilte Zufallsvariable ist, und a,b Koeffizienten sind.[31] In der Praxis (z.B. CreditRisk+) wird für die Verteilung der Intensität häufig eine analytisch einfacher zu handhabende Gammaverteilung $\Gamma(\alpha,\beta)$ angenommen (eine χ^2-verteilte Zufallsvariable läßt sich ebenfalls als Gamma-verteilt auffassen).

In obigen Darstellungen wurde der Wert der Faktoren jeweils als konstant angenommen, d.h. die Ausfallwahrscheinlichkeiten wurden bedingt nach dem jeweiligen Zustand der Ökonomie (ausgedrückt durch feste Faktorwerte) ermittelt. Die unbedingten Ausfallwahrscheinlichkeiten werden dann über die Betrachtung aller möglichen Zustände der Welt gewonnen. Betrachtet man ein homogenes Subportfolio, wird dazu im strukturellen und ökonometrischen Modell typischerweise eine Binomialverteilung $B(k,n,p)$

---

31 Diese Koeffizienten lassen sich analog zu den Koeffizienten der Bondpreisformel im Cox-Ingersoll-Rox Zinsmodell herleiten, vgl. etwa Bingham/Kiesel, Kapitel 8.

der Ausfälle angenommen (d.h. die Wahrscheinlichkeit von genau k Ausfällen in einem Portfolio von n Risiken mit individueller Ausfallwahrscheinlichkeit p ergibt sich als $\binom{n}{k} p^k (1-p)^{n-k}$). Im intensitätsbasierenden Modell wurde bei der Modellierung von Beginn an ein homogenes Subportfolio mit einem poissonverteilten Ausfallprozeß $P(k,\lambda)$ angenommen.

Mathematisch gesehen wird nun eine Faltungsoperation durchgeführt, um die unbedingten Ausfallwahrscheinlichkeiten zu ermitteln.

Für das strukturelle und das ökonometrische Modell ergibt sich:

$$\int_{-\infty}^{\infty} B(k,n,p|_f)\varphi(f)df \quad ,$$

wobei φ die Dichtefunktion der Normalverteilung bezeichnet. Für das intensitätsbasierende Modell mit Gammaverteilter Intensität ergibt sich die unbedingte Ausfallwahrscheinlichkeit als

$$\int_{0}^{\infty} P(k,\lambda)\Gamma(\lambda;\alpha,\beta)d\lambda \ .$$

Diese Integrale können leicht ausgewertet werden. Aus der Faltung der Poisson- und Gammaverteilung ergibt sich die wohlbekannte negative Binomialverteilung.

Damit ist die Behandlung von homogenen Subportfolios in allen drei Modellansätzen strukturell gleich. Unterschiede ergeben sich nur durch die unterschiedliche Behandlung der Ausfallkorrelationen im jeweiligen Modell. Im Merton Modell werden Ausfallkorrelationen im Einklang mit der Modellstruktur über Aktienkorrelationen (bzw. Aktienindexkorrelationen) gewonnen. Das ökonometrische Modell kann in natürlicher Weise auf die zu Grunde liegende makroökonomische Faktorstruktur zurückgreifen. Einzig das intensitätsbasierende Modell steuert die Ausfallkorrelation über die Volatilität der Ausfallintensität.

Trotz der Unterschiede in der Korrelationsmodellierung kann man zeigen, daß nach einer Angleichung der verschiedenen Parameter derart, daß Ausfallrate und Volatilität der

Ausfallrate in den Modellen übereinstimmen, die von den Modellen gelieferten Kenngrößen keine signifikanten Unterschiede zeigen[32].
Somit ergeben sich bei der praktischen Anwendung der Modelle nur Unterschiede durch inkonsistente Parametereinstellungen, was sich bei den unterschiedlichen Datenanforderungen in der Modellkalibrierung durchaus erklären läßt.

5. Schlußbemerkungen

In unserer Studie haben wir die unterschiedlichen Ansätze zur Modellierung der für die Kreditportfoliorisikomessung dominierenden Ausfallwahrscheinlichkeiten diskutiert. Wir haben gezeigt, daß die praktischen Konstruktionen der Ausfallwahrscheinlichkeiten in den verschiedenen kommerziellen Modellen wie CreditMetrics, KMV's Portfoliomanager, CreditPortfolioView und CreditRisk$^+$ im Einklang mit den mehr akademischen Ansätzen zur Modellierung von kreditrisikobehafteten Wertpapieren stehen[33]. Es zeigt sich weiter, daß rein auf Ausfallwahrscheinlichkeiten und Korrelationen beruhende Varianten der obigen Modelle nach Parameterharmonisierung Risikokenngrößen liefern, die nicht signifikant verschieden sind. Eine gemeinsame Schwäche aller Modelle ist, daß jedes Parameter beinhaltet, die die Risikoparameter signifikant beeinflussen, die jedoch wegen mangelnder Verfügbarkeit geeigneter Daten vom Risikomanager auf qualitativer Basis eingestellt werden müssen (etwa die Ausfallkorrelationen oder die Volatilität der Ausfallintensität).

Betrachtet man die komplexeren Versionen der obigen Modelle (z.B. mit verschiedenen Ratingkategorien und Transitionsmatrizen, ...), so wird die Analyse noch schwieriger. Gegenwärtig gibt es nur relativ wenige Studien, die komplexere Versionen der Modelle systematisch von der empirischen Seite her untersuchen. Eine Studie von Gordy[34] diskutiert unter ähnlichen Annahmen wie wir CreditRisk$^+$ und CreditMetrics. Mittels Simulationen zeigt Gordy, daß die Risikomaße, die mit beiden Modellen erzeugt werden können, nach einer Reparametrisierung vergleichbar sind. Croughy, Galai und Mark[35] vergleichen vier verschiedene Kreditrisikomodelle mittels eines Benchmarkportfolios von 1.800 Bonds, das über 13 Länder diversifiziert ist und ein weites Spektrum von Ländern, Fälligkeiten und Kreditqualitäten beinhaltet. Die Schätzungen des Risikoparameters VaR weichen voneinander ab: die höchste Schätzung ist 50% größer als die kleinste. Der von Croughy, Galai und Mark daraus gezogenen Schlußfolgerung, daß

[32] Vgl. z.B. die Studie von Koyuoglu/Hickman 1998.
[33] Wobei bei den akademischen Ansätzen mehr die Preisbestimmung dieser Wertpapiere im Vordergrund steht.
[34] Gordy 2000.
[35] Croughy/Galai/Mark 1999.

Kreditrisikomodelle Risiko korrekt einschätzen, möchten wir auf Grund dieser Ergebnisse nicht zustimmen.

Die einzige Arbeit, die Kreditrisikomodelle auf einer out-of-sample Basis untersucht, ist Nickell, Perraudin und Varotto[36]. Diese Autoren betrachten zwei Klassen von Kreditrisikomodellen, wobei eines CreditMetrics-ähnlich strukturiert und ein anderes vom strukturellen (Merton) Typ ist. Sie untersuchen die VaR Schätzungen dieser Modelle für ein Portfolio von internationalen US Dollar denominierten Bonds über rollenden 12 Monats Perioden zwischen 1988 und 1998. Die Ergebnisse dieser Untersuchung zeigen mehr Verletzungen der VaR-Bänder als dies bei einer exakten Risikovorhersage zu erwarten wäre.

Selbst die in der Praxis verwendeten komplexeren Modelle weisen noch gewisse Schwächen im theoretischen Aufbau auf. Betrachtet man Modelle, die Ratingklassen benutzen und damit die Modellierung von Wertveränderungen durch Ratingübergänge erlauben (etwa CreditMetrics und implizit auch CreditRisk+), wird für die Preisberechnung angenommen, daß die vom Markt verlangte zusätzliche Verzinsung (gemessen in den Spreads über vergleichbaren risikofreien Wertpapieren) deterministisch ist. Kiesel, Perraudin und Taylor[37] verallgemeinern den CreditMetrics Ansatz auf ein Modell, das stochastische Spreads erlaubt und zeigen, daß dies signifikante Auswirkungen auf die Risikokenngrößen für Portfolios mit relativ hoher Kreditqualität hat. Für die auf dem strukturellen (Merton) Ansatz basierenden Modelle (KMV) stellt sich die Frage, inwieweit die von Kreditqualität unabhängigen Wertpapiermarktveränderungen einen Einfluß auf die Kreditrisikoparameter haben.

Der Hauptvorteil der Kreditrisikomodelle ist sicherlich ihre Fähigkeit einer quantitativen Analyse von Portfolios von Kreditrisiken. Mittels der Modelle ist es möglich, Konzentrationsrisiken zu identifizieren, Hedgingstrategien zu entwickeln und ökonomisches Kapital sinnvoll einzusetzen. Ein Beispiel für eine solche Analyse ist eine Studie von Lehrbaß[38], die die Anwendbarkeit von Kreditrisikomodellen zur Portfoliosteuerung gemäß RORAC diskutiert. Hierbei ist es notwendig, risikoadjustierte Renditen zu berechnen, wobei Risiko via VaR gemessen wird.[39]

---

36 Nickell/Perraudin/Varotto 1998.

37 Kiesel/Perraudin/Taylor 1999.

38 Lehrbaß 1999.

39 Da Portfoliosteuerung prinzipiell zu komplexen Optimierungsproblemen führt, kommt der effizienten Berechnung des VaR eine große Bedeutung zu: Lehrbaß argumentiert in diesem Zusammenhang für CreditRisk+.

Zusammenfassend bleibt zu sagen, daß mittels Kreditrisikomodelle große Fortschritte hinsichtlich einem besseren Verständnis der Struktur von Kreditrisiko gemacht wurde[40]. Hinsichtlich der Aussagekraft und Verläßlichkeit der von den Modellen gelieferten Risikoparameter bestehen jedoch noch signifikante Zweifel.

40 Obwohl noch viele Fragen offen bleiben, vgl. etwa die Diskussion in Jackson/Perraudin 1999.

Backtesting in Action

von

Gerhard Stahl / Uwe Traber

Die folgenden Analysen zur Prognosegüte interner Modelle greifen auf bewährte Kriterien (Kalibration, Resolution) und erprobte Methoden (Kalibrationskurve) zurück, die zur Beurteilung von Wahrscheinlichkeitsprognosen im Kontext von Wettervorhersagen entwickelt wurden.[1] Die Beurteilung der Prognosegüte von VaR-Modellen stellt insoweit meist eine Anwendung dieser Methoden dar, trotzdem ist die Aufgabe subtil, da die zugrunde liegenden VaR-Schätzungen einer Reihe von Mappingfehlern ausgesetzt sind.[2] Der Abschnitt Goodness of Prediction Fit informiert über wesentliche explorative Analysetools sowie grundlegende Begrifflichkeiten. Der Fokus des zweiten Abschnittes liegt auf der praxisrelevanten Frage des Dirty-Backtestings. Im letzten Abschnitt werden die vorgeschlagenen Analysetools auf verschiedene Portfolios angewandt, insbesondere zeigen diese Analysen die Vorteile des Clean-Backtestings zur Beurteilung der Prognosegüte eines VaR-Modells.

1 Goodness of Prediction Fit

Zielgröße

Das eigentliche Ziel von VaR-Modellen besteht in der Bestimmung einer *bedingten Prognoseverteilung*

$$\mathcal{L}\left(L_t \middle| \mathcal{H}_{t-h}\right) \tag{1}$$

möglicher Portfoliowertänderungen L_t über einen Horizont h. Für Zwecke des Backtestings findet der Prognosehorizont von einem Tag Verwendung, $h = 1$. Die bedingende Informationsmenge $\mathcal{H}_{t-1}$, - meist ein rollierendes Fenster fester Länge n - besteht im einfachsten Fall aus Marktpreisen. Für (1) - oder aus der Prognoseverteilung abgeleitete Parameter (z. B.: VaR, Tail-VaR, Standardabweichung) - wird im folgenden P_t als Kurzschreibweise verwendet, hierbei steht P für Prediction. $\hat{P}_t$ bezeichnet eine *Schätzung* von P_t auf der Basis von $\mathcal{H}_{t-1}$.

Mit $v_{t-1,\Pi_{t-1}}$ sei der Wert des Portfolios Π_{t-1} zu Marktpreisen in t - 1 bezeichnet, die beobachtete Portfoliowertänderung von t - 1 auf t sei durch

$$v_t^c \equiv v_{t,\Pi_{t-1}} - v_{t-1,\Pi_{t-1}} \tag{2}$$

1 Siehe Crnkovic/Drachman 1996; Davé/Stahl 1997; Dawid 1984; Murphy 1997; Murphy/Winkler 1987; Overbeck/Stahl 2000; Sellier-Moiseiwitsch/Dawid 1993; Sellier-Moiseiwitsch 1993.

2 Siehe Härdle/Hlávka/Stahl 2000; Overbeck/Stahl 2000; Ridder/Stahl 2000; Stahl 1997b.

bezeichnet. (2) unterstellt eine Neubewertung des Portfolios Π_{t-1} zu den jeweiligen Marktpreisen in t und t - 1, somit definiert (2) die Basis des *Marked-to-Market clean Backtestings*.

Beziehen sich die Wertänderungen des Portfolios nicht direkt auf Marktpreise, sondern rekurrieren jene auf diese nur mittelbar, etwa durch ein Modell (z. B. Preise gemappter Instrumente), so liegt keine Marked-to-Market, sondern eine sogenannte *Marked-to-Model* Neubewertung des Portfolios vor, analog zu (2) sei diese mit

$$v_{t,\mathcal{M}}^{c} \equiv V_{t,\mathcal{M}(\Pi_{t-1})}^{c} - V_{t-1,\mathcal{M}(\Pi_{t-1})}^{c} \tag{3}$$

bezeichnet. Ist v_t^c (bzw. $v_{t,\mathcal{M}}^c$) nicht direkt, sondern nur durch eine Zufallsgröße C_t kontaminiert zu beobachten,

$$v_t^d \equiv v_{t,\mathcal{M}}^c + c_t, \tag{4}$$

so bezeichnet dies die *Dirty* Wertänderung des Portfolios. Offensichtlich verallgemeinert (4) sowohl (3) als auch (2).
Empirische Basis quantitativer Beurteilung der Qualität von Wahrscheinlichkeitsprognosen ist eine Folge von Paaren, bestehend aus einer Prognoseverteilung (1) und assoziierten Wertänderungen des Portfolios Π_t

$$\left\{\hat{P}_t, v_t\right\}_{t=1}^{\tau} \tag{5}$$

wobei $v_t \in \left\{v_t^c, v_t^{c,\mathcal{M}}, v_t^d\right\}$ ist. Die zu den Beobachtungen v_t assoziierten Zufallsvariablen werden mit N_t bezeichnet. Grundsätzlich werden im folgenden Zufallsvariablen immer mit Großbuchstaben bezeichnet, die dazu gehörigen Realisationen mit Kleinbuchstaben.

Analysetools
Zur explorativen Analyse der Prognosequalität eines VaR-Modells kommen neben dem *Timeplot* der Zeitreihe (5) vor allem verschiedene graphische Darstellungen *empirischer Kalibrationskurven* in Betracht.[3] Für adäquate VaR-Modelle sollten die Realisationen der Variablen $F_{L_t}(N_t)$ von unabhängigen Ziehungen aus einer Gleichverteilung auf [0, 1] nicht zu unterscheiden sein, wobei $F_{L_t}(x)$ die zu P_t gehörende Verteilungsfunktion bezeichnet. Der P-P-Plot der transformierten Beobachtungen

3 Vgl. Dawid 1984; Murphy 1997; Overbeck/Stahl 2000.

$$\left\{\hat{F}_{L_t}(v_t)\right\}_{t=1}^{\tau} \tag{6}$$

heißt (absolute) *empirische Kalibrationskurve.*

Dem *Delta-Normal Ansatz* von J.P. Morgan[4] kommt für die Praxis eine besondere Bedeutung zu. Im Rahmen dieses Modellansatzes gilt

$$\hat{P}_t \in \left\{N\left(0,\hat{\sigma}_{t-1}^2\right) \middle| \hat{\sigma}_{t-1}^2 \in [0,\infty)\right\}.$$

Somit verdient neben der Transformation von P_t auf eine Gleichverteilung auch die Standardisierung von L_t Beachtung, da die Variablen

$$S_t = \frac{L_t}{\sigma_{t-1}}, \tag{7}$$

$$S_t^{\alpha} = \frac{L_t}{VaR_{t-1}} \tag{8}$$

(standard)normalverteilt sind, gilt approximativ (für große n)

$$\mathcal{L}\left(L_t / \hat{\sigma}_{t-1}\right) \approx N(0,1) \tag{9}$$

bzw.

$$\mathcal{L}\left(\mathrm{L}_t / \widehat{\mathrm{Var}}_{t-1}\right) \approx \mathrm{N}\left(0, 2.33^{-2}\right), \tag{10}$$

da $\widehat{\mathrm{VaR}}_{t-1} = 2.33\ \hat{\sigma}_{t-1}$ gilt. Offensichtlich ist die statistische Information der Variablen S_t und S_t^{α} über die Prognosequalität des VaR-Modells äquivalent, doch ist die Verwendung der Variable S^{α} insofern vorteilhafter, als die Relation $S_t^{\alpha} < -1$ gerade Überschreitungen von VaR-Prognosen zum Niveau α charakterisiert, die dann in entsprechenden Graphiken leicht zu identifizieren sind.

Eine adäquate Modellierung der Stochastik eines VaR-Modells liegt sicherlich dann vor, wenn $\left\{F_{L_t}(N_t)\right\}_{t=1}^{\tau}$ bzw. $\left\{S_t^{(\alpha)}\right\}_{t=1}^{\tau}$ qualifizierte *White Noise* Prozesse sind. Konkrete Partikularkriterien ergeben sich durch spezifische *Verteilungs-, Unabhängigkeits- und*

4 Vgl. Risk Metrics 1996.

Heterogenitätsforderungen an den White Noise Prozeß. Für Prognosemodelle, die auf dem Delta-Normal Ansatz beruhen, sollten die Beobachtungen $s_t^{(\alpha)}$ idealerweise von unabhängigen Realisationen aus standardnormalverteilten (bzw. N(0, 2.33^{-2}) verteilten) Grundgesamtheiten nicht zu unterscheiden sein:

$$\mathcal{L}\left(S^{(\alpha)}\right) = N\left(0, 1\left(2.33^{-2}\right)\right) \tag{11}$$

In der Praxis spielen risikoaverse VaR-Schätzungen eine wichtige Rolle. In diesen Fällen kommen die *(iid)* Realisationen s^{α} aus einer Verteilung, welche durch die Verteilung in (11) stochastisch dominiert wird, d.h.,

$$\mathcal{L}\left(S^{(\alpha)}\right) \preceq N\left(0, 1\left(2.33^{-2}\right)\right). \tag{12}$$

Die empirische Kalibrationskurve - also der P-P-Plot der Zeitreihe $\left\{\hat{F}_{L_t}\left(v_t\right)\right\}_{t=1}^{\tau}$ - ist ein Diagnoseplot zur Überprüfung, ob die Gleichverteilung $U[0, 1]$ ein adäquater Data Generating Process (DGP) für die Marginalverteilungen des Prozesses $\left\{F_{L_t}\left(N_t\right)\right\}_{t=1}^{\tau}$ darstellt. Im Falle eines gut kalibrierten Modells streut die Punktwolke eng um die Diagonale des Einheitsquadrats. Weiterhin sind *Symmetrieeigenschaften* und *Dominanzrelationen* involvierter Verteilungen gut zu erkennen. Im Kontext von VaR-Modellen birgt dieser Plot den Nachteil, auf Abweichungen im Zentrum der Verteilung zu fokusieren.[5]

Die Verwendung des Q-Q-Plots als Diagnosecheck der Kalibration ist insoweit *relativ* als hier keine universelle Referenzgröße (wie Einheitsdiagonale im Falle des P-P-Plots) existiert. Zwar können Rückschlüsse über Symmetrie und die Verteilungsklasse des Prozesses ohne weiteres gezogen werden, doch ist die Beantwortung der eigentlichen Frage nach der Kalibration ohne Angabe einer modellbezogenen Referenzgröße - etwa wie in (8) und (9) - nicht möglich. Ein Vorteil des Q-Q-Plots liegt in seiner Fokusierung auf Abweichungen in den Verteilungsenden.[6]

Der Plot der Referenzdichte $N(0, 2.33^{-2})$, der aus den Realisationen $\left\{s_i^{\alpha}\right\}_{i=1}^{\tau}$, geschätzten parametrischen Dichte $N\left(0, \hat{\sigma}_{S_\alpha}^2\right)$ und der nicht-parametrischen Dichteschätzung

$$\hat{f}_{\omega}(x) = \frac{1}{\tau\omega} \sum_{i=1}^{\tau} K_e\left(\frac{s_i^{\alpha} - x}{\omega}\right)$$

5 Siehe Wilk/Gnanadesikan 1968.

6 Siehe ebenda.

dient der Visualisierung von Dominanzrelationen. Die Dichteschätzung lässt auch den Effekt von Ausreißern auf die Schätzung der Varianz $\hat{\sigma}^2$ oder eventuelle Asymmetrien erkennen. Zur Berechnung von $\hat{f}$ wird der Epanechnikov-Kern, K_e[7], verwendet. Die Bandbreite ω wird optimal gewählt.

Der Quotient

$$\kappa = \frac{\hat{\sigma}_{S_\alpha}}{2.33^{-1}} \tag{13}$$

quantifiziert das Ausmaß der Über- oder Unterschätzung des Risikos durch das Modell. Absolute und relative empirische Kalibrationskurven rekurrieren lediglich auf die Adäquanz der Marginalverteilungen des Prozesses L_t. Sie bilden Indikatoren in bezug auf die richtige Auswahl der Risikofaktoren. Da diese Plots auf Rangstatistiken beruhen, lassen sie keine Aussagen über temporale Abhängigkeitstrukturen zu.

Die Heterogenitäts- und Unabhängigkeitseigenschaften werden anhand von Timeplots untersucht. Die bisherigen Beispiele aus der Praxis zeigen, dass hier auf die Anwendung klassischer Tests verzichtet werden kann. Die Zeitreihe der Indikatorfunktion der VaR-Überschreitungen zum Niveau α

$$\{t, I(N_t > VaR_{t-1}(\alpha))\}_{t=1}^{\tau} \tag{14}$$

dient als graphisches Mittel zur Beurteilung der *Resolution*. Sind im Timeplot keine Strukturen - insbesondere keine Cluster - erkennbar, so verfügt das Modell über eine gute Resolution.

Zum *simultanen* Vergleich von Teilportfolios eignen sich Kalibrationskurven kaum. Zu diesem Zweck werden *Box-Plots* herangezogen. Durch eine quantitative Beurteilung der Risikokonzentration (z. B. mittels Herfindalindex oder Marginal-VaR) in den jeweiligen Teilportfolios können diejenigen Teilportfolios identifiziert werden, die einer weiteren Analyse unterzogen werden sollten.

---

7 Siehe Härdle 1990.

2 Dirty Backtesting

VaR-Modelle prognostizieren das Risiko aus Wertänderungen eines Portfolios über eine bestimmte Haltedauer *h*, sie schätzen also die Wertedifferenz eines Portfolios zu zwei *Zeitpunkten* ab. Dabei wird das Portfolio zu einem Bezugspunkt e_0 (z. B.: der end-of-day) wie eine *Bestandsgröße* behandelt. Demgegenüber fallen Gewinne und Verluste aus Handelstätigkeiten kontinuierlich an, sind also Stromgrößen, die nach Definition des VaR für die Risikoschätzung außen vor bleiben. Wird nun etwa aus Gründen technischer Datenverfügbarkeit zum Zwecke des Backtestings auf solche Stromgrößen bezug genommen, so liegt den Beobachtungen v_t^d nach (4) für festes *t* folgendes Modell zugrunde:

$$N^d = N^c + C \tag{15}$$

Der Vektor X

$$X = \left(N^c, C\right)^T \tag{16}$$

mit Erwartungswert $E(X)$

$$\left(\mu^c, \mu_C\right)^T \tag{17}$$

und Kovarianzmatrix $Cov(X)$

$$\Sigma = \begin{pmatrix} \sigma_c^2 & \sigma_{cC}^2 \\ \sigma_{Cc}^2 & \sigma_C^2 \end{pmatrix} \tag{18}$$

beeinflußt die Beurteilung der Prognosequalität wesentlich. Wie die Erfahrungen aus der Praxis zeigen, wird v durch den Beitrag von C zum einen positiv verzerrt, also

$$E(\mathbf{C}) \geq \mathbf{0},$$

und zum anderen wird die Variabilität nachhaltig beeinflußt. Diese Aussagen gelten sowohl für VaR-Prognosen des Handelsbuches als auch für Prognosen von Teilportfolios. Ohne zusätzliche Informationen ist eine Beurteilung der Prognosegüte eines VaR Modells mittels Dirty-Backtestingzeitreihen nicht möglich, da ein großer mittlerer quadratischer Fehler durch C dazu führen kann, andere Mappingfehler zu überlagern.

3 Backtesting in Action

Aus Gründen der Datenanonymisierung dienen nicht die Orginalreihen (5), sondern ausschließlich deren Transformierte

$$s^{\alpha} = \frac{\nu_t}{\widehat{VaR}_{t-1}}$$

als Grundlage der folgenden Untersuchungen. Diese Einschränkung ist für die Allgemeinheit der Resultate der Datenanalysen ohne Belang.

Die VaR-Prognosen aller hier betrachteten Portfolios basieren auf Varianten des Varianz-Kovarianz Ansatzes. Das Aggregationsniveau der Portfolios reicht von kleinen Handelseinheiten über Portfolios bestimmter Lokationen bis hin zu Portfolios des gesamten Handelsbuches. Alle Portfolios enthalten jedoch nicht unwesentliche Optionsanteile.

Den Portfolios A, B und C liegen Clean-Backtesting Zeitreihen zugrunde. Für Portfolio D liegen Clean und Dirty Backtesting Zeitreihen vor. Für das Portfolio E waren lediglich Dirty Zeitreihen verfügbar.

3.1 Clean Backtesting

Portfolio A

Der Timeplot der Variablen S^{α} (Figur 1) bildet den natürlichen Ausgangspunkt zur Analyse der Prognosequalität. Ihm ist zuerst zu entnehmen, dass für alle Realisationen $s^{\alpha} > -1$ gilt, also keine Überschreitungen der VaR-Prognosen auf dem 99% Signifikanzniveau vorliegen, doch liegen 97% der Daten im Intervall [-0.5, 0.5], was auf eine deutliche Überschätzung des Risikos hindeutet und damit eine schlechte Kalibration erwarten läßt.

Die empirische Kalibrationskurve (Figur 2) läßt ein symmetrisches Verteilungsmodell für die Daten als adäquat erscheinen. Gleichwohl weicht die Kurve deutlich von der Ideallinie, der Diagonale im Einheitsquadrat ab. Die relative Kalibrationskurve (Q-Q-Plot in Figur 3) zeigt die gleichen Eigenheiten auf, doch lässt sie - im Gegensatz zum P-P-Plot - den schlechten Fit des VaR-Modells gerade in den Verteilungsenden deutlich hervortreten. Die Verwendung von elliptischen Verteilungen als DGP für S^{α} stünde im Einklang mit der S-förmigen Gestalt der Kalibrationskurven, insbesondere kämen hier Mischungen von Normalverteilungen (aber auch t-Verteilungen) in Frage.

Für gut kalibrierte Modelle gilt

$$\mathcal{L}(S^{\alpha}) \approx N(0, 2.33^{-2})$$

Ein Vergleich der Zeile 1 mit 4 in Tabelle 1 indiziert, daß die geschätzte Verteilung von S^{α} durch $N(0, 2.33^{-1})$ stochastisch dominiert wird (Spalte 3 & 4), also eine konservative VaR-Schätzung vorliegt, genauer wird das Risiko um etwa 100% überschätzt, $\kappa = 2$. Die Daten weisen eine geringe Asymmetrie auf (Spalte 5), wohingegen die Leptokurtosis sehr ausgeprägt ist (Spalte 6).

Die Vermutung über das Vorliegen stochastischer Dominanz wird durch den Vergleich der involvierten Dichten (Figur 4) bestätigt. Die geringere Leptokurtosis der nichtparametrischen Dichteschätzung $\hat{f}_S$ im Vergleich zur parametrischen Dichte der geschätzten Normalverteilung $N(0, \hat{\sigma}^2)$ wird wesentlich durch die Ausreißer (Figur 6) in den Daten erzeugt. Nach deren Eliminitation stimmen nichtparametrische Dichteschätzung und die zur Verteilung $N(0, \hat{\sigma}^2)$ assoziierte Dichte im Zentrum überein (Figur 5). Nachdem das Risiko durch das VaR-Modell deutlich überschätzt wird, sollte eine Analyse auf Ebene der Teilportfolios erfolgen, um sicherzustellen, daß die Diskrepanz zwischen v_t und $\widehat{\text{VaR}}_{t-1}$ nicht aus fehlerhafter Positionsführung entsteht, sondern durch eine risikoaverse Schätzung. Durch simultane Box-Plots der Variablen S pro Teilportfolio (Figur 8) lassen sich gut und schlecht kalibrierte Portfolios leicht klassifizieren.

Der Timeplot $(t, I(|S_t| > 0.3))_{t=1}^{T}$ (Figur 7) zeigt deutliche Strukturen, insbesondere Cluster auf. Damit liegt für das VaR-Modell auch eine schlechte Resolution vor, d.h., die Homogenitätsannahmen über den DGP von S sind verletzt (Mischungsmodell) aber auch die Annahme der Unabhängigkeit scheint nicht erfüllt. Insgesamt verfügt das zu Portfolio A gehörende VaR-Modell über eine schlechte Prognosequalität.

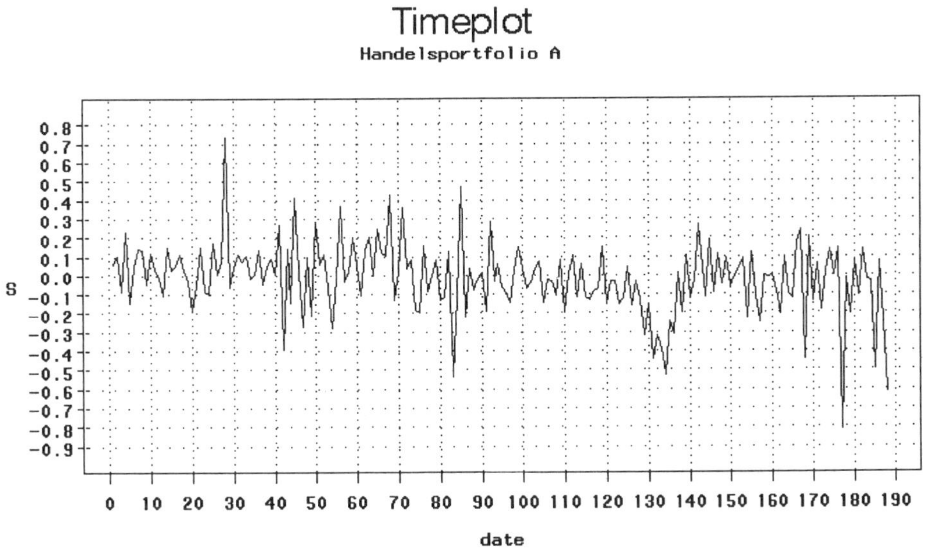

Figur 1: Die Graphik zeigt die Zeitreihe der transformierten Wertänderungen des Portfolios, (t, S_t^{α}), mit $S_t^{\alpha} = v_t^c / VaR_t(99)$. Auffällig ist die Konzentration von 81% der Daten im Intervall [-0.2, 0.2], was auf eine konservative VaR-Schätzung hinweist.

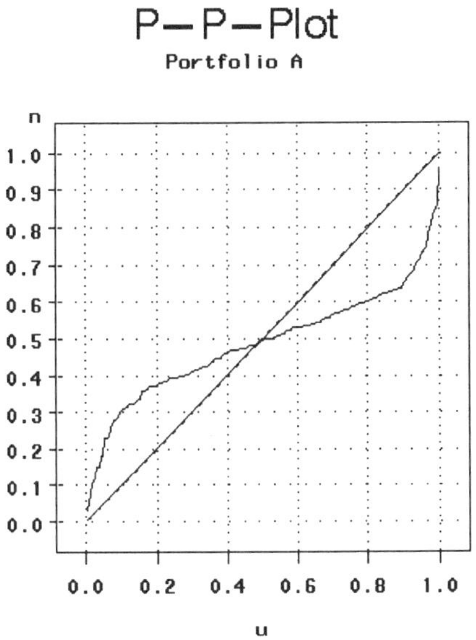

Figur 2: P-P-Plot der empirischen Perzentile von S gegen die der Gleichverteilung $U[0,1]$.

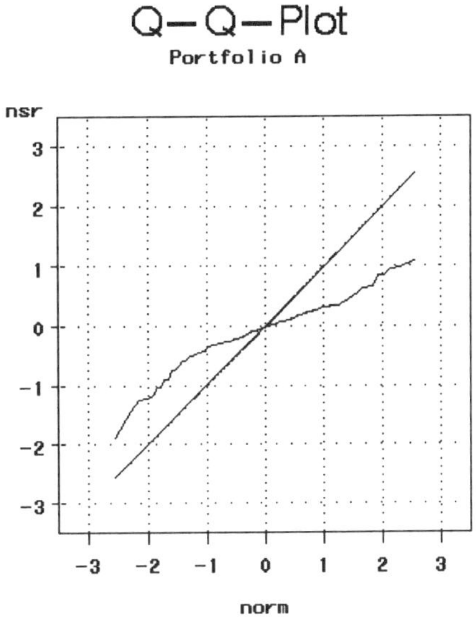

Figur 3: Q-Q-Plot der empirischen Quantile von S_t gegen die Quantile der Standardnormalverteilung (norm).

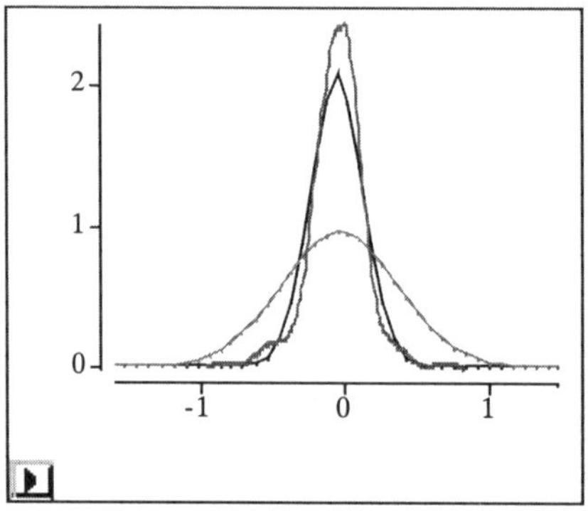

Figur 4: Die Graphik zeigt die Dichteschätzung $\hat{f}_{S^\alpha}$ (größter Modus), die Schätzung der Dichte $\phi_{\hat{\sigma}}$ (zweitgrößter Modus) der Normalverteilung $N(0,\hat{\sigma}^2)$ aus den Realisationen von s_t sowie die zur Verteilung $N(0,2.33^{-2})$ gehörende Dichte ϕ_{σ_0} mit dem kleinsten Modus.

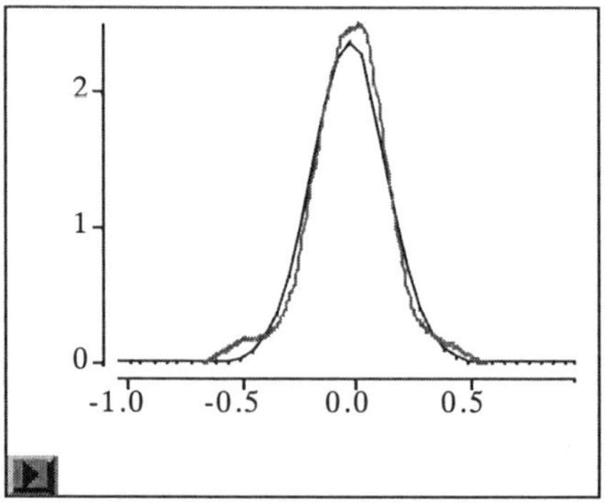

Figur 5: Dichteschätzung $\hat{f}_{S^\alpha}$ und Schätzung der Dichte $\phi_{\tilde{\sigma}}$ der Normalverteilung $N(0,\tilde{\sigma}^2)$ aus den um die Ausreißer – siehe den Box-Plot in Figur 6 – bereinigten Daten.

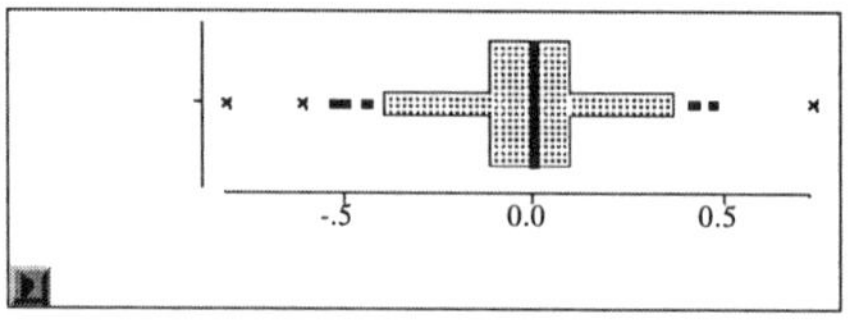

Figur 6: Box-Plot der Realisationen von S^α. Die Ausreißer in diesem Datensatz sind durch × markiert.

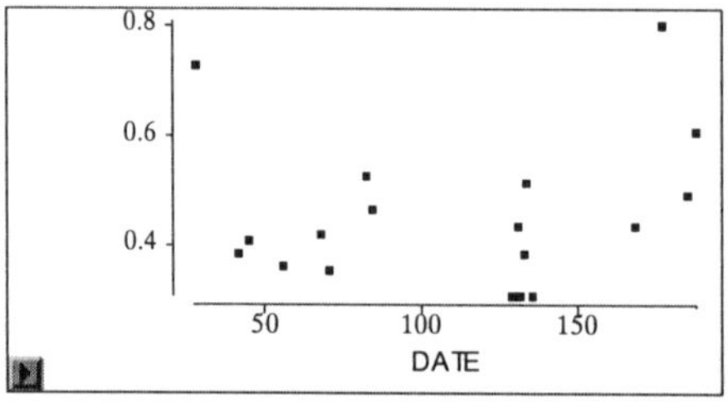

Figur 7: Timeplot der Realisationen von S_t^α mit $|S_t^\alpha| > 0.3$.

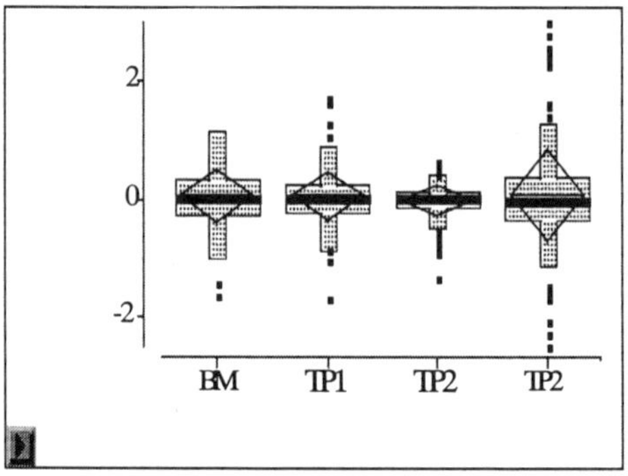

Figur 8: Box-Plot für drei Teilportfolios (TP1-3) sowie Simulationen aus dem Referenzmodell (BM). Die Rauten in den Boxplots zeigen die Standardabweichung aus den Beobachtungen. TP1 zeigt eine gute Kalibrierung, TP2 überzeichnet das Risiko und TP3 unterzeichnet es.

Portfolio B

Vergleicht man im Timeplot (Figur 9) die Spannweite der Daten mit der Länge eines symmetrischen Konfidenzintervalls [-1, 1] zum Niveau 98% der Variablen S^{α}, so ist die richtige Größenordnung der Variabilität der Beobachtungen s_t erkennbar. Die extremen Beobachtungen $s_{(1)}$ = -0.74 und $s_{(150)}$ = 1.43 lassen jedoch einen deutlichen *Bias* vermuten. Die Dynamik der Zeitreihe läßt eine unsaubere Resolution erwarten.

Der Bias in den vorliegenden Daten ist sowohl im P-P-Plot (Figur 10) als auch im Q-Q-Plot (Figur 11) deutlich zu erkennen. In beiden Plots verlaufen die Kalibrationskurven parallel und oberhalb zu den Ideallinien. Der parallele Verlauf (Bias) impliziert zum einen, dass das Risiko gemessen durch die Varianz sehr gut gemessen wird und zum anderen, dass das Risiko, gemessen durch VaR überschätzt wird. Die deskriptiven Maßzahlen in Zeile 2 aus Tabelle 1 unterstreichen dies. Die geschätzte Standardabweichung kann im Vergleich zum Ideal (Zeile 4) als sehr gut bezeichnet werden($\kappa \approx 1$), wenngleich der Bias, geschätzt durch den Median ($\tilde{x}$) oder durch das arithmetische Mittel ($\bar{x}$), im Vergleich zur Größe der Standardabweichung sehr ausgeprägt ist. Die Dichteschätzungen (Figur 12) zeigen die durch den Bias hervorgerufene Dominanzrelation. Der Einfluß von Ausreißern (Figur 13) auf die Varianz ist gering (die Dichten unterscheiden sich kaum in bezug auf ihre Höhe); der Unterschied zwischen Median und arithmetischem Mittel in Höhe von 50% resultiert auch aus der vorhandenen Schiefe (β_1 = 0.75). Trotz des vorhandenen Bias offenbart ein Vergleich mit Portfolio A (Figur 4) die gute Kalibaration des zugrunde liegenden VaR-Modells. Durch Elimination des Bias könnte das Modell einfach *rekalibriert* werden. Dies zeigen die um den Bias verschobenen Kalibrationskurven in den Figuren 10 & 11. Die Analysen zur Kalibration ergeben, dass die Familie der Normalverteilungen zur Erstellung von VaR-Prognosen gut geeignet ist.

Wie nicht anders zu erwarten, zeigt der Timeplot der Indikatorvariablen $I(|S_t| > 0.6)$, dass die Resolution des Modells nicht optimal ist, da deutliche Cluster erkennbar sind.

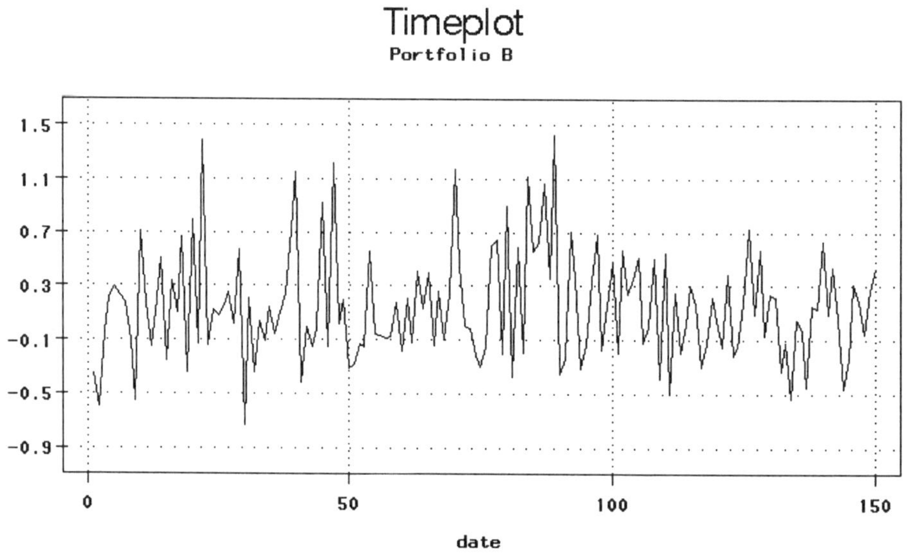

Figur 9: Zeitreihe der Variablen S_t^α.

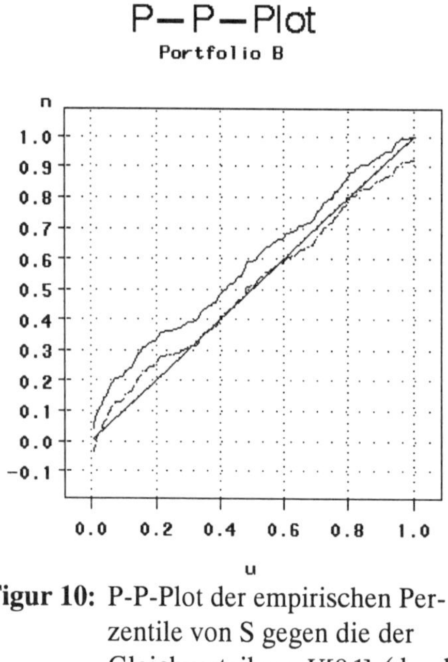

Figur 10: P-P-Plot der empirischen Perzentile von S gegen die der Gleichverteilung $U[0,1]$ (durchgezogene Linie). Die unterbrochene Linie ist die um den Bias korrigierte Kalibrationskurve.

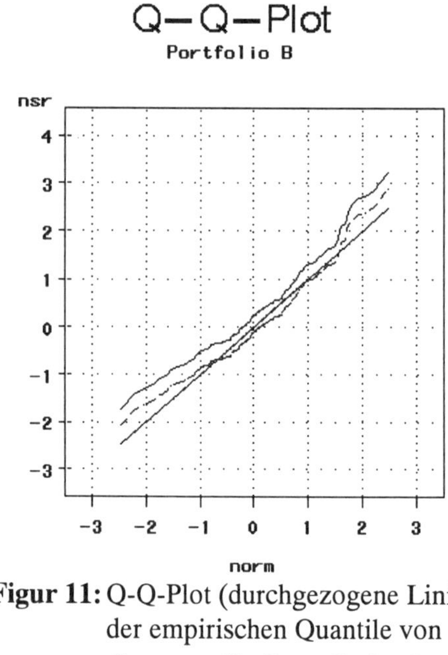

Figur 11: Q-Q-Plot (durchgezogene Linie) der empirischen Quantile von S_t gegen die Quantile der Standardnormalverteilung (norm). Die unterbrochene Linie ist die um den Bias korrigierte Kalibrationskurve.

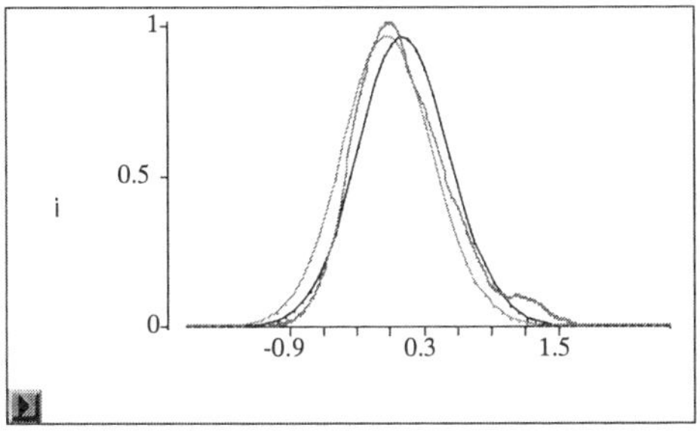

Figur 12: Dichteschätzer der Variablen S^{α} und T.

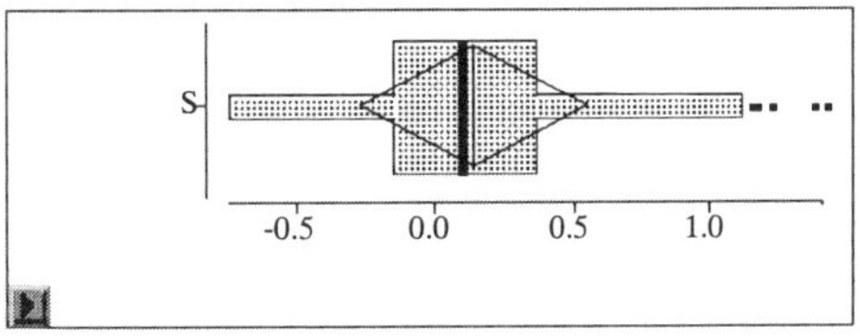

Figur 13: Box-Plot der Variablen S^{α}

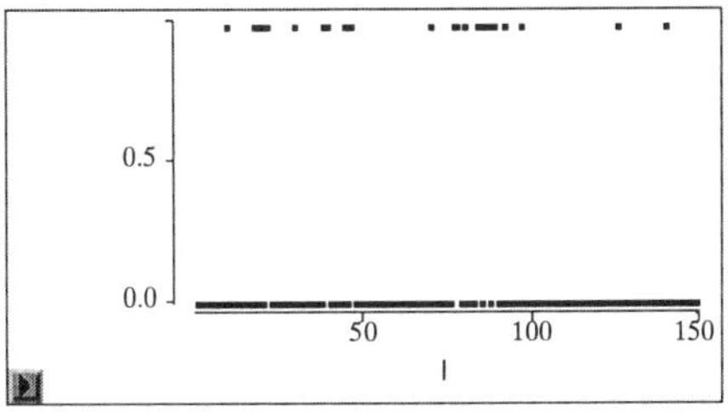

Figur 14: Timeplot der Indikatorvariablen $I(|S_t| > 0.6)$

Portfolio C

Im Gegensatz zu den bisher analysierten Fällen, stammt Portfolio C aus einer unteren Hierarchieebene des Portfoliobaumes (Händlerportfolio), wobei nur diejenigen Tage in die Zeitreihe (Figur 15) aufgenommen wurden, an welchen eine relevante Positionsnahme vorlag. Daher wurde darauf verzichtet, die Datenpunkte durch einen Polygonzug zu verbinden. Weiterhin ist eine Analyse der Resolution für die vorliegenden Daten aufgrund ihrer Zeitinhomogenität nicht indiziert.

Der geringe Stichprobenumfang (n = 21) und die Lückenhaftigkeit der Zeitreihe erschwert die Interpretation der Punktwolke (Figur 15), wohingegen die empirischen Kalibrationskurven (Figur 16 & 17) die gute Kalibration des VaR-Modells deutlich erkennen lassen. Die Übereinstimmung der Zeilen 3 & 4 in Tabelle 1 impliziert den gleichen Schluß. Ausreißer liegen keine vor (Figur 19). Weiterhin spricht der geringe Abstand zwischen den Dichten in Figur 18 gegen das Vorhandensein stochastischer Dominanz. Insgesamt ist dieses Portfolio sehr gut kalibriert.

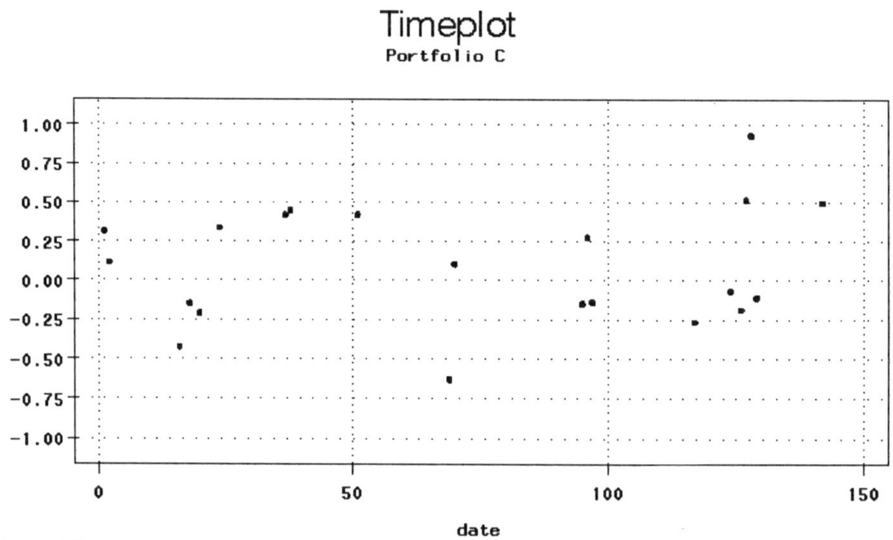

Figur 15: Zeitreihe der Variablen S_t^α.

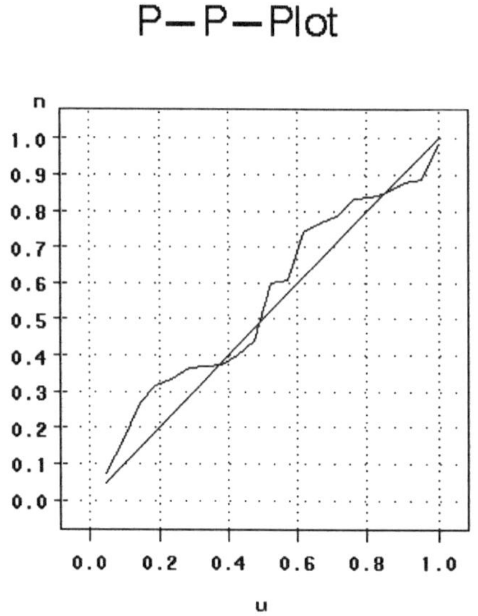

Figur 16: P-P-Plot der empirischen Perzentile von S_t gegen die der Gleichverteilung $U[0,1]$.

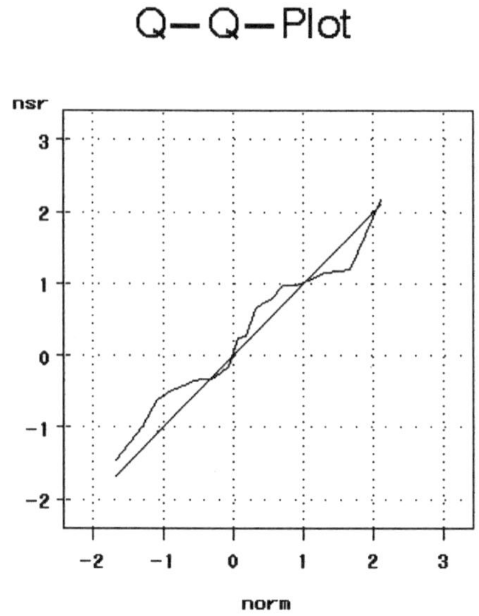

Figur 17: Q-Q-Plot der empirischen Quantile von S_t gegen die der Standardnormalverteilung.

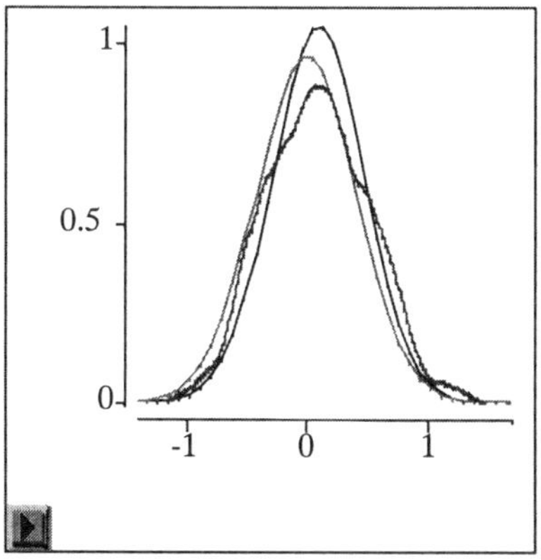

Figur 18: Parametrische und nichtparametrische Dichteschätzungen der Variablen S_t^α sowie die Dichte der Variablen T.

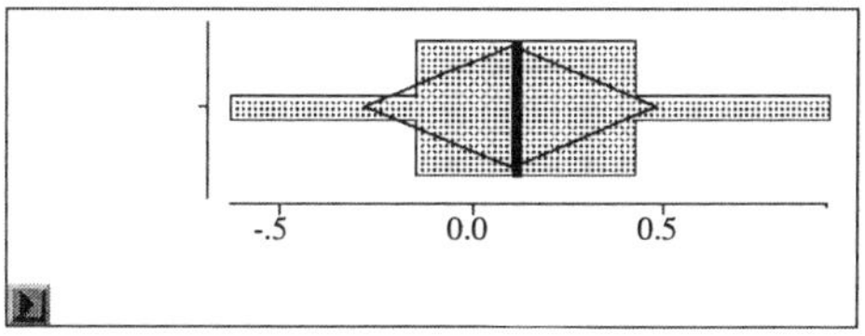

Figur 19: Box-Plot der Daten s_t^α.

3.2 Dirty Backtesting

Portfolio D

Die Frage, ob sogenannte Dirty-Zeitreihen zur Beurteilung der Prognosegüte eines VaR-Modells herangezogen werden können, ist von grundlegendem praktischem Interesse. Für Portfolio D stehen sowohl Dirty als Clean Backtesting-Zeitreihen zur Verfügung. Ausgangspunkt der folgenden Analyse ist die Variable D_t

$$d_t = \frac{v^d - v^c}{\widehat{\mathrm{VaR}}_t(99\%)},$$

also die Differenz aus Clean und Dirty Zeitreihen der Variablen S^α. Falls die Korrelationsfunktion

$$corr(t) = corr\left(S_t^{c,\alpha}, S_t^{d,\alpha}\right)$$

der Clean und Dirty-Zeitreihen hohe Korrelationen ausweist, könnten die Zeitreihen substitutiv verwendet werden; aus Sicht der Praxis wäre dies ideal. Der Timeplot der Daten d_t (Figur 20) offenbart jedoch eine Reihe interessanter Eigenheiten, die diesem Ideal widersprechen. So impliziert der Vorzeichenwechsel eine negative Korrelation, die nicht sehr ausgeprägt sein kann, da der Verlauf des Timeplots an einen stationären

White Noise Prozeß erinnert. Überraschend ist die geringe Struktur im Streudiagramm (Figur 21), offensichtlich enthält v_t^c wenig Information über v_t^d.

Die Stationarität der Zeitreihe wird auch durch einen Dickey-Fuller Test nicht verworfen, wohingegen die Annahme eines White Noise Prozesses nach Anwendung eines Ljung-Box Tests verworfen wird. Die Autokorrelationsfunktionen (ACF, PAC, IACF) weisen komplexe Abhängigkeitsstrukturen auf. Die Anpassung verschiedner *ARIMA(p, d, q)* Modelle ergab keinen guten Fit.

Ein Vergleich der drei Spalten aus Tabelle 2 ergibt, dass sich die Standardabweichungen der Variablen $S^{c,\alpha}, S^{d,\alpha}, D$ von gleicher Größenordnung sind, die Korrelation also sehr gering ist. Somit kann die Dirty Zeitreihe kaum durch die Clean Zeitreihe erklärt werden. Dass die Korrelationsfunktion beinahe Null ist, $corr(t) = 0$, überrascht.

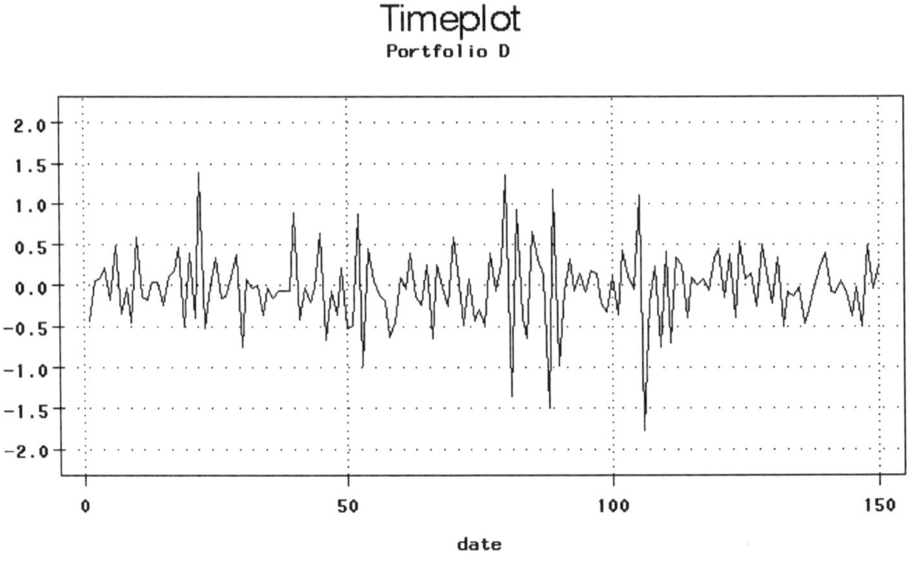

Figur 20: Timeplot der Differenz aus Dirty und Clean Zeitreihen, $d_t = \frac{v_t^d - v_t^c}{VaR_t(99\%)}$.

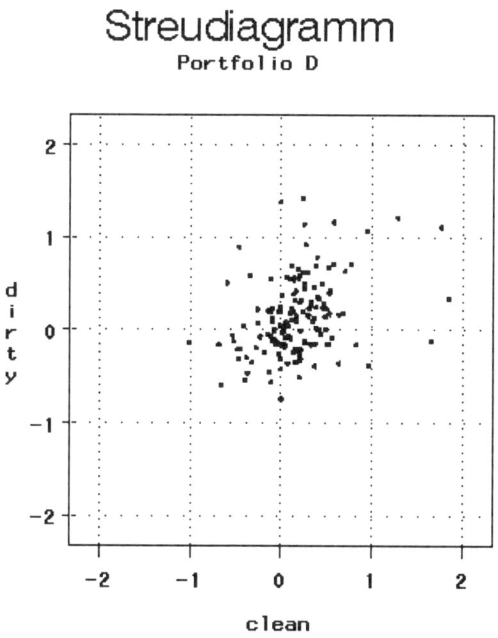

Figur 21: Streudiagramm der Paare $\left(s^{c,\alpha}, s^{d,\alpha}\right)$.

Portfolio E

Für dieses Portfolio stehen nur Dirty-Backtesting Zeitreihen zur Verfügung. Der Timeplot (Figur 22) zeigt einen deutlichen Bias im Vergleich zum Standardmodell des Delta-Normal Ansatzes, da selten Verluste beobachtet wurden, auch ist die Spannweite der Beobachtungen eher klein. Das Gros der Daten liegt im Intervall $[-0.5, 1]$, was insoweit für die Güte der Zeitreihen spricht. Weiterhin ist eine schlechte Resolution aus dem Timeplot ablesbar.

Die jeweils starke Diskrepanz der empirischen Kalibrationskurven (Figur 23 & 24) zu den Ideallinien, spiegelt den deutlichen Bias sowie die Überzeichnung des Risikos wieder ($\kappa = 1.5$). Insgesamt ist das Modell ist schlecht kalibriert. Die geschätzte Prognoseverteilung wird von der Idealverteilung dominiert. Das Zusammenwirken von Bias ($\tilde{x} = \bar{x} = 0.24$) mit der Risikoüberschätzung durch ($\hat{\sigma}$), welche die deutliche Dominanz von $\mathcal{L}(S^{\alpha})$ durch die Referenzdichte erzwingt, ist in Figur 27 deutlich erkennbar. Die Auswirkung von Ausreißern (Figur 28) auf die Dominanz ist nicht allzu groß (Figur 27).

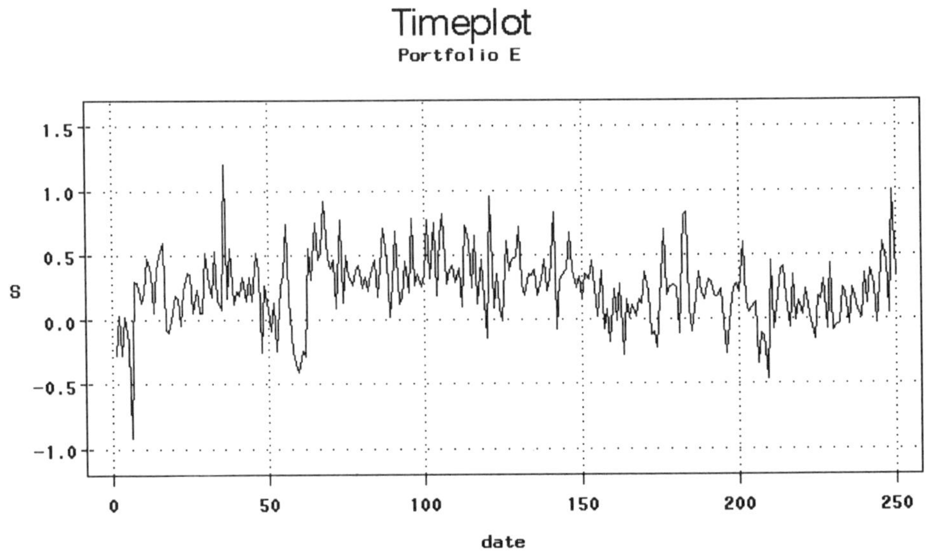

Figur 22: Zeitreihe der Realisationen $s_t^{\alpha} = \frac{v_t^d}{\widehat{\mathrm{VaR}}_{t-1}(99\%)}$.

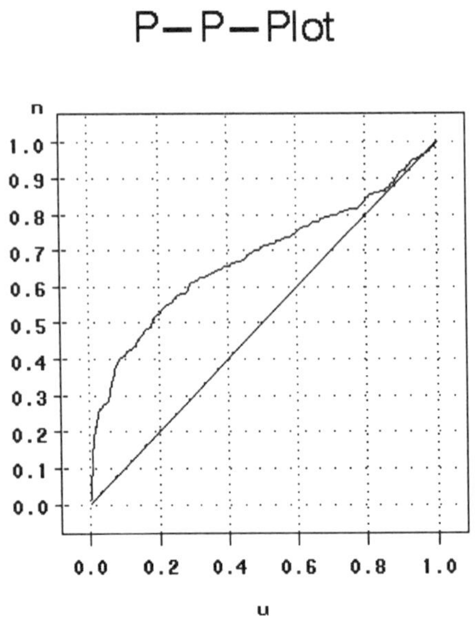

Figur 23: P-P-Plot der empirischen Perzentile von S_t gegen die der Gleichverteilung $U[0,1]$.

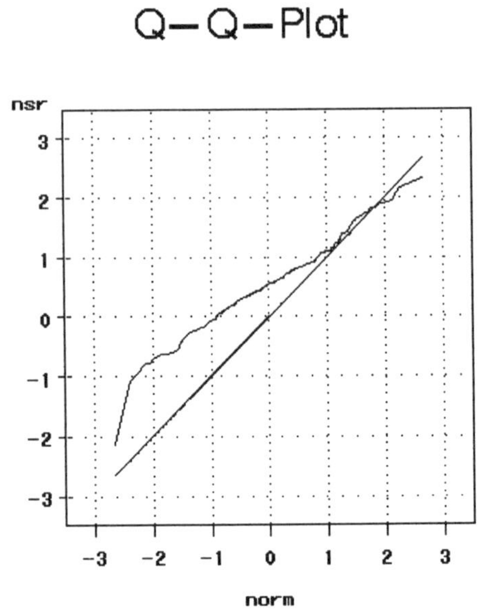

Figur 24: Q-Q-Plot der empirischen Quantile von S_t gegen die der Standardnormalverteilung.

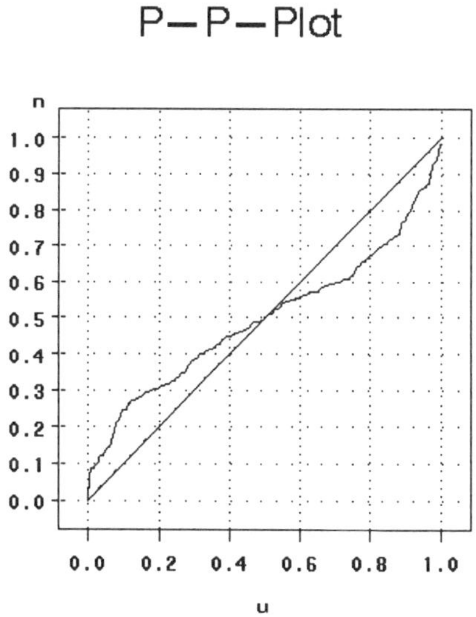

Figur 25: P-P-Plot der um den Bias rekalibrierten Daten.

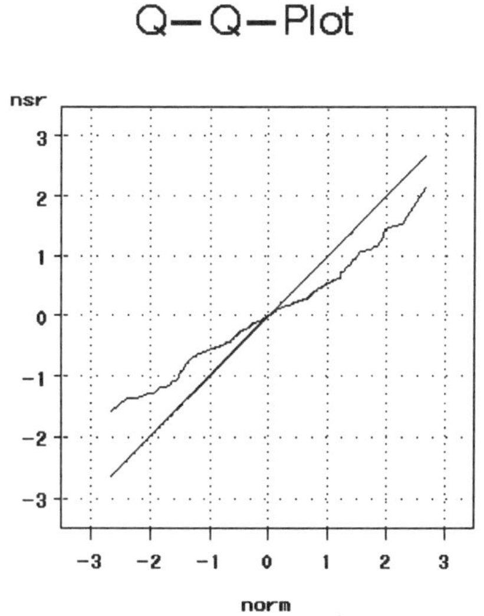

Figur 26: Q-Q-Plot der um den Bias rekalibrierten Daten.

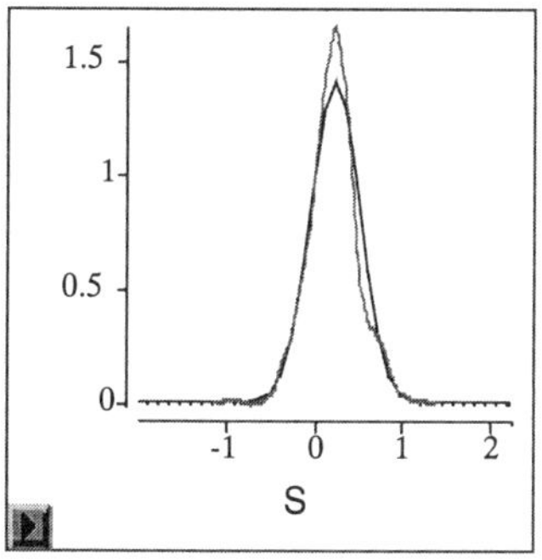

Figur 27: Parametrische und nichtparametrische Dichteschätzungen der Variablen S^{α}

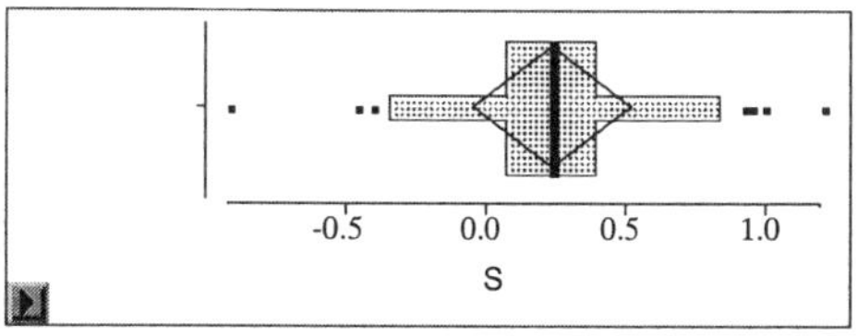

Figur 28: Box-Plot der Daten s_t^{α}

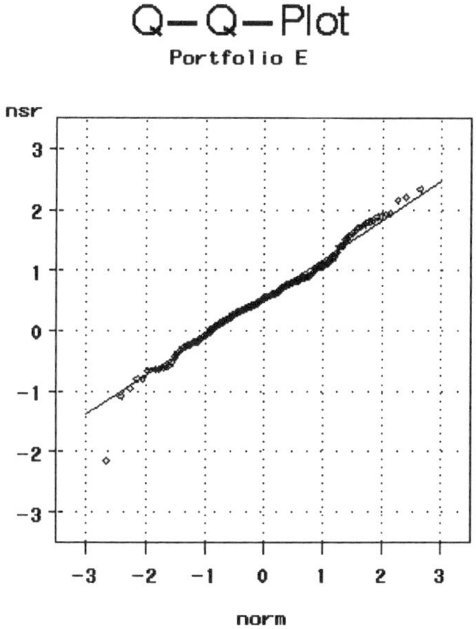

Figur 29: Q-Q-Plot der empirischen Quantile von S^{α} nebst der Regressionsgeraden.

Var	$\bar{x}$	$\tilde{x}$	s	$q_{.75} - q_{.25}$	β_1	$\beta_2 - 3$	nobs
S_A^α	-0.02	0.02	0.19	0.21	-0.37	3	188
S_B^α	0.15	0.1	0.41	0.51	0.75	0.62	150
S_C^α	0.01	0.1	0.38	0.57	0.17	-0.23	21
T	0	0	0.43	0.58	0	0	./

Tabelle 1: Deskriptive Maßzahlen Portfolio A, B und C

Var	$\bar{x}$	$\tilde{x}$	s	$q_{.75} - q_{.25}$	β_1	$\beta_2 - 3$
$S^{\alpha,d}$	0.17	0.16	0.41	0.41	0.97	3.89
$S^{\alpha,c}$	0.15	0.1	0.41	0.51	0.75	0.62
D	0.02	0.03	0.47	0.54	0.16	2.17

Tabelle 2: Deskriptive Maßzahlen Handelsportfolio D, $n = 150$

4 Zusammenfassung

Die analysierten Beispiele zeigen, dass Backtestingverfahren geeignet sind, die Prognosequalität von VaR-Modellen zu beurteilen. Insbesondere kann die Angemessenheit der Eigenkapitalunterlegung durch Kriterien, die auf Kalibrationseigenschaften des Modells rekurrieren, beurteilt werden. Weiterhin erlauben Kriterien zur Resolution die Qualität der stochastischen Modellierung, insbesondere der Dynamik des Modells, zu bewerten. In der Praxis überwiegen risikoaverse VaR-Schätzungen, so dass explorative Methoden ausreichen, um die Prognosequalität zu beurteilen. Überraschend ist die geringe Korrelation zwischen Clean- und Dirty-Backtestingzeitreihen, so dass diese kaum substitutiv verwendet werden können. Gleichwohl kann unter geeigneten Umständen auch aus Dirty-Zeitreihen auf bestimmte Eigenschaften der Prognosequalität geschlossen werden.

Worst-Case Analysen des Ausfallrisikos eines Portfolios aus marktabhängigen Finanzderivaten

von

Jörn Barth*

---

* Ich danke Peter Albrecht, Milan Borkovec, Malte Cherdron, Darrell Duffie, Paul Embrechts, Christian Groh, Martin Hellwig, Claudia Klüppelberg und Marc Windfuhr für anregende Diskussionen.

1 Einführung

Die Krise der Finanzmärkte in Ostasien im Jahr 1997 und ihre drohende Ausdehnung auf andere Emerging Markets führte zu einer schweren Bewährungsprobe für das Risikomanagement vieler Finanzinstitutionen. Die Ausdehnung der Krise auf Rußland, das ein Zahlungsmoratorium im August 1998 verkündete, traf das Risikomanagement vieler Unternehmen unerwartet. Der spektakulärste Fall war die Beinahe-Insolvenz des Hedge-Funds Long-Term Capital Management (LTCM) im Herbst 1998.[1] Aus Sicht eines der Gläubiger von LTCM wäre es zu einem Forderungsausfall gekommen, der auf die durch Rußland verursachte extreme Marktsituation zurückzuführen gewesen wäre, die die großen finanziellen Schwierigkeiten von LTCM ausgelöst hatte. Das Risikomanagement des Gläubigers muß daher den Einfluß potentiell ungünstiger Marktsituationen auf das Kreditrisiko der Schuldner (hier LTCM) berücksichtigen.

Im Falle von LTCM wird deutlich, daß selbst das Kreditrisiko eines Portfolios von einfachen Anleihen schwierig zu handhaben ist. Bislang gibt es keinen Standardzugang, aber mit CreditMetrics von J.P.Morgan[2] und CreditRisk+ von CreditSuisse[3] wurden zwei Methodiken präsentiert, die primär die Probleme bei der Bestimmung des Kreditrisikos eines aus Anleihen bestehenden Portfolios adressieren.[4]

Wenn das Portfolio neben Anleihen jedoch auch Finanzkontrakte wie Optionen und Swaps enthält, deren Marktwert besonders stark von der Entwicklung der Finanzmärkte abhängig ist, vergrößern sich die Schwierigkeiten des Kreditrisikomanagements. Im Gegensatz zu Anleihen sind die Auszahlungen solcher Finanzkontrakte abhängig von der Entwicklung von Marktgrößen wie Aktienkursen, Zinssätzen und Wechselkursen, so daß das Kreditrisiko von der Entwicklung dieser Marktrisiken abhängig ist. Beispielsweise kann der Marktwert eines Zinsswaps je nach Zinsentwicklung einen positiven oder negativen Wert annehmen. Nur im Falle eines positiven Exposures kann eine Zahlung des Vertragspartners überhaupt durch dessen Insolvenz gefährdet sein.

Selbst wenn neben dem Einfluß der Entwicklung der Finanzmärkte auf das *Marktrisiko* der Finanzkontrakte auch das zeitlich variable *Kreditrisiko* des betreffenden Vertragspartners berücksichtigt wird, wird meistens angenommen, daß diese Risiken voneinander unabhängig sind. Jedoch ist diese Einteilung bei ausfallbedrohten marktabhängigen Finanzkontrakten nicht angebracht, im Gegenteil, es scheint eine direkte Verbindung

1 Vgl. Edwards 1999.
2 J.P. Morgan 1997.
3 CreditSuisse 1997.
4 Weitere Modelle stellten McKinsey & Company („Credit Portfolio View“, vgl. Wilson 1997c) und KMV („Portfolio Manager“) vor.

zwischen den beiden „Risikokategorien“ zu geben: Zum Beispiel kann ein Anstieg der Zinsen zur Zahlungsverweigerung oder -unfähigkeit eines Vertragspartners führen. Bei Rückgriff auf die Vermögenswerte des Schuldners könnte dann festgestellt werden, daß durch das hohe Zinsniveau der Wert dieser Vermögenswert stark reduziert ist.[5] Selbst wenn in „normalen“ Marktsituationen die Unabhängigkeitsannahme gerechtfertigt sein sollte, in extremen Situationen ist der Zusammenbruch dieser Annahme nicht zu vermeiden. Allerdings wirft die Aufgabe der Unabhängigkeitsannahme weitreichende Probleme auf, da ein Zusammenhang zwischen Markt- und Kreditrisiken aus praktischer und theoretischer Sicht schwierig in das Risikomanagement zu integrieren ist.

In dieser Arbeit wird eine Methodik für das Risikomanagement eines Portfolio von ausfallgefährdeten marktabhängigen Finanzkontrakten vorgestellt, die den Einfluß von Marktgrößen auf das Kreditrisiko der Kontrahenten berücksichtigt, aber einige der Probleme vermeidet, die bei der Aufgabe der Unabhängigkeitsannahme entstehen. Dabei wird die Modellierung einer Korrelation zwischen Markt- und Kreditrisiken durch die Modellierung einer „einseitigen Abhängigkeit“ umgangen. Die zentrale Frage, die mit Hilfe dieser Methodik beantwortet werden soll, lautet: Wie hoch ist das Kreditrisiko eines Portfolios, gegeben eine fixierte Marktsituation? Dieses Modell erlaubt somit eine Beeinflussung der Kreditrisiken durch die Marktrisiken, vernachlässigt aber den umgekehrten Einfluß. Aufgrund dieser Eigenschaft wurde dieses Modell mit MICR für „*M*arket-*I*nfluenced *C*redit *R*isk“ bezeichnet.

Das Ziel der MICR-Methodik ist die Berechnung des Eigenkapitals, das dieses Portfolio auch in extrem ungünstigen Marktsituationen absichern soll. Im Rahmen von MICR kann folgendes numerisches Vorgehen ausgeführt werden: Mittels Monte-Carlo Simulation werden viele verschiedene Marktszenarien generiert. Für jedes Marktszenario wird der Portfolioverlust bestimmt, der in dieser Situation erwartet wird. Um aus diesen Verlustdaten das Eigenkapital zu bestimmen, können verschiedene Risikomaße angewandt werden, deren Ziel auch die Erfassung des Risikos besonders schwerer Ausfälle beinhaltet. Durch die Anwendung solcher „Worst-Case-Verlustmaße“ auf die Daten, die durch den Verlustprozeß generiert worden sind, soll eine systematische Methodik entwickelt werden, mit deren Hilfe man das notwendige Eigenkapital ermitteln kann, das auch in Streß-Situationen ausreichend ist. Dadurch können Streß-Tests des Eigenkapitals mittels ad-hoc gewählten Crash-Szenarien vermieden werden. Somit soll durch MICR eine Vereinheitlichung der Bestimmung des Eigenkapitals und der Ausführung von Streß-Tests erreicht werden.

5 Hellwig 1994.

Um die MICR-Methodik anzuwenden, wird das Eigenkapital für ein Portfolio, das nur aus Zinsswaps besteht, numerisch bestimmt. Die Ergebnisse zeigen, daß extreme Realisationen der Marktrisiken das Ausfallpotential des Portfolios stark ansteigen lassen können. Unter der Annahme der Unabhängigkeit von Markt- und Kreditrisiken fällt die Höhe der Verluste deutlich geringer aus. Dies ist ein Hinweis, daß gerade in extremen Marktsituationen das Ausfallpotential, das durch die Marktrisiken induziert wird, den entscheidenden Beitrag zum Kreditrisiko des Portfolios liefern kann. Jedoch sind dies gerade die Szenarien, für die das Risikomanagement benötigt wird.

In Abschnitt 2 wird das Modell MICR kurz vorgestellt. Eine ausführliche Darstellung findet sich in Barth[6], wo das Modell MICR auch ausführlich mit anderen Kreditrisikomodellen wie CreditMetrics von J.P.Morgan[7] und CreditRisk+ von CreditSuisse[8] verglichen wird. In Abschnitt 3 wird die Response-Funktion modelliert, die die Beeinflussung der Kreditrisiken durch die Marktrisiken wiedergibt. In Abschnitt 4 werden die Verlustmaße diskutiert, die für die Worst-Case-Analyse geeignet sind. Schließlich wird in Abschnitt 5 die ausführliche numerische Studie zum Worst-Case-Verhalten eines Portfolios aus Zinsswaps beschrieben.

2 Modell MICR

Wir wollen ein Modell für die zeitliche Dynamik des Portfoliowertes einer Finanzinstitution FI entwerfen, in dem sowohl „Marktrisiken“ als auch „Kreditrisiken“ eine Rolle spielen. Das Ziel ist die Berechnung des Eigenkapitals, das Verluste decken soll, die unerwartet hoch ausfallen. Die Finanzinstitution FI kann beispielsweise eine Bank, eine Versicherung oder eine Investmentgesellschaft sein. Institutionelle Details der Abwicklung dieser Kontrakte finden in dieser Arbeit keine Beachtung.

Gegeben sei ein Wahrscheinlichkeitsraum (Ω, F, P). Durch $\omega \in \Omega$ sind die möglichen „Zustände der Welt“, durch F eine Filtration und durch P ein Wahrscheinlichkeitsmaß wiedergegeben. Wir betrachten einen vektorwertigen Diffusionsprozeß X der Dimension M auf (Ω, F, P). Der Prozeß X modelliert die *systematischen Risiken*, die vom Marktgeschehen gegeben sind. Wir bezeichnen die Komponenten von $X = (X_1, \ldots, X_M)$ auch als *Marktrisiken* und denken an Aktienkurse, Wechselkurse und Zinssätze. Die Realisationen von $X = (X_1, \ldots, X_M)$ bezeichnen wir durch $x = (x_1, \ldots, x_M)$.

6 Barth 2000.
7 J.P. Morgan 1997.
8 CreditSuisse 1997.

Aus der Sicht einer Finanzinstitution FI wird ein Portfolio von Finanzkontrakten mit einer festen Anzahl N von Vertragspartnern $a = 1,\dots,N$ im Zeitintervall $[0,T]$ betrachtet. Kredite bzw. Anleihen sind Beispiele für Finanzkontrakte, aber insbesondere sind Finanzderivate wie Optionen und Swaps adressiert. Die Abbildung $V_a^i : R^M \times R \rightarrow R, (X(t),t) \mapsto V_a^i(X(t),t)$ gibt die Vorschrift, wie bei einer Realisation der Marktrisiken X zur Zeit t der Wert des Kontraktes $i = 1,\dots,K_a$ zu bestimmen ist, den FI mit Kontrahent a abgeschlossen hat, wobei K_a die Anzahl der Kontrakte mit a bezeichnet. Der Marktrisikenprozeß X, der die zeitliche Entwicklung des Wertes der Finanzkontrakte V_a^i im Zeitintervall $[0,T]$ beeinflußt, kann aus Sicht der Finanzinstitution FI als exogen aufgefaßt werden.

Neben den Gewinnen und Verlusten des Portfoliowertes, die der Finanzinstitution FI durch die Veränderungen der Marktrisiken X entstehen, können weitere Verluste durch Ausfälle der Kontrahenten auftreten. Wir modellieren das Ausfallverhalten des Kontrahenten a durch einen Poissonprozeß N_a mit Intensität λ_a. Ein Ausfall des Kontrahenten a zur Zeit $t = \tau$ wird durch einen Sprung von N_a bei τ dargestellt. Die Intensität $\lambda_a(X,t)$ des Poissonprozesses N_a soll von den Marktrisiken X abhängig sein, wobei die funktionale Form von $\lambda_a(X,t) = S_a(X,t)$ in Abschnitt 3 spezifiziert wird.

Wir nehmen an, daß im Falle eines Ausfalls von a der positive Teil des Nettowertes der Kontrakte

$$V_a^+ = \left(\sum_{i=1}^{K_a} V_a^i \right)^+ \tag{1}$$

mit Kontrahent a der Finanzinstitution vollständig verloren geht[9]. Das Kreditrisiko des Portfolios wird somit einerseits durch das *Volumenrisiko* bestimmt, das durch den Nettowert des Exposures V_a^+ gegeben ist, und andererseits durch das *Ereignisrisiko*, das durch die Möglichkeit des Ausfalls eines Kontrahenten gegeben ist.

Wir setzen im folgenden das Volumenrisko und das Ereignisrisiko zusammen, um den Portfolioverlust dL aufgrund von Kreditausfällen zu modellieren. Unter der Annahme, daß bei Eintreten des Ausfalls von Kontrahent a der Nettowert V_a für FI *vollständig* verloren geht, wird in Barth[10] gezeigt, daß der *erwartete diskontierte Kreditverlust* des Portfolios, *gegeben* eine Konfiguration der Marktrisikofaktoren X zur Zeit t sich als

9 Wir verwenden die Notation $(.)^+ = \max(0,.)$.

10 Barth 2000.

$$dL(t) = \frac{1}{B(0,t)} \sum_{a=1}^{N} V_a^+(X,t) S_a(X,t) dt \tag{2}$$

schreiben läßt, wobei $S_a(X,t)dt$ die Ausfallwahrscheinlichkeit von Kontrahent a in einem infinitesimalen Zeitintervall $[t, t+dt]$ darstellt. Durch die Multiplikation mit $1/B(0,t)$ wird der Gegenwert zur Zeit $t=0$ eines Verlustes der Höhe $V_a^+(X(t),t)$ zur Zeit t ermittelt. $B(t_1,t_2)$ bezeichnet den Wert einer Geldeinheit zur Zeit t_2, die zum Zeitpunkt $t_1 < t_2$ auf ein Konto deponiert wird, das zu jedem Zeitpunkt $t \in [t_1,t_2]$ mit der aktuellen Zinsrate $r(t)$ verzinst wird:

$$B(t_1,t_2) = \exp\left[\int_{t_1}^{t_2} r(s)ds\right]. \tag{3}$$

Der Zinssatz r bezeichnet den risikolosen Zinssatz.

Wenn der Portfolioverlust dL nicht mehr durch liquide Mittel gedeckt werden kann, muß das Eigenkapital V_0 der Finanzinstitution zur Deckung des Verlustes verwendet werden. Es gibt verschiedene Möglichkeiten, das notwendige Eigenkapital V_0 aus einem gegebenen Verlustprozeß dL zu bestimmen. Beispielsweise könnte V_0 durch

$$V_0 = \max_{t \in [0,T]} V_0(t) \tag{4}$$

mit dem kumulierten Verlust $\Delta L(X,t) = \int_t^{t+\Delta t} dL(X,t')$ und der Forderung

$$\text{Prob}\left\{\Delta L(X,t) > V_0(t)\right\} = \alpha \tag{5}$$

bei einem Vertrauensniveau $1-\alpha$ definiert werden. Es gibt weitere Möglichkeiten, das Eigenkapital V_0 zu definieren, die wir in Abschnitt 4 besprechen. Doch zuvor müssen wir die Möglichkeiten diskutieren, die Responsefunktion $S_a(X,t)$ zu modellieren.

3 Reaktionsverhalten

Das Kreditrisiko-Modell MICR berücksichtigt den Einfluß der Marktvariablen X auf die Ausfallintensität λ_a einzelner Kontrahenten a durch $S_a(X,t)$. Um S_a modellieren zu können, müssen wir die Marktrisiken X genauer spezifizieren. Wir spezialisieren uns auf den Geld- und Rentenmarkt. Wir sehen den Marktzinssatz r, der die kurzfristigen Einlagen im Geldmarktbereich betrifft, als einzige Marktvariable X an, die den Wert der

Kontrakte und die Ausfallwahrscheinlichkeit der Kontrahenten beeinflußt. Sicherlich müßten in einem realistischen Risikomanagementmodell weitere Einflußgrößen (wie zum Beispiel Aktienkurse, Wechselkurse oder makroökonomische Größen wie das Bruttosozialprodukt) berücksichtigt werden. Das hier vorgestellte Modell stellt einen ersten Schritt zu einem realistischeren Modell dar, der sich auf den wichtigen Bereich des Zinsmanagements beschränkt.

3.1 Modellierung

Ob die Insolvenzwahrscheinlichkeit eines Unternehmens a' durch einen Zinsanstieg steigt oder sinkt, hängt ab von den Kontrakten, die es abgeschlossen hat[11]. Wenn a' eine kurzfristige Anlageform gewählt hat, ist es dem Reinvestitionsrisiko ausgesetzt: Für a' ist es vorteilhaft, wenn die Zinsen steigen, da bei der Reinvestition des kurzfristig angelegten Kapitals eine höhere Rendite erzielt werden kann. Fallen die Zinsen jedoch, dann ergibt die Reinvestition einen niedrigeren Ertrag. Die Funktion $S_{a'}$ sollte in diesem Fall fallend im Zinssatz r sein, da für höhere Zinsen eine niedrigere Ausfallwahrscheinlichkeit des Unternehmens a' folgt.

Als typischen Fall sehen wir jedoch ein Unternehmen a an, das langfristige Investitionen getätigt hat. Beispielsweise könnte a eine Bank sein, die langfristige Kredite gewährt hat, die kurzfristig refinanziert sind. Auf kurze Sicht ist der Wert dieser Kredite unsicher (Bewertungsrisiko): Wenn die Zinsen steigen, sinkt der Marktwert dieser Kredite. Ein unerwarteter starker Anstieg der kurzfristigen Zinsen kann dazu führen, daß die Refinanzierungskosten für diese Kredite die Rendite übersteigen, die a durch die langfristigen Kredite erhält. Der Marktwert der Kredite sinkt unter die Zurückzahlungsverpflichtung, die a gegenüber den Kapitalgebern eingegangen ist. Es besteht die Gefahr der Insolvenz von a, wenn a eine große Zahl solcher Kredite begeben hat. Steigende Zinsen führen in diesem Fall zu einer Erhöhung der Ausfallwahrscheinlichkeit von a, so daß S_a eine steigende Funktion sein sollte.

Aufbauend auf diesen Überlegungen schlagen wir folgende Eigenschaften vor, die die Response-Funktion S_a des langfristig engagierten und kurzfristig finanzierten Kontra-

11 Aus der Sicht eines Unternehmens können die Zinsen als exogene Variable angesehen werden, vgl. Hellwig 1994. Wir setzen die Kontrakte, die das Unternehmen eingegangen ist, als fest gegeben voraus. Wir unterstellen weiterhin, daß ein eindeutiger Zusammenhang zwischen den Zinsen und der Ausfallwahrscheinlichkeit des Unternehmens existiert. Diese Unterstellung basiert auf der Annahme, daß die Änderung anderer (makro-) ökonomischer Größen, die sich zusammen mit den Zinsen ändern (vgl. Hellwig 1994), keinen wesentlichen Einfluß auf die Ausfallwahrscheinlichkeit haben.

henten a qualitativ erfüllen sollte[12]. Die Ausfallintensität S_a soll eine steigende Funktion des Zinssatzes r sein. Für $r \to \infty$ nehmen wir an, daß $S_a(r) \to \infty$ gelten wird, da bei sehr hohen Zinsen die Refinanzierungskosten so hoch werden, daß eine Insolvenz von a nicht vermeidbar ist. Für $r \to 0$ soll das Ausfallrisiko $S_a(r)$ nur noch durch einen idiosynkratischen Beitrag c_a gegeben sein, der die vom Zinssatz unabhängigen Anteil der Ausfallintensität S_a angibt, d.h. $S_a(r) \to c_a$ für $r \to 0$. Die Response-Funktion $S_{a'}$ eines anderen Kontrahenten a', der kurzfristig investiert hat, sollte für steigende Zinsen fallen.

Die einzige uns bekannte Untersuchung, in der eine funktionale Form für eine Response-Funktion explizit angenommen wird, wurde von Hull[13] ausgeführt. Hull wählt einen exponentiellen Ansatz für S_a und benutzt eine zeitabhängige affine Funktion des zeitlich gemittelten Zinssatzes im Exponenten. Er merkt an, daß die genaue funktionale Form willkürlich gewählt ist. Im Gegensatz zu Hull nehmen wir an, daß die Ausfallintensität $S_a(r(t),t)$ nur von dem Wert des Zinssatzes r zur Zeit t abhängig ist. Damit berücksichtigen wir nicht, daß es zeitlich verzögerte Auswirkungen des Zinssatzes $r(t')$ für $t'<t$ auf $S_a(r(t),t)$ geben könnte. Diese schwerwiegende Annahme steht im Gegensatz zu Beobachtungen, daß sich Veränderungen der Zinsstruktur nur verzögert auf die Insolvenzwahrscheinlichkeiten auswirken. Zum Beispiel führte der starke Zinsanstieg am Ende der achtziger Jahre erst drei bis vier Jahre später zu finanziellen Schwierigkeiten der schweizerischen Regionalbanken[14]. Jedoch zeigt der Fall des Hedge-Fonds LTCM, daß auch eine plötzlich auftretende extreme Situationen (in diesem Fall das russische Zahlungsmoratorium auf Staatsanleihen) eine sofortige Wirkung auf die Bonität eines Kontrahenten haben kann. Da wir uns auf die Untersuchung von „Worst-Cases" spezialisieren werden, halten wir die Annahme einer instantanen Auswirkung für tragbar. Wir sehen die Aufgabe dieser Annahme als eine Erweiterungsmöglichkeit der hier vorgestellten Arbeit an.

Wir modifizieren den Ansatz von Hull und erhalten[15]

$$S_a^e(r(t)) = S_a^e(r(0)) \exp[k_a(r(t) - r(0))], \tag{6}$$

12 In Abschnitt 5 untersuchen wir numerisch ein Portfolio mit den Kontrahenten $a = 1,\dots,N$ aus Sicht der Finanzinstitution FI. Wir nehmen an, daß wir die Responsefunktion jedes Kontrahenten a in diesem Portfolio unabhängig von den Positionen wählen können, die zwischen a und FI bestehen. Somit vernachlässigen wir das finanzielle Risiko, das diese Positionen für die Bonität von a bedeuten. Mit anderen Worten, wir klammern das durch die Finanzkontrakte mit FI bei a induzierte Kreditrisiko aus. Dies ist äquivalent zu der Annahme, daß die Restpositionen von a die wichtigsten Einflußgrößen für die Bonität von a sind.

13 Hull 1989.

14 Vgl. Staub 1998.

15 Eine Untersuchung anderer funktionaler Formen der Response-Funktionen findet sich in Barth 2000.

mit einer kontrahentenspezifischen Konstante k_a und dem Startwert $S_a^e(r(0))$ für die FI bekannte Ausfallintensität $S_a^e(r(t))$. Wir nennen k_a den *Response-Koeffizienten*. Er stellt den einzigen Parameter dar, der bei der Annahme der Form Gleichung (6) gewählt werden muß.

Bei der Wahl $k_a > 0$ wächst für steigende Zinsen die Ausfallintensität S_a^e. Für $r \to \infty$ gilt $S_a^e \to \infty$, für $r \to 0$ gilt $S_a^e \to c_a = S_a^e(r(0))\exp[-k_a r(0)]$. Dieses Verhalten entspricht einem Kontrahenten, dessen finanzielle Situation von steigenden Zinsen geschwächt wird. Hull betrachtet ausschließlich den Fall $k_a \geq 0$ und argumentiert, daß eine Erhöhung des Zinssatzes die Liquidität des betrachteten Kontrahenten verringert und somit die Ausfallwahrscheinlichkeit erhöht. Für $k_a < 0$ kehrt sich dieses Verhalten um, so daß steigende Zinsen eine fallende Ausfallintensität zur Folge haben. Somit wird durch einen Response-Koeffizienten $k_a < 0$ ein Kontrahent spezifiziert, bei dem der Zuwachs der Vermögenswerte aufgrund des Zinsanstieges die finanzielle Situation festigt.

3.2 Empirische Schätzungen

Die Verwendung der Response-Funktion Gleichung (6) setzt voraus, daß der Response-Koeffizient k_a bekannt ist. Wir beschreiben im folgenden die zur Verfügung stehenden Erkenntnisse, die zur Bestimmung von k_a verwendet werden können. Zuerst beschreiben wir empirische Untersuchungen des Zusammenhangs zwischen Zinsniveau und Ausfallwahrscheinlichkeit.

Longstaff und Schwartz[16], Duffee[17] und Düllmann et al.[18] untersuchen empirisch die Beziehung zwischen dem Corporate-Spread Y (der Renditedifferenz von Corporate Bonds gegenüber Staatsanleihen), der als Maß für das Ausfallrisiko des die Bonds emittierenden Unternehmens angenommen wird, und der aktuellen Marktzinsrate r. In allen drei Arbeiten wird die Korrelation zwischen Zinssatz r und Corporate-Spread Y durch eine Regression der Änderung des (absoluten) Spreads ΔY auf die Änderung des Zinssatzes Δr ermittelt. Longstaff und Schwartz und Duffee betrachten den US-amerikanischen Anleihenmarkt, während Düllmann et al. den deutschen Rentenmarkt untersuchen. Duffee und Düllmann et al. addieren eine Proxy-Variable für die Steigung der Zinsstrukturkurve.

---

16 Longstaff/Schwartz 1995.

17 Duffee 1996b.

18 Düllmann et al. 1999.

Allerdings ist der Corporate-Spread Y nicht allein von der erwarteten Ausfallwahrscheinlichkeit des betrachteten Unternehmens bestimmt. Um den Corporate-Spread Y als Proxy-Variable für die Ausfallwahrscheinlichkeit anzusehen, müssen Liquiditätseinflüsse, Steuern und industriesektorspezifische Effekte eliminiert werden. Duffee und Düllmann et al. sind sorgfältiger als Longstaff und Schwartz bei der Elimination anderer Determinanten.

Wir beschränken uns auf die Verwendung der Ergebnisse von Duffee. Duffee ermittelt einen signifikant negativen Regressionskoeffizienten b. Wir führen in Tabelle 1 nur die Ergebnisse des Koeffizienten der Untersuchung langfristiger Bonds auf. In Tabelle 1 wurden die über die Industriesektoren gemittelten Werte aufgelistet, die jeweils getrennt für verschiedene Industriesektoren bestimmt worden sind.

Rating	Aaa	Aa	A	Baa
lang	-0.112	-0.155	-0.194	-0.338
mittel	-0.068	-0.117	-0.098	-0.172
kurz	-0.094	-0.077	-0.098	-0.192

Tabelle 1: Ergebnisse von Duffee für den Regressionskoeffizienten b. Die Schätzung bezieht sich auf Bonds mit lang-, mittel- und kurzfristiger Fälligkeit, gemittelt über verschiedene Industriesektoren. Der betrachtete Zeitraum ist die Periode von Januar 1985 bis März 1995.

Die in Tabelle 1 wiedergegebenen Ergebnisse können wie folgt interpretiert werden: Bei einer Erhöhung von r um 100 Basispunkte wird der Spread Y *im Mittel* um $\Delta Y = b \times 100$ Basispunkte verringert. Eine Erhöhung des Zinssatzes hat damit eine Verringerung des Ausfallrisikos, das durch den Spread gemessen wird, zur Folge. Dieses Ergebnis konnte für ein Unternehmen a, das langfristige Anleihen emittiert hat, erwartet werden, da die Rendite des durch die Emission der Anleihen erhaltenen Kapitals bei wachsenden Zinsen steigt, die Höhe der zu leistenden Couponzahlungen jedoch konstant bleibt. Somit verbessert sich die finanzielle Situation von a. Ein Bewertungsrisiko besteht für a im umgekehrten Fall, wenn die Zinsen sinken sollten. Jedoch sollte sich die Situation für ein Unternehmen a', das kurzfristige Anleihen begeben hat, bei steigenden Zinsen verschlechtern, da nach dem Ablauf der Fristigkeit der kurzfristigen Anleihen Kapital zu schlechteren Konditionen beschafft werden muß. Dieser Effekt spiegelt sich allerdings *nicht* in den empirischen Untersuchungen von Duffee wieder: Für kurzfristige Anleihen ergibt sich auch ein negativer Koeffizient in Tabelle 1.

Jedoch können wir nicht unmittelbar von b auf k_a schließen, weil b sich auf *absolute* Änderungen des Zinssatzes der Bonds bezieht, während k_a sich auf *relative* Änderungen bezieht. Dies ist leicht ersichtlich, wenn wir die Änderung Δr in dem Zeitintervall $[t, t + \Delta t]$ als klein ansehen und die exponentielle Response-Funktion Gleichung (6) in faktorisierter Form darstellen und den Exponentialterm entwickeln:

$$\begin{aligned} & S_a(r(t+\Delta t), t+\Delta t) = S_a(r(t), t)(1 + k_a \Delta r + \ldots) \\ \Leftrightarrow \quad & \Delta S_a(r(t), t) = 1 + k_a S_a(r(t), t) \Delta r + \ldots \end{aligned} \tag{7}$$

Durch die Form des Koeffizienten $k_a S_a$ bezieht sich k_a auf die relative Veränderung von ΔS_a.

Wir behaupten nun, daß für die Veränderung der Corporate-Spreads ΔY nur der Marktpreis des Ausfallrisikos verantwortlich ist[19].
Wir identifizieren[20] daher die Spreads ΔY und ΔS_a. Dies führt zu der Beziehung $k_a S_a(r(t), t) = b$. Wir nehmen an, daß a eine durchschnittliche Firma des entsprechenden Industriesektors darstellt. Wenn wir einen durchschnittlichen Wert für S_a wählen, können wir aus b eine grobe Schätzung von k_a angeben. Wir benutzen als typische Werte für S_a die Ausfallintensitäten, die in Fons[21]für jede Ratingklasse von Moody's aufgeführt werden. Die Resultate sind in Tabelle 2 wiedergegeben.

Rating	Aaa	Aa	A	Baa
S_a (bp/Jahr)	7.3	9.1	19.6	49.6
b	-0.112	-0.155	-0.194	-0.338
k_a	-153	-170	-99	-69

Tabelle 2: Grobe Schätzungen des Response-Koeffizienten k_a, basierend auf den Ergebnissen für b für langfristige Anleihen der Untersuchung von Duffee und den mittleren Ausfallraten pro Jahr (siehe Fons, verwendet wurde die kumulative Ausfallwahrscheinlichkeit in 10 Jahren, die auf ein Jahr umgerechnet wurde).

Wir werden in den numerischen Untersuchungen in Abschnitt 5 für k_a Werte verwenden, die in dem Intervall [-32, 32] liegen. Der absolute Wert von k_a ist damit in allen Fällen niedriger als der von Duffee geschätzte Wert. Diese vorsichtige Verwendung der

19 Vgl. obige Diskussion und Duffee 1996b.

20 Wir sehen den Corporate-Spread als Proxy-Variable für die Ausfallwahrscheinlichkeit ΔS_a an. Durch diese Identifizierung $\Delta Y = \Delta S_a$ treffen wir implizit die Annahme, daß die Term-Struktur der Corporate-Spreads flach ist, da die Ausfallwahrscheinlichkeit ΔS_a nicht von einer Fälligkeit der Bonds abhängig ist. Diese Approximation ist gut für Bonds mit längeren Laufzeiten, vgl. Longstaff und Schwartz (1995).

21 Fons 1994.

Schätzung von Duffee ist dadurch begründet, daß wir nicht nur einen linearen funktionalen Zusammenhang für die Response-Funktion S_a verwenden, sondern auch stärker ansteigende Funktionen wie die Exponentialfunktion. Die Annahme einer funktionalen Form, die nicht einer linearen Form entsprechen, kann auf Basis der verwendeten ökonometrischen Untersuchungen nicht gerechtfertigt werden. Da bei einem quadratischen oder exponentiellen funktionalen Zusammenhang eine Änderung Δr zu einer größeren Änderung ΔY führen kann, ist diese vorsichtige Verwendung der Schätzungen für k_a notwendig.

4 Messung von Worst-Cases

Wenn die Kontrakte und Konditionen des Portfolios der Finanzinstitution FI festgelegt sind, kann sich FI gegen Kreditausfälle nur durch die Unterlegung mit Eigenkapital schützen. Im Falle eines Verlustes durch den Ausfall eines Kontrahenten müssen nötigenfalls aus dem Eigenkapital Mittel entnommen werden, um den Verlust zu kompensieren. Dadurch kann die Wahrscheinlichkeit der eigenen Zahlungsunfähigkeit verringert werden, die aufgrund der von Ausfällen verursachten Verluste eintreten könnte. Die Höhe des Eigenkapitals muß so beschaffen sein, daß ein Aufzehren des Eigenkapitals auch in ungünstigen Ausfallszenarien unwahrscheinlich ist.

Wir sehen die Berechnungsvorschrift für das Eigenkapital als ein Risikomaß an, das dem Ausfallpotential des Portfolios eine Maßzahl zuordnet. Es gibt vielfältige Möglichkeiten, ein solches Risikomaß zu definieren. Nicht nur das angestrebte Sicherheitsniveau spielt dabei eine Rolle, sondern auch die gewünschte Art der Vorsorge geht entscheidend ein. Wir diskutieren im folgenden verschiedene Risikomaße auf ihre Eignung, das notwendige Eigenkapital zu bestimmen, das auch in extremen Marktsituationen ausreichend ist. Wir nennen ein solches Maß daher ein Worst-Case-Risikomaß.

Den gemeinsamen Ausgangspunkt stellt der Verlustprozeß des Portfolios dar. Wie der Verlustprozeß modelliert wird, ist in diesem Abschnitt nicht entscheidend. Im Rahmen von MICR wurde Gleichung (2) abgeleitet, was ein Beispiel einer Vorschrift darstellt, wie die Positionen verschiedener Kontrahenten zu einem (diskontierten) Kreditverlustprozeß dL zusammengefügt werden können. Im Modell MICR wird der Kreditverlustprozeß durch die Marktrisikofaktoren gesteuert. Somit beziehen sich die Verlustmaße auf die Marktrisiken, d.h. ein Worst-Case-Verlustmaß bezieht sich im Rahmen von MICR auf eine extreme Realisation der *Markt*risiken, die für extreme Realisationen des Kreditverlustes verantwortlich sind. Jedoch stellt die Verwendung des Modells MICR keine notwendige Voraussetzung für die Anwendung der im folgenden entwickelten Verlustmaße dar.

4.1 Quantil-Maße

Wir diskutieren verschiedene Definitionen des Eigenkapitals, die sich aus Quantilen ableiten lassen. Wir wählen zwei dieser Maße aus, die für eine Worst-Case-Analyse geeignet erscheinen, wie sie in Abschnitt 5 ausgeführt wird. Anschließend werden qualitative Eigenschaften dieser beiden Maße untersucht.

Value-at-Risk Maß MQ: Die „klassische" Definition des Value-at-Risk basiert auf dem kumulierten Verlust[22] $\int_0^T dL(s)$ im Zeitintervall $[0,T]$. Nach Vorgabe eines Sicherheitsniveaus $q \in [0,1]$ wird das Eigenkapital $V_q^{VaR}[0,T]$ als die Kennzahl definiert, die der kumulierte Verlust nur mit Wahrscheinlichkeit $1-q$ überschreitet[23]:

$$\text{Prob}\left[\int_0^T dL(s) > V_q^{VaR}[0,T]\right] = 1-q\,. \tag{8}$$

In einer alternativen Interpretation kann $V_q^{VaR}[0,T]$ als diejenige Zahl angesehen werden, von der im Mittel erwartet werden kann, daß sie im Zeitraum $T/(1-q)$ einmal überschritten wird. Für die typische Wahl $T = 10$ Tage und $q = 0.99$ kann somit erwartet werden, daß das Eigenkapital $V_{0.99}^{VaR}[0,10d]$ in ungefähr vier (Handels-) Jahren einmal aufgezehrt sein wird.

Der kumulative Value-at-Risk $V_q^{VaR}[0,T]$ wird gewöhnlich benutzt, um Marktrisiken über einen kurzen Zeitraum (typisch sind zehn Tage, die in dem Basler Abkommen zur Bankenregulierung gefordert werden[24]) einzuschätzen. Allerdings müssen Kreditrisiken über längere Zeiträume betrachtet werden, die sich beispielsweise über zehn *Jahre* erstrecken können. In einem Zeitraum dieser Länge kann nach einem Kreditausfall, dessen Deckung einen Teil des Eigenkapitals benötigte, das Eigenkapital wieder aufgefüllt werden. Die Verwendung des kumulativen Value-at-Risk Gleichung (8) ist somit bei Kreditrisiken im Gegensatz zu Marktrisiken nicht mehr sinnvoll, da die Kreditrisiken über einen viel längeren Zeitraum verfolgt werden müssen.

---

22 Der Value-at-Risk für Marktrisiken wird meist auf die Profit-Loss-Verteilung bezogen, in der auch die Gewinne berücksichtigt sind. Im hier untersuchten Fall eines Value-at-Risks für Kreditrisiken ist jedoch nur der Bezug auf die Verluste sinnvoll.

23 Im Falle eines allgemeinen Prozesses X muß das Quantil X_q definiert werden durch die allgemeine Inversenbildung $V_q^X = \inf\{x|\text{Prob}[X > x] \geq 1-q\}$. Wir nehmen der Einfachheit halber an, daß der Verlustprozeß dL die einfachere Definition Gleichung (8) des Quantils zuläßt.

24 Vgl. Basler Ausschuß für Bankenaufsicht 1996.

Statt den Verlust dL über das ganze Zeitintervall $[0,T]$ zu kumulieren, könnte man auch den Value-at-Risk über ein kürzeres Zeitintervall $[t,t+\Delta t]\subset[0,T]$ mit $\Delta t>0$ definieren durch

$$\text{Prob}\left[\int_t^{t+\Delta t} dL(s) > V_q^{VaR}[t,t+\Delta t]\right] = 1-q\,. \tag{9}$$

Allerdings würde Δt eine weitere (firmenspezifische) Variable darstellen, die exogen vorgegeben und geschätzt werden muß. Um dieses Problem zu umgehen, approximieren wir Δt durch die infinitesimale Zeiteinheit dt. In dieser Approximation definieren wir das Eigenkapital $V_q^Q[t]$ durch[25]

$$\text{Prob}\left[dL(t) > V_q^Q[t]\right] \le 1-q\,, \tag{10}$$

wobei $V_q^Q[t]$ das q-Quantil der Verlustverteilung zur Zeit t darstellt. Das Quantil $V_q^Q[t]$ stellt eine obere Schranke für die Verluste zur Zeit t dar, die nur mit einer Wahrscheinlichkeit $1-q$ überschritten wird. In einer praktischen Implementierung, die notwendigerweise diskrete Zeit unterstellt, müssen wir anstelle von dt von einem endlichen Zeitintervall Δt ausgehen. Wir werden in Kapitel 5 $\Delta t=1$ Monat wählen.

Wenn wir das Eigenkapital $V_q^Q[t]$ mittels Gleichung (10) definieren, müssen wir eine Aussage treffen, an welchem Zeitpunkt $t\in[0,T]$ die Finanzinstitution FI den Wert $V_q^Q[t]$ auswerten soll. Um über das gesamte Zeitintervall $[0,T]$ mit einer Wahrscheinlichkeit q sicher zu sein, müssen wir das Eigenkapital $V_q^{MQ}[0,T]$ durch

$$V_q^{MQ}[0,T] = \max_{t\in[0,T]} V_q^Q[t] \tag{11}$$

wählen.[26] Wir bezeichnen $V_q^{MQ}[0,T]$ als den Spitzenverlust („peak loss"[27]). Der Spitzenverlust $V_q^{MQ}[0,T]$ kann mit Hilfe der Monte-Carlo Simulationstechnik numerisch ermittelt werden.

25 In Barth 2000 wird gezeigt, daß Gleichung (9) wohldefiniert ist.

26 Wir gehen davon aus, daß das Eigenkapital eine konstante Größe auf $[0,T]$ sein soll. Wenn wir eine zeitliche Variation des Eigenkapitals erlauben würden, könnten wir zu jeder Zeit $t\in[0,T]$ fordern, daß $V_q^Q[t]$ als Eigenkapital unterlegt sein soll, was eine kontinuierliche Anpassung des Eigenkapitals in $[0,T]$ erfordert. Wir untersuchen diesen Fall nicht, da uns der Worst Case im Zeitraum $[0,T]$ interessiert.

27 Vgl. Duffee 1996.

Natürlich führt $V_q^{MQ}[0,T]$ zu größeren Eigenkapitalanforderungen als ein zeitliches Mittel über $V_q^{Q}[t]$ für $t \in [0,T]$, das einen Durchschnittsverlust ergibt (vgl. Abschnitt 4.2). Aber im Gegensatz zu dem Durchschnittsverlust könnte V_q^{MQ} ein Maß sein, das empfindlich auf seltene Ausfallereignisse reagiert. Wir sehen V_q^{MQ} als Worst-Case-Maß an und untersuchen quantitative Eigenschaften dieses Maßes in Kapitel 5. Ein Worst-Case-Maß wie V_q^{MQ} muß nicht nur in Verbindung mit Eigenkapitalanforderungen gesehen werden, sondern auch im Kontext von Streß-Tests, die Eigenkapitalanforderungen in solchen Worst Cases überprüfen sollen.

Worst-Case Maß QM: Das Verlustmaß V_q^{MQ} stellt nicht die einzige Möglichkeit dar, ein quantilbasiertes Maß für das notwendige Eigenkapitals zu definieren. Wir können ebenso eine grundsätzlich andere Art der Zeitauswertung vornehmen. Statt zu jedem Zeitpunkt das Quantil der marginalen Verteilung des Prozesses zu berechnen und dann das Maximum dieser Quantile zu betrachten, können wir den maximalen Verlust *jeder Realisation* des Verlustpfades *dL(t)* auf $t \in [0,T]$ untersuchen[28]. Wir betrachten die Verteilung des pfadweisen Maximums des Verlustprozesses und bilden das Quantil dieser Verteilung:

$$\begin{aligned} &\text{Prob}\left[dL(t) > V_q^{QM}[0,T] \,\text{für ein}\, t \in [0,T]\right] \leq 1-q \\ \Leftrightarrow\; &\text{Prob}\left[\max_{t\in[0,T]} dL(t) > V_q^{QM}[0,T]\right] \leq 1-q. \end{aligned} \qquad (12)$$

Auf einem Sicherheitsniveau q sollte der Verlust dL für jede Realisation nicht größer sein als V_q^{QM}. Dieser ruintheoretische Zugang zum Eigenkapital wurde bislang im Kontext des Risikomanagements im Finanzmarktbereich nicht verfolgt.

Ebenso wie V_q^{MQ} sehen wir V_q^{QM} als ein Worst-Case-Maß an, da es sich durch die Maximumsbildung auf ein schlechtestes Ereignis bezieht. Der grundlegende Unterschied zwischen V_q^{MQ} und V_q^{QM} ist das Subjekt, auf das sich das Attribut „schlechteste" bezieht: Im Falle von V_q^{MQ} erstreckt sich die Maximumsbildung über die Quantile der Marginalverteilungen im Zeitraum $[0,T]$. Dem gegenüber bezieht sich die Maximumsbildung von V_q^{QM} auf die einzelnen Pfade der Realisationen des Verlustprozesses.

Grob gesprochen sind die Maximumsbildung und die Quantilberechnung beim ruintheoretischen Zugang Gleichung (12) gegenüber dem Spitzenverlust (Gleichungen (10) und

28 Albrecht 1998.

(11)) vertauscht. Dies ist der Grund für die Bezeichnungen V_q^{QM} und V_q^{MQ}, die wir im folgenden durch QM und MQ abkürzen. Da unterschiedliche mathematische Objekte adressiert sind, muß der unterschiedliche Charakter der Maximumsbildung und der Quantilberechnung beachtet werden. Wir diskutieren und interpretieren die unterschiedlichen Eigenschaften von MQ und QM im folgenden Abschnitt.

Eigenschaften von MQ und QM: Durch die Maße MQ und QM haben wir zwei Worst-Case-Maße definiert. Wir untersuchen in diesem Abschnitt die qualitativen Eigenschaften dieser beiden Maße. Eine quantitative Untersuchung mit ökonomischer Interpretation können wir erst in der numerischen Untersuchung in Abschnitt 5 durchführen.

Die Hauptschwierigkeit beim Umgang mit QM besteht in den Schwierigkeiten, die Maximumverteilung eines stochastischen Prozesses zu ermitteln. Nur im Falle des Wiener-Prozesses existiert ein analytisches Ergebnis.[29] Aber auch numerisch ist die Maximumverteilung nicht einfach zu bestimmen, da eine hohe zeitliche Auflösung der Diskretisierung des stochastischen Prozesses erforderlich ist.

Eine hohe zeitliche Auflösung ist auch bei der Bestimmung des Maßes MQ erforderlich. Diese Anforderungen stehen im Gegensatz zu der im Kreditrisikomanagement üblichen Praxis[30], den Kreditverlust nur in jährlichen Intervallen zu betrachten. Um MQ zu bestimmen, müssen wir die marginalen Verlustverteilungen an viel mehr Zeitpunkten auswerten. In Barth[31] wird die minimale zeitliche Auflösung charakterisiert, die notwendig ist, um im Rahmen der möglichen Rechengenauigkeit die Maße MQ und QM numerisch genau zu bestimmen.

Ohne exakte mathematische Beweise zu geben, diskutieren wir heuristisch im folgenden einige qualitative Eigenschaften von V_q^{QM} und V_q^{MQ}:

(i) Das Quantil der Verteilung des pfadweisen Maximums V_q^{QM} ist größer als das Maximum der Quantile V_q^{MQ}: Im Falle von V_q^{MQ} ist das q-Quantil bestimmt durch die Werte des Verlustprozesses zu einer *festen* Zeit, bei der der Quantilwert maximal ist. Die Wahrscheinlichkeitsmasse q bezieht sich auf eine marginale Verteilung. Dem gegenüber bezieht sich die Masse q im Falle des Maßes V_q^{QM} auf die Verteilung des pfadweisen Maximums im gesamten Zeitintervall $[0,T]$. Jede Ziehung aus

29 Vgl. z.B. Karatzas und Shreve 1988.
30 Siehe z.B. J.P.Morgan 1997.
31 Barth 2000.

der Maximumverteilung stellt ein Maximum des Prozesses dar, während eine Ziehung aus der marginalen Verteilung in der Regel kein Prozeßmaximum darstellt, auch wenn die marginale Verteilung mit dem größten Quantilwert ausgewertet wird.

(ii) Aus demselben heuristischen Argument von Punkt (i) folgt, daß

$$V_q^{QM}[0,T] \geq \max\left\{V_q^{QM}[0,t], V_q^{QM}[t,T]\right\} \tag{13}$$

für alle $t \in [0,T]$ gilt[32].

(iii) Um das Maß $V_q^{MQ}[0,T]$ zu bestimmen, müssen wir alle Quantile $V_q^Q[t]$ der marginalen Verteilungen zu allen Zeiten $t \in [0,T]$ berechnen. Dies hat den Vorteil, daß das Maß $V_q^{MQ}[t_1,t_2]$ auf einem kleineren Intervall $[t_1,t_2] \subset [0,T]$ ohne numerischen Mehraufwand berechnet werden kann, indem einfach das Intervall eingeschränkt wird, aus dem das Maximum über die Quantile bestimmt wird. Dies ist nicht möglich im Falle des Maßes V_q^{QM}, da nur die Maximumverteilung eingeht, die keine Informationen darüber enthält, wann ein pfadweises Maximum angenommen wurde. Mit anderen Worten, aus der Maximumverteilung des Prozesses auf $[0,T]$ kann nicht die Maximumverteilung desselben Prozesses auf $[t_1,t_2]$ abgeleitet werden. Eine neue Monte-Carlo Simulation wird dafür benötigt.

(iv) Der letzte Punkt (iii) stellt klar, daß es nicht möglich ist, aus dem Maß V_q^{QM} einen kumulativen Verlust oder eine obere Grenze für den kumulativen Verlust auf einem gegebenen Intervall $[t,t+\Delta t]$ abzuleiten. Im Falle des Maßes V_q^{MQ} kann dies leicht ausgeführt werden, in dem man über die Quantile V_q^Q integriert.

(v) Eine triviale Beziehung zwischen V_q^{QM} und V_q^{MQ} kann durch die Betrachtung infinitesimal langer „Pfade“ gewonnen werden:

$$\lim_{\Delta t \to 0} V_q^{QM}[t,t+\Delta t] = V_q^Q[t] = \lim_{\Delta t \to 0} V_q^{MQ}[t,t+\Delta t]. \tag{14}$$

Die Maße MQ und QM stimmen in diesem Limes überein.

32 Die Notation ist nicht präzise, da die explizite Notation einer Konditionierung auf den Startwert des Prozesses fehlt, auf den sich $V_q^{QM}[t,T]$ bezieht. Das Argument ist jedoch sowohl gültig, wenn $V_q^{QM}[t,T]$ auf einen Wert von $dL(t)$ konditioniert ist als auch wenn $V_q^{QM}[t,T]$ ohne Konditionierung betrachtet wird.

(vi) Das pfadweise Maximum ist subadditiv[33], d.h. für zwei Prozesse X und Y gilt

$$\max_{t\in[0,T]}(X(t)+Y(t)) \leq \max_{t\in[0,T]} X(t) + \max_{t\in[0,T]} Y(t), \tag{15}$$

weil die Maxima der einzelnen Prozesse X und Y zu unterschiedlichen Zeiten angenommen werden können. Allerdings überträgt sich diese Eigenschaft nicht auf das Quantil der Verteilung des pfadweisen Maximums V_q^{QM}, weil die Quantilbildung die Subadditivität nicht unterstützt. Das Maß QM ist daher nicht *kohärent.*[34]

(vii) Im Spezialfall einer konstanten Ausfallintensität kann für „übliche" Verlustmaße der Verlust als Produkt eines Exposuremaßes mit der kumulativen Ausfallwahrscheinlichkeit in dem betrachteten Zeitintervall ausgedrückt werden. Dies ist für QM und MQ im allgemeinen nicht möglich.

Wir erhalten aufgrund dieser Beobachtungen keinen Hinweis, ob das Maß QM sensitiver auf extreme Realisationen des Verlustprozesses reagiert als MQ, d.h. das QM gegenüber MQ unterschiedlich starke Belegungen der Verteilungsenden zuverlässiger und genauer mißt. Eine größere „Empfindlichkeit" in Bezug auf Worst Cases kann zu konservativeren Eigenkapitalforderungen führen. Wir überprüfen die Sensitivität der Maße QM und MQ numerisch in Abschnitt 5.

4.2 Andere Maße

Wir betrachteten im letzten Abschnitt das Quantil als spezielles Funktional, das der Definition der Verlustmaße MQ und QM zu Grunde lag. Wir stellen in diesem Abschnitt Maße vor, die nicht auf der Verwendung von Quantilen beruhen. Diese Maße sollen ebenfalls für eine Worst Case Analyse geeignet sein. Dazu diskutieren wir andere Funktionale F (z.B. den Erwartungswert), die analog zu der Behandlung der Quantile auf die marginalen Verteilungen oder die Maximumverteilung angewendet werden können.

Wie im Falle des Quantils gibt es auch bei der Betrachtung eines allgemeinen Funktionals F zwei Mechanismen, mit denen man die Worst Case Eigenschaft implementieren kann, wenn man einen kumulativen Zugang (analog zu Gleichung (8)) ausschließt. Die beiden Mechanismen unterscheiden sich in der Art der Zeitaggregation bzw. der Maximumsbildung: Die erste Möglichkeit besteht in der Betrachtung der marginalen Verteilungen des Verlustprozesses $dL(t)$ zu allen Zeiten $t \in [0,T]$. Wir wenden das Funktional

33 Das pfadweise Maximum konstituiert eine Norm auf dem Raum der möglichen Pfadrealisationen.

34 Vgl. Artzner et al. 1997.

F jeweils auf die marginale Verteilung zu jeder Zeit $t \in [0,T]$ an und wählen aus den ermittelten Werten das zeitliche Maximum aus. Die zweite Möglichkeit resultiert aus der Anwendung des Funktionals F auf die Maximumverteilung des Verlustprozesses.

Im letzten Abschnitt wählten wir das Quantil als Funktional. Das Quantil V_q^Q bezieht sich auf den kleinen Teil $1-q$ der Wahrscheinlichkeitsmasse, die die schwach besetzten Außenbereiche der Verteilung bestimmt. Da die Außenbereiche der Verteilungsfunktion die Höhe und Wahrscheinlichkeiten der gefährlichen Verluste bestimmen, kann das Quantil Anhaltspunkte über die Gefahr ungünstiger Realisierungen geben. Andere Funktionale wie der Erwartungswert oder die Varianz beziehen sich auf den (in der Regel) stark besetzten Mittelteil der Verteilung und sind daher als Maße für die seltenen Ereignisse in den „Tails" der Verteilung nicht geeignet. Auch wenn die Kurtosis Hinweise geben kann, daß die Verteilungsenden gegenüber der Normalverteilung stärker belegt sind, arbeitet dieses Maß nicht zuverlässig bei der Messung gefährlicher Tails[35].

Erwartungswert-Maß EM: Wir führen in den numerischen Untersuchungen in Kapitel 5 zusätzlich zu den Maßen MQ und QM ein Erwartungswert-Maß auf, um die Worst-Case-Maße an einem konventionellen Risikomaß als Referenz messen zu können. Wir wählen das Maß „EM", daß durch

$$V^{EM}[0,T] = \max_{t \in [0,T]} E\,[dL(t)] \tag{16}$$

definiert ist. Dieses Maß nimmt Bezug zu der Frage: Wie hoch kann der höchste erwartete Verlust für ein $t \in [0,T]$ ausfallen? Der erwartete Verlust spielt eine wichtige Rolle im Risikomanagement, obwohl der erwartete Verlust keinen Anhaltspunkt über die Wahrscheinlichkeit und Höhe außergewöhnlicher Verluste gibt, da der Erwartungswert primär durch den zentralen Teil der Verlustverteilung und nicht durch die Tails gegeben ist.

Shortfall-Maß TCE: Wir diskutieren ein Shortfall-Maß als letztes Beispiel für ein Funktional. Das Shortfall-Maß verwendet einen Erwartungswert, der sich durch eine Konditionierung nur auf den Außenbereich der (marginalen oder Maximums-) Verteilung bezieht. Dieses Shortfall-Maß bezeichnen wir durch „TCE" (Tail Conditional Expectation[36]). Wir untersuchen den Fall, bei dem wir das Shortfall-Maß auf die marginalen Verteilungen anwenden und anschließend das Maximum über $t \in [0,T]$ bilden:

---

[35] Vgl. Embrechts et al. 1997.

[36] Vgl. Embrechts et al. 1997.

$$V_q^{TCE}[0,T] = \max_{t\in[0,T]} E\left[dL(t)|dL(t) > V_q^Q[t]\right]. \tag{17}$$

Wir wenden das TCE-Maß nicht auf die Maximumverteilung an. Zu einem vorgegebenen Sicherheitsniveau q stellt in Gleichung (17) das Quantil $V_q^Q[t]$ der marginalen Verteilung des Verlustprozesses dL die obere Grenze dar, bis zu der Verluste als „normal" bezeichnet werden. Alle Verluste, die größer als $V_q^Q[t]$ sind, werden als außergewöhnliche schwere Verluste angesehen. Das TCE-Maß bildet den Erwartungswert nur über diese schweren Verluste.

Die Wahl der oberen Grenze als Quantil kann durch andere Definitionen ersetzt werden. Jedoch ergänzt das TCE-Maß mit einem Quantilwert $V_q^Q[t]$ als oberer Schranke in sinnvoller Weise den (im Risikomanagement oft verwendeten) Value-at-Risk-Zugang, der hier durch das Maß MQ modifiziert wiedergegeben ist: Das TCE-Maß gibt an, wie schwer ein Verlust ausfallen kann, wenn er eine vorgegebene Schranke überschritten hat. Diese für das Risikomanagement wichtige Information kann durch ein quantilbasiertes Value-at-Risk Maß nicht erhalten werden. Das TCE-Maß kann somit als Synthese zwischen dem rein quantilbasierten Value-at-Risk Zugang und dem Erwartungswert-Maß angesehen werden.

Aufgrund dieser Eigenschaft stellt das TCE-Maß ein Worst-Case-Maß dar, das sensitiv die Verteilungsenden messen kann. Man kann mit Hilfe des TCE-Maßes für ein festes t die Mean-Excess-Funktion[37] $q \to V_q^{TCE}[t] - V_q^Q[t]$ definieren, die alle für eine Untersuchung der Verteilungsenden notwendigen Informationen enthält. Wir werden die Mean-Excess-Funktion nicht weiter diskutieren, da wir uns auf einen festen Wert für q konzentrieren.

Artzner et al.[38] zeigen, daß quantilbasierte Maße (wie das konventionelle Value-at-Risk Maß, aber auch QM und MQ) nicht *kohärent* sind, d.h. im wesentlichen, daß sie eine Subadditivitätseigenschaft verletzen: Es kann im Falle der Quantilmaße QM und MQ möglich sein, durch die getrennte Verbuchung von Subportfolios eine kleinere Eigenkapitalforderung zu erhalten als bei der Betrachtung des Portfolios als Ganzes. Dagegen kann gezeigt werden, daß das Shortfall-Maß TCE ein kohärentes Maß bildet. Artzner et al. zeigen weiterhin, daß TCE das Maß mit der kleinsten Eigenkapitalforderung ist, das auch kohärent ist. Somit erscheint das Shortfall-Maß TCE besonders für das Risikomanagement geeignet.

37 Vgl. Embrechts et al. 1997.
38 Artzner et al. 1997.

Allerdings verwendet die Definition des quantilbasierten Maßes QM das pfadweise Maximum. Wie wir in Abschnitt 4.1 bemerkt haben, stellt das pfadweise Maximum eine Norm dar, so daß die Subadditivitätseigenschaft folgt. Analytisch können wir nicht überprüfen, ob durch die Verknüpfung des nicht-subadditiven Quantils mit der subadditiven Maximumsbildung ein Maß folgt, das subadditiv ist. Wir erwarten jedoch keine Subadditivität des Maßes QM und bestätigen dies durch numerisch ausgewertete Beispiele in Abschnitt 5, in dem die Maße QM, MQ, EM und TCE eingehend verglichen werden.

5 Numerische Studie

Auf Basis des Modells MICR und der Response-Funktionen für die Ausfallintensität S_a wenden wir in diesem Kapitel die Worst-Case Risikomaße an, um das Ausfallpotential eines Portfolios aus Zinsswap-Kontrakten numerisch zu untersuchen.

5.1 Motivation

Wir untersuchen in diesem Kapitel ein Portfolio, das nur aus Zinsswaps besteht. Warum betrachten wir Zinsswaps und keine anderen Finanzkontrakte? Zinsswaps bilden eines der wichtigsten Finanzderivate, die im ungeregelten Freiverkehr (OTC) gehandelt werden. Das Zinsmanagement basiert zu einem großen Teil auf der Verwendung von Swap-Kontrakten. Daher ist ein effizientes Kreditrisikomanagement dieser Kontrakte erforderlich.

Weiterhin wählen wir Zinsswaps, weil die Bestimmung des Kreditrisikos eines Zinsswaps aus drei Gründen repräsentativ ist für weitere derivative Finanzkontrakte: Erstens ist der Mark-to-Market-Wert eines Zinsswaps von der Entwicklung von Marktvariablen (hier des Zinssatzes) abhängig. Zweitens bestehen nur Forderungen auf die Zinsen des Nominalbetrages, so daß der alleinige Bezug des Eigenkapitals auf den Nominalwert nicht sinnvoll ist. Drittens kann der Wert des Zinsswaps positive und negative Werte annehmen: Bei Vertragsabschluß eines Swaps, der zu Beginn der Laufzeit den Wert Null haben soll („zu par“), ist nicht bekannt, welche Seite gegenüber dem Ausfall der anderen Seite exponiert sein wird. Da ein Portfolio aus Zinsswaps alle wesentlichen Eigenschaften eines realistischen Portfolios aus Zinsderivaten beinhaltet, ist die Berücksichtigung anderer Zinsderivate für eine exemplarische Studie des Modells MICR nicht nötig.

Wir nehmen an, daß sich alle Zinsswaps des Portfolios auf einem Zinssatz r beziehen. Durch diese Annahme berücksichtigen wir nicht, daß es verschiedene Risiko- bzw. Bonitätsklassen gibt, die unterschiedliche Risikoaufschläge erfordern. Man kann sich unter r den Marktzins auf eine sichere Anleihe mit unendlicher Laufzeit vorstellen. Diese Interpretation ist jedoch nicht notwendig, da im vorliegenden Kontext durch $r(t)$ der zur Zeit t zu zahlenden Zins $r(t)$ der paying-float Seite der Zinsswaps definiert ist.

Ein Zinsswap ist ein Beispiel für einen Kontrakt, bei denen der Kontrahent oft dann ausfällt, wenn der Kontrakt für die betrachtete Finanzinstitution FI einen großen Wert darstellt. Damit ist die Verwendung des Modells MICR sinnvoll, das diese Reagibilität der Ausfallwahrscheinlichkeit des Kontrahenten auf den Zinssatz durch die Modellierung der Response-Funktion berücksichtigt.

Ist die Betrachtung eines Zinssatzes als einzigem Marktrisikofaktor zu speziell? Wir können das Portfolio aus Zinsderivaten als Bestandteil eines größeren Portfolios ansehen, dessen Positionen wir nicht betrachten. Wir beschränken uns somit auf die Beobachtung eines Subportfolios und zeigen, welche Schäden durch das Kreditrisiko dieses Subportfolios verursacht werden können. Wir betrachten die Zinsswaps, die das Subportfolio bilden, somit nicht als Hedge-Instrumente, die andere Positionen des Portfolios absichern sollen.

Wir verfolgen durch die numerische Implementierung des Swap-Portfolios verschiedene Ziele:

- Welches Eigenkapital resultiert aus der Anwendung der Risikomaße QM, MQ und TCE? Welches Maß reagiert am sensitivsten auf das Vorhandensein stark belegter Außenbereiche der Verlustverteilung?

- Welches Eigenkapital muß für einen Kontrakt zurückgehalten werden, der zu einem schon bestehenden Portfolio hinzugenommen wird? Mit anderen Worten, um welchen Betrag muß das Eigenkapital für das Portfolio ergänzt werden? Ist das hinzuzufügende Eigenkapital für den zusätzlichen Kontrakt größer oder kleiner als das Eigenkapital, das benötigt wird, wenn der Kontrakt isoliert betrachtet wird? Wie hängt in dieser Situation die Höhe des zusätzlichen Eigenkapitals ab von der Anzahl der schon bestehenden Kontrakte und der Anzahl der Kontrahenten? Spielt die Subadditivität der Risikomaße eine Rolle?

- Wie wichtig ist die Berücksichtigung der Reagibilität der Ausfallwahrscheinlichkeit auf den Zinssatz durch das zugrundeliegende Modell MICR?

Bevor wir diese Fragestellungen untersuchen, besprechen wir im nächsten Abschnitt die Spezifikation der der Simulation zugrundeliegenden Modelle.

5.2 Spezifikation

Zinsstrukturmodell: Wir wählen als Zinsstrukturmodell, das die Dynamik des Zinssatzes r beschreiben soll, das Cox-Ingersoll-Ross Modell („CIR“[39]). Dieses Modell ist durch die folgende stochastische Differentialgleichung charakterisiert mit den Konstanten σ (Volatilitätsparameter), θ („Pullback“-Niveau) und κ („Pullback“-Konstante):

$$dr(t) = \kappa(\theta - r(t))dt + \sigma\sqrt{r(t)}dW(t)\,. \tag{18}$$

Dabei stellt W den Standard-Wiener-Prozeß dar.

Wir verwenden die Schätzung der Parameter κ, θ und σ von Duffee[40], die sich auf US-amerikanische Treasury-Bills im Zeitraum von 1959 bis 1992 stützen. Es resultierten folgende Werte: κ = 0.268, θ = 0.063 und σ = 0.082. Ein weiterer Parameter λ (der „Marktpreis des Risikos“), der im Modell von Cox et al.[41] notwendig ist, um das Modell vollständig zu spezifizieren und eine Bewertungsformel für die Zero-Bonds zu erreichen, wird von Duffee auf Null gesetzt. Wir verwenden durchgehend als Startwert das langfristige mittlere Zinsniveau $r(0) = \theta$. Wir legen der Untersuchung des Swap-Portfolios eine Zeitperiode von $T = 8$ Jahren zugrunde, wobei die Startzeit als $t = 0$ definiert wird.

Verwendete Swaps: Wir beschränken uns auf vier verschiedene Swaps, deren Charakteristiken in Tabelle 3 zusammengefaßt sind. Die halbjährlichen Zahlungen erfolgen für alle Swaps zu denselben Zeitpunkten. Der Nominalwert der Swaps ist auf 1 normiert. Das Portfolio besteht aus Positionen, die ein ganzzahliges Vielfaches dieser Kontrakte darstellen. Die Par-Rate ist die Swap-Rate $\bar{r}$, die als derjenige Zinssatz definiert ist, den die Zahlungen der paying-fixed Seite haben müssen, wenn der Swap zu Beginn der Laufzeit $t = 0$ den Wert Null haben soll. Wir modellieren Swap-Kontrakte, die schon vor dem Zeitpunkt $t = 0$ abgeschlossen worden sind, durch einen willkürlich gewählten Offset der Par-Rate, so daß diese Swaps bei $t = 0$ nicht den Wert Null haben.

---

39 Siehe Cox et al. 1985a und Cox et al. 1985b.
40 Duffee 1996a.
41 Cox et al. 1985b.

Swap	Par Rate	Offset	Fälligk.	Nom.	Zahl.Per.
# 1	6.35%	+0.5%	4 Jahre	1	halbjähr.
# 2	6.32%	0	6 Jahre	1	halbjähr.
# 3	6.29%	-0.4%	8 Jahre	1	halbjähr.
# 4	6.36%	+0.2%	3 Jahre	1	halbjähr.

Tabelle 3: Spezifikation der Zinsswaps, die in den numerischen Simulationen des Portfolios benutzt werden.

Wir nehmen an, daß der Wert des Swaps nicht von der Bonitätseinstufung des betrachteten Kontrahenten und der Finanzinstitution FI abhängt. Da bei einem Zinsswap der Nominalbetrag nicht ausgetauscht wird, ist diese Annahme für Zinsswaps gut zu rechtfertigen[42].

Portfoliowahl: Wir betrachten verschiedene Portfolios aus diesen vier Swap-Kontrakten. Wir beschreiben hier das Verfahren, mit dem wir den einzelnen Kontrahenten die Swap-Kontrakte zuordnen:

Das Kreditrisiko jedes Kontrahenten $a = 1, \ldots, N$ ist charakterisiert durch die Angabe seiner Bonität und des Response-Koeffizienten k_a, der die Sensitivität der Ausfallwahrscheinlichkeit von a gegenüber den Zinsen bestimmt. Für jeden Kontrahenten wird das Rating und der Response-Koeffizient unabhängig zufällig festgelegt.

Wir unterscheiden sechs Rating-Klassen, die den Bonitäts-Einstufungen Aaa, Aa, A, Baa, Ba und B der Rating-Agentur Moody's entsprechen sollen. Wir ordnen dem Kontrahenten a die seiner Rating-Klasse entsprechende Ausfallintensität $S_a(r(0),0)$ zu, die die Ausfallintensität zur Zeit $t = 0$ darstellt. In Abhängigkeit der Entwicklung des Zinssatzes $r(t)$ wird die Ausfallintensität $S_a(r(t),t)$ nach Gleichung (6) zeitlich variabel sein. Wir benutzen die Ausfallintensitäten, die in Duffie und Singleton[43] verwendet werden und auf Schätzungen von Moody's für den Zeitraum 1920-1997 beruhen. In Tabelle 4 sind diese Schätzwerte aufgeführt.

Rating	Aaa	Aa	A	Baa	Ba	B
Intensität (bp/Jahr)	0	9	9	32	146	442

Tabelle 4: Gemittelte Ausfallintensitäten in Basispunkten pro Jahr. Schätzung von Moody's für die Zeitperiode 1920-1997.

42 Vgl. Duffie und Huang 1996.

43 Duffie/Singleton 1998.

Jedem Kontrahenten *a* wird eine zufällige Anzahl jedes der vier verschiedenen Swap-Kontrakte zugeordnet, wobei short-Positionen (entsprechen der paying-fixed-Seite) und long-Positionen (entsprechen der paying-float-Seite) möglich sind. Eine vorher festgelegte Anzahl von Kontrakten darf bei jedem Kontrahenten *a* nicht überschritten werden. Wir wählen als diese Schranke sieben Kontrakte. Außerdem wurde die Prozedur darauf abgestimmt, daß nur wenige Kontrahenten gegenüber allen vier verschiedenen Swap-Kontrakten exponiert sind.

Die Prozedur verteilt die Kontrakte unter der Nebenbedingung, daß die Summe der Nominalwerte der Swap-Kontrakte einer Sorte über das gesamte Portfolio Null ergibt. Dabei zählen wir long paying-fixed Positionen mit positiven Nominalwert und long paying-float Positionen (entsprechen short paying-fixed Positionen) mit negativen „Nominalwert". Wir können somit die Finanzinstitution FI als Finanzintermediär ansehen, der keinem Marktrisiko ausgesetzt ist. Daher ist die hier angestellte ausschließliche Betrachtung des Kreditrisikos sinnvoll.

Simulationsverfahren: Wir berechnen auf Basis der nach dem Ito-Taylor-1.5-Schema[44] diskretisierten stochastischen Differentialgleichung Gleichung (18) einen zeitdiskreten Pfad $\{r(t_j)\}_{j=1,\ldots,N_D}$ über den Zeitraum $[0,T]$ mit der Anzahl der Disketisierungspunkten $N_D = T / \Delta t$. Dabei entspricht $T = 8$ Jahren. Wir verwenden durchgehend eine monatliche Auflösung[45], d.h. $\Delta t = 1/12$.

Nachdem ein Pfad des Zinssatzes $\{r(t_j)\}_{j=1,\ldots,N_D}$ simuliert worden ist, können wir auf Basis einer zeitdiskreten Version des Modells MICR

$$\Delta L(r(t_j),t_j) = \frac{1}{B(0,t_j)} \sum_{a=1}^{N} V_a^+(r(t_j),t_j) S_a(r(t_j),t_j) \Delta t \tag{19}$$

den Verlustpfad des Portfolios ermitteln. Für jeden simulierten Pfad des Zinssatzes $\{r(t)\}$ berechnen wir (i) die monatlichen Werte der vier Swaps $Z_i(t_j,T)$ (mit $i = 1,2,3,4$) und (ii) den Wert der Response-Funktion $S_a(r(t_j),t_j)$. Wir bestimmen das Exposure V_a^+ jedes Kontrahenten *a* durch Bestimmung des Nettowertes V_a der Summe aller Positionen, die mit *a* eingegangen worden sind. Anschließend wird das Exposure

---

44 Vgl. Kloeden und Platen 1992 und Barth 2000 für die Darstellung der numerischen Techniken.

45 In Barth 2000 wird detailliert untersucht, daß eine solche Auflösung nicht ausreichend ist, um ohne ein geeignetes Korrekturverfahren eine gute Approximation der Quantilmaße QM und MQ zu liefern. Aufgrund der starken Einschränkungen durch die Rechenleistung können wir jedoch keine höhere Auflösung wählen. Jedoch wurde in Barth 2000 im Falle des CIR-Prozesses festgestellt, daß die Werte, die für die Verlustmaße ME, MQ, QM und TCE auf monatlicher Basis bestimmt worden sind, zwischen 5% bis 10% unter den Werten liegen, die bei der Verwendung einer hinreichend genauen Auflösung ermittelt wurden.

$V_a^+(r(t_j),t_j)$ mit der monatlichen Ausfallwahrscheinlichkeit $S_a(r(t_j),t_j)$ multipliziert, um den Verlustpfad von Kontrahent a zu bestimmen. Die Verlustpfade aller Kontrahenten a werden addiert, um den Verlustpfad des gesamten Portfolios ΔL zu erhalten.

Dieses Verfahren wird wiederholt, wobei bei jedem Simulationslauf die monatlichen Werte des Zinssatzes, der Swaps und des Verlustprozesses gespeichert werden. Nachdem eine vorher festgelegte Anzahl von Simulationsläufen ausgeführt worden sind, werden aus den Daten die Verlustmaße EM, QM, MQ und TCE sowie die Konfidenzintervalle bestimmt.

5.3 Simulationen ohne Response

In diesem Abschnitt stellen wir alle Simulationsergebnisse vor, bei denen die Response-Stärke k_a für alle Kontrahenten a auf Null gesetzt worden ist, d.h. es gilt $S_a(r(t),t) =$ konstant. Die Ausfallwahrscheinlichkeit ist somit unabhängig von der Realisierung des Zinssatzes. Die Ergebnisse dieser Untersuchungen werden als Referenzfall betrachtet, wenn wir in Abschnitt 5.4 die Auswirkungen der Reagibilität der Ausfallwahrscheinlichkeit auf den Zinssatz diskutieren.

Abhängigkeit von der Portfoliowahl

Wir betrachten in diesem Abschnitt die Verlustmaße ME, MQ, QM und TCE, wenn sie auf vier verschiedene, durch denselben Mechanismus zufällig generierte Portfolios angewandt werden. Wir untersuchen vier Portfolios mit jeweils 50 Kontrahenten. Die Portfolios #1 bis #4 können als verschiedene Realisationen der zufälligen Generierungsmethode angesehen werden. Nach 1000 Realisationen des Zins-Prozesses werden die Risikomaße berechnet. Die Ergebnisse sind in Tabelle 5 aufgeführt[46].

[46] Die Konfidenzintervalle berechnen sich nach der in Barth 2000 beschriebenen Methodik.

Port.	ME	t_{max}	MQ	t_{max}	Konf.	QM	Konf.	TCE	t_{max}	#Real.
#1	0.15	18	0.33	18	[0.31, 0.34]	0.39	[0.37, 0.42]	0.38	24	1000
#2	0.09	24	0.23	24	[0.21, 0.26]	0.28	[0.26, 0.30]	0.28	24	1000
#3	0.16	18	0.38	23	[0.34, 0.43]	0.52	[0.49, 0.56]	0.50	24	1000
#4	0.08	18	0.21	18	[0.20, 0.23]	0.25	[0.24, 0.27]	0.26	18	1000

Tabelle 5: Risikomaße angewandt auf den Verlust verschiedener, zufällig generierter Portfolios (ohne Response). Die Werte sind in Basispunkten des Brutto-Nominalwertes des Portfolios angegeben. Die Maße MQ, QM und TCE beziehen sich auf ein 95%-Quantil, die aufgeführten Konfidenzintervalle auf ein 98% Vertrauensniveau. Die Zeit t_{max} gibt den Zeitpunkt an, an dem der Erwartungswert bzw. das 95%-Quantil bzw. der TCE-Wert der Marginalverteilung maximal ist.

Die Ergebnisse in Tabelle 5 sind folgendermaßen zu interpretieren, vgl. die detaillierte Beschreibung der Verlustmaße in Kapitel 4: ME gibt den höchsten erwarteten monatlichen Verlust innerhalb der Laufzeit $[0,T]$ an. Beispielsweise ist im Falle des Portfolios 1 der höchste erwartete monatliche Verlust 0.15 Basispunkte des Bruttonominalwertes des Portfolios. Der „Peak Loss" MQ ist eine obere Schranke für den höchsten monatlichen Verlust, die nur mit einer Wahrscheinlichkeit $q = 0.05$ überschritten wird: Mit 95%-iger Wahrscheinlichkeit ist der höchste monatliche Verlust im Falle von Portfolio 1 nicht größer als 0.33 Basispunkte. QM ist eine obere Schranke für den höchsten monatlichen Verlust pro Realisation der Zinspfades. Für jeden Zinspfad überschreitet der höchste monatliche Verlust den Wert QM nur mit der Wahrscheinlichkeit $q = 0.05$: Der maximale monatliche Verlust ist für jede Realisation des Zinspfades mit einer Wahrscheinlichkeit von 95% nicht höher als 0.39 Basispunkte. TCE gibt an, welcher Verlust erwartet wird, wenn er größer als das obere 95%-Quantil der Verlustverteilung ausfällt. Dabei wird der maximale monatliche Verlust bei Überschreitung des Quantils aufgeführt. Wenn der Portfolioverlust eines Monats das 95%-Quantil der Verluste dieses Monats überschreitet, wird im Falle von Portfolio 1 erwartet, das dieser Portfolioverlust maximal 0.52 Basispunkte beträgt.

Nach dieser Untersuchung identifizieren wir Portfolio #3 als das Portfolio, das (gemessen nach allen Maßen) das größte Ausfallpotential hat. Während jedoch das ME-Maß Portfolio #3 gegenüber Portfolio #1 nur einen um 7% erhöhten Wert zuordnet, beträgt dieser Zuwachs bei dem QM-Maß 33% und bei dem TCE-Maß 32%. Das MQ-Maß erhöht sich nur um 15%. Die Entscheidung, welches der Portfolios am risikobehaftesten ist, kann aufgrund der differenzierten Werte der Maße QM und TCE am besten getroffen werden. QM und TCE reagieren sensitiver auf die spezielle Portfoliostuktur als die Maße ME und MQ. Die größere Streuung der QM-Werte gegenüber der MQ-Werte haben wir in den theoretischen Überlegungen in Abschnitt 4.1 nicht vorhergesehen und stellt daher eine neue, vorläufige Erkenntnis dar, die wir bei den numerischen Untersuchungen dieser Portfolios unter Berücksichtigung der Reagibilität in Abschnitt 5.4 überprüfen werden.

Größenordnung: Warum sind diese Werte so klein? Ein Verlust in der Größenordnung von 0.33 Basispunkten erscheint als vernachlässigbar, aber (erstens) bezieht sich der Verlust auf den Brutto-Nominalwert des gesamten Portfolios, der sich aus der Summe der Nominalwerte aller Swaps berechnet, wobei kein Netting durchgeführt wird. Zweitens wird der Nominalwert im Falle der Zinsswaps nicht ausgetauscht und ist damit nicht ausfallgefährdet. Nur der Nettobetrag zwischen der festen und der variablen Zahlung ist ausfallgefährdet. Nach Duffie und Huang[47] beträgt der typische Spread bei Zinsswaps weniger als 1 Basispunkt. Drittens beziehen sich die verwendeten Maße auf den Verlust in einem kurzen Zeitintervall (bei der hier angewandten Diskretisierung beträgt dieses Zeitintervall einen Monat) und nicht auf die kumulierten Verluste in einen längeren Zeitraum. Die Maße ME, MQ und TCE beziehen sich auf den Monat, in dem die marginale Verlustverteilung am breitesten war bzw. die Verteilungsenden am stärksten belegt waren, während das QM-Maß sich auf den maximalen Verlust pro Monat jeder Realisation bezieht.

Variation der Größe des Portfolios

Skalierungseffekte: Hull[48] stellt die Hypothese auf, daß die Randbereiche der Verlustverteilungen von kleinen Portfolios stärker belegt sein sollten als bei großen Portfolios. Er führt diese Aussage auf die Diversifikation zurück, die in einem großen Portfolios deutlicher bemerkbar sein soll. Daher müßte das risikobasierte Eigenkapital für die Portfolios von kleinen Banken relativ zur Portfoliogröße gesehen größer sein als das Eigenkapital von großen Banken. Wir wollen diese Aussage überprüfen durch die Anwendung der Verlustmaße QM, MQ und TCE auf den Verlustprozeß, der von dem Modell MICR generiert wird. Als Nebenprodukt dieser Untersuchung können wir die Subadditivitätseigenschaft der Verlustmaße in Spezialfällen überprüfen.

Wir sehen die Portfolios #1, #2 und #3 aus Tabelle 5, die je 50 Kontrahenten umfassen, als kleine Portfolios an. Als großes Portfolio betrachten wir das aus diesen drei Portfolios zusammengesetzte Portfolio, das 150 Kontrahenten umfaßt. Die Maße ME, MQ, QM und TCE beziehen sich auf die relativen Verluste eines Portfolios, bezogen auf den Bruttonominalbetrag des Portfolios. Wir bilden den mit den Bruttonominalbeträgen ge-

47 Duffie/Huang 1996.
48 Hull 1989.

wichteten Mittelwert der in Tabelle 5 aufgeführten Maße für die Portfolios #1, #2 und #3, um ein Maß für die Schwere der Tails der kleinen Portfolios zu erhalten. Die auf diese Art ermittelten Maße werden durch AME, AMQ, AQM und ATCE bezeichnet. Wir vergleichen diese Werte mit den entsprechenden Verlustmaßen, die sich auf den Verlustprozeß des großen Portfolios beziehen. Der Verlustprozeß des großen Portfolios wurde aus den drei Verlustprozessen der einzelnen Portfolios #1, #2 und #3 additiv zusammengesetzt und wieder auf den Bruttonominalbetrag des großen Portfolios normiert, um den relativen Verlust zu erhalten. Wir bezeichnen[49] die Maße, die auf diesen Verlustprozeß angewendet wurden, durch MEA, MQA, QMA und TCEA.

	MEA	AME	MQA	AMQ	QMA	AQM	TCEA	ATCE
ohne	0.13	0.13	0.23	0.31	0.27	0.39	0.27	0.39

Tabelle 6: Auswirkungen der Portfoliogröße. Die Maße MQA, AMQ, QMA, AQM, TCEA und ATCE sind bezogen auf ein 95%-Quantil, die angegebenen Konfidenzintervalle beziehen sich auf ein 98% Vertrauensniveau. Die Werte sind in Basispunkten des Brutto-Nominalwertes des Portfolios angegeben.

Die Ergebnisse dieser Untersuchung sind in Tabelle 6 aufgeführt. Wir beobachten, daß $MEA \leq AME$, $MQA \leq AQM$, $QMA \leq AQM$ und $TCEA \leq ATCE$ gilt. Dies unterstützt die Aussage von Hull[50], da der Mittelwert der Verlustmaße der kleineren Portfolios („A....“) eine höhere Eigenkapitalforderung nach sich zieht als die Maße, angewendet auf den Verlustprozeß des großen Portfolios („....A“). Die aus den Maßen MQA, QMA und TCEA folgenden Eigenkapitalforderungen sind sogar kleiner als die Anforderungen, die aus der getrennten Anwendung dieser Maße auf die einzelnen Portfolios folgen (vgl. Tabelle 5). Wir können daher im Falle ohne Response die Aussage von Hull bestätigen. In Abschnitt 5.4 werden wir dieselbe Untersuchung im Falle mit eingeschalteter Response der Ausfallwahrscheinlichkeit auf den Zinssatz wiederholen.

Marginale Effekte und Subadditivität: Kann durch eine Aufteilung des Portfolios in Subportfolios die Eigenkapitalforderung verringert werden? Artzner et al.[51] stellen fest, daß das risikobasierte Eigenkapital, das durch ein quantilbasiertes Maß wie das Value-

---

49 Wir nehmen den gewichteten Mittelwert der Verlustpfade, um den relativen Verlustpfad des großen Portfolios zu erhalten. Grob gesprochen wurde die Mittelwertbildung mit der Anwendung der Maße ME, MQ, QM und TCE gegenüber der Anwendung bei den kleinen Portfolios vertauscht. Im Falle der kleinen Portfolios wurden zuerst die Maße ME, MQ, QM und TCE angewandt und dann der Mittelwert (*A*verage) gebildet, daher die Bezeichnungen AME, AMQ, AQM und ATCE. Im Falle des großen Portfolios wurde zuerst der Mittelwert der Verlustpfade gebildet und dann die Maße angewendet, daher die Bezeichnung MEA, MQA, QMA und TCEA.

50 Hull 1989.

51 Artzner et al. 1997.

at-Risk-Maß (bzw. MQ) bestimmt wurde, theoretisch diese unerwünschte Eigenschaft haben kann, die mit den Skalierungseffekten eng verwandt ist, die im vorigen Abschnitt behandelt wurden.

Wir überprüfen die Subadditivität im Zusammenhang mit dem marginalen Effekt, den die Hinzunahme eines Swap-Kontraktes zu dem Portfolio hat. Wir vergleichen die Eigenkapitalanforderung, die aus der separaten Behandlung des Portfolios und des „neuen" Swaps resultiert mit dem Eigenkapital, das für das Portfolio nötig ist, das den Swap schon einschließt. Wenn durch „M" symbolisch das Maß bezeichnet wird (d.h. $M = ME, MQ, QM$ oder TCE), durch „S" der Verlustprozeß des zusätzlichen Swaps und durch „P" der Verlustprozeß des restlichen Portfolios, dann sollte nach der Subadditivität gelten:

$$\begin{aligned} M(P+S) &\leq M(P) + M(S) \\ \Leftrightarrow M(P+S) - M(P) &\leq M(S). \end{aligned} \tag{20}$$

Der marginale Effekt $M(P+S) - M(P)$, den die Hinzunahme des Swaps S zu dem Portfolio P hat, sollte nach der Subadditiviät kleiner sein als das Kreditrisiko des Swaps $M(S)$ alleine.

Duffee[52] stellt die Hypothese auf, daß der marginale Effekt $M(P+S) - M(P)$ ein besseres Maß für das Kreditrisiko eines Kontraktes als $M(S)$ darstellt, da der Kontrakt in Bezug zu dem schon vorhandenen Portfolio gesehen wird. Duffee befürchtet, daß durch die „Stand-alone" Untersuchung des Kontraktes ein Sicherheitsmangel durch eine zu geringe Eigenkapitalanforderung entstehen könnte. Diese Warnung ist bei einem nichtkohärenten Maß wie dem Value-at-Risk Maß berechtigt. Da aber für ein kohärentes Maß die Subadditivität (Gleichung (20)) gilt, ist diese Befürchtung bei Verwendung eines kohärenten Maßes gegenstandslos.

52 Duffee 1996a.

Effekt	S-Rat.	ME	MQ	Konf.	QM	Konf.	TCE
M(P)	-	2.789	6.929	[6.490, 7.331]	8.215	[7.891, 8.888]	8.334
M(P)+M(S)	Aa	2.791	6.939	-	8.228	-	8.347
M(P+S)	Aa	2.791	6.929	[6.490, 7.331]	8.215	[7.891, 8.888]	8.342
M(S)	Aa	0.002	0.010	[0.008, 0.011]	0.013	[0.013, 0.014]	0.013
M(P+S)-M(P)	Aa	0.002	0.000	-	0.000	-	0.008
M(P)+M(S)	Baa	2.798	6.966	-	8.263	-	8.380
M(P+S)	Baa	2.797	6.942	[6.490, 7.344]	8.215	[7.920, 8.884]	8.360
M(S)	Baa	0.009	0.037	[0.031, 0.040]	0.048	[0.045, 0.051]	0.046
M(P+S)-M(P)	Baa	0.008	0.013	-	0.000	-	0.026
M(P)+M(S)	B	2.908	7.437	-	8.876	-	8.971
M(P+S)	B	2.904	7.227	[6.812, 7.631]	8.523	[8.028, 9.155]	8.707
M(S)	B	0.119	0.508	[0.429, 0.555]	0.661	[0.062, 0.070]	0.637
M(P+S)-M(P)	B	0.113	0.298	-	0.308	-	0.373

Tabelle 7: Marginale Effekte, den die Hinzunahme einer neuen Swap-Position S mit einem neuen Kontrahenten zu einem bestehenden Portfolio P hat. Der neue Kontrahent hat das Rating Aaa, Baa oder B. Es wurde keine Response der Ausfallwahrscheinlichkeit auf die Zinsen berücksichtigt. Die Werte sind absolute Verluste in Tausendstel des Nominalwertes. Die Maße MQ, QM und TCE beziehen sich auf ein 95%-Quantil, die aufgeführten Konfidenzintervalle auf ein 98% Vertrauensniveau. Die Zeit t_{max} gibt den Zeitpunkt an, an dem der Erwartungswert bzw. das 95%-Quantil bzw. der TCE-Wert der Marginalverteilung maximal ist.

Wir überprüfen die Subadditivität (Gleichung (20)) numerisch für die Maße EM, QM, MQ und TCE, indem wir zu einem bestehenden Portfolio (wir wählen Portfolio #4 aus Tabelle 5) einen neuen Kontrahenten hinzunehmen, der einen Swap hält (wir wählen Swap #3 aus Tabelle 3). Wir untersuchen als „neue" Kontrahenten verschiedene Unternehmen mit Moodys-Rating Aa, Baa und B. In Tabelle 7 sind die Ergebnisse aufgeführt.

Für alle Maße und alle Kontrahenten ist die Subadditivität erfüllt. Wir haben kein Gegenbeispiel gefunden, das die Subadditivität bei den quantilbasierten Maßen verletzt. In allen Fällen ist das Kreditrisiko des einzelnen Swap-Kontraktes größer als das Kreditrisiko des Swaps, wenn er in das Portfolio integriert ist. Wir untersuchen in Abschnitt 5.4, ob die Subadditivität auch erfüllt ist, wenn wir den Verlustprozeß des Portfolios unter Beachtung der Reagibilität untersuchen.

5.4 Simulationen mit Response

Im vorigen Abschnitt wurden die numerischen Untersuchungen ohne Beachtung der Auswirkungen des Zinsniveaus auf die Ausfallwahrscheinlichkeit der Kontrahenten $a = 1, \ldots, N$ ausgeführt. Das Modell MICR erlaubt jedoch die Berücksichtigung dieser Auswirkung durch die Modellierung einer Response-Funktion S_a, vgl. Gleichung (2). In diesem Abschnitt untersuchen wir das Modell MICR numerisch unter verschiedenen Spezifikationen dieser Response-Funktion, die die Reagibilität der Ausfallwahrscheinlichkeit auf die Zinsen beschreibt. Diese Untersuchungen sind entscheidend für die Einschätzung der Bedeutung der Response-Eigenschaft des Modells MICR für das Kreditrisikomanagement.

Abhängigkeit von der Responsestärke

Wir studieren in diesem Abschnitt die Auswirkungen verschiedener Responsekoeffizienten k_a, die bei der exponentiellen Response-Funktion (vgl. Gleichung (6)) die Stärke der Abhängigkeit der Ausfallwahrscheinlichkeit vom Zinsniveau r angibt.

Wir unterscheiden vier „Response-Klassen“ $i = 1,2,3,4$: Je eine Klasse mit einer leicht negativen ($k_1 = -1$), mit verschwindender ($k_2 = 0$), mit leicht positiver ($k_3 = +1$) und mit starker positiver Response-Stärkenkennzahl ($k_4 = +4$). Bei der Generierung des Portfolios wurde jeder Kontrahent in eine zufällig ausgewählte Response-Klasse i eingeteilt. Wenn Kontrahent a sich in der Response-Klasse i befindet, dann gilt für seinen Response-Koeffizienten $k_a = kk_i$, wobei wir die absolute Response-Stärke $|k_a|$ durch die Multiplikation der Klassenkennzahl k_i mit einem Skalierungsfaktor k variieren. Wir wählen für den Skalierungsfaktor $k = 0, 2, 4, 6, 8$, so daß in allen Fällen $k_a \in [-32, 32]$ gilt. Dies ist eine vorsichtige Wahl für die absolute Response-Stärke, da aus den empirischen Schätzungen (siehe Abschnitt 3) höhere absolute Werte für die Response-Stärke folgen können.

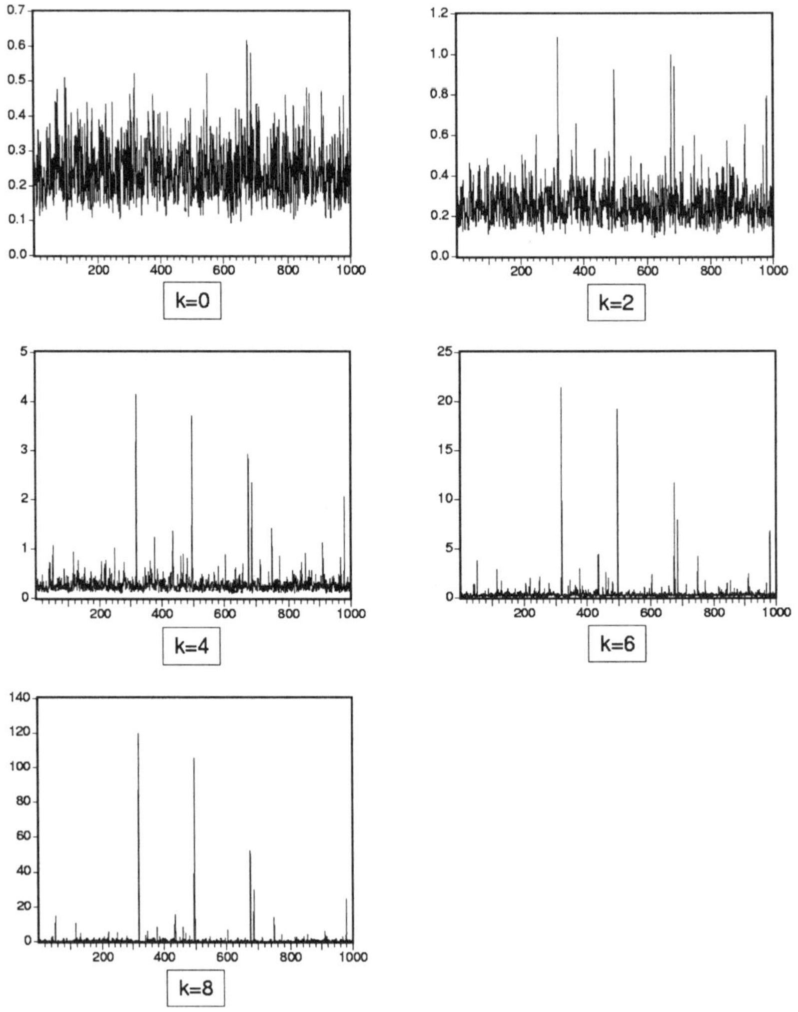

Abbildung 1: Der (diskontierte) maximale Verlust jeder Realisation des Verlustpfades wurde aufgetragen gegen die Nummer der Realisation. Der Verlust wurde in Basispunkten des Bruttonominalwertes des Portfolios angegeben. Dabei wurde die Reponse-Stärke $k = 0, 2, 4, 6, 8$ variiert und die exponentielle Reponse-Funktion (Gleichung (6)) verwendet. Alle Abbildungen beruhen auf denselben Realisationen des Zinsprozesses.

Wir untersuchen 1000 Realisationen des Zinsprozesses und berechnen die entsprechenden Realisationen des Verlustprozesses von Portfolio #1 (siehe Tabelle 5), wobei wir für jede Einstellung des Skalierungsfaktors der Response-Stärke $k = 0, 2, 4, 6, 8$ einen eigenen Verlustprozeß berechnen. Um einen qualitativen Eindruck der Auswirkung der Response-Stärke zu vermitteln, sind in Abbildung 1 der diskontierte (pfadweise) maximale Verlust jeder Realisation aufgetragen. Für jede Einstellung der Response-Stärke wurde ein eigenes Diagramm gewählt. Die aufgetragenen Daten entsprechen der Maximumverteilung, aus der das Maß QM ermittelt wird. Die anderen Maße ME, MQ und TCE beruhen auf der „maximalen" marginalen Verteilung, die in Abbildung 1 nicht angegeben ist.

Verschiedene vorläufige qualitative Beobachtungen können bei der Betrachtung von Abbildung 1 gemacht werden:

(i) Es existiert ein „Grundniveau" des maximalen pfadweisen Verlustes. Dieses Grundniveau ($\approx$ 0.2 bis 0.3 Basispunkte des Nominalwertes) könnte einem erwarteten maximalen Verlust entsprechen, wenn nur gewöhnliche Marktsituationen betrachtet werden. Das Grundniveau scheint von der Höhe der Response-Stärke unbeeinflußt zu sein.

(ii) Wenn die Reagibilität nicht berücksichtigt ist ($k = 0$), sind die Enden der Verteilung nicht stark belegt. Bei wachsender Response-Stärke ändert sich diese Situation jedoch: Das Grundniveau bleibt unverändert, aber die Peaks werden deutlich höher. Die Belegung der Enden der Maximumverteilung der Verluste wächst somit bei steigender Response-Stärke.

(iii) Die Diagramme von Abbildung 1, die die Verluste bei starker Response-Stärke $k \geq 4$ darstellen, ähneln Abbildungen, bei denen im aktuariellen Kontext die Schadenshöhe gegenüber der Zeit auftragen ist (beispielsweise die Höhe der Schäden, die durch Feuer entstanden sind[53].

(iv) Nicht alle auffallenden Peaks, die in dem Diagramm für $k = 0$ erscheinen, stellen bei eingeschalteter Response auch die herausragenden Peaks dar. Die Reponse-Stärke ist damit kein einfacher (exponentieller) Skalierungsfaktor des Verlustprozesses.

---

53 Siehe Embrechts et al. 1997.

Abs. Resp. k	0	2	4	6	8
Max. Verl. (Bp/Nom): #603	0.34	0.32	0.32	0.31	0.36
Max. Verl. (Bp/Nom): #604	0.27	0.41	0.89	2.38	7.09

Tabelle 8: Vergleich der maximalen Verluste desselben Portfolios für zwei Realisationen bei variierter Response-Stärke k. Angaben in Basispunkten des Nominalwertes.

Wir wiederholten diese Untersuchung für die ersten drei der zufällig generierten Portfolios aus Tabelle 5. Für jedes dieser Portfolios bleiben die qualitativen Beobachtungen dieselben. Allerdings verschiebt sich das Grundniveau der maximalen Verluste.

k	Port.	ME	ME'	MQ	MQ'	Konf.	QM	QM'	Konf.	TCE	TCE'
0	#1	0.15	1.00	0.33	1.00	[0.31, 0.34]	0.39	1.00	[0.38, 0.42]	0.38	1.00
0	#2	0.09	1.00	0.23	1.00	[0.21, 0.26]	0.28	1.00	[0.26, 0.30]	0.29	1.00
0	#3	0.16	1.00	0.38	1.00	[0.34, 0.43]	0.52	1.00	[0.49, 0.56]	0.50	1.00
2	#1	0.15	1.00	0.33	1.00	[0.31, 0.35]	0.41	1.05	[0.40, 0.44]	0.41	1.08
2	#2	0.10	1.11	0.25	1.09	[0.23, 0.30]	0.37	1.32	[0.35, 0.42]	0.37	1.28
2	#3	0.17	1.06	0.48	1.26	[0.39, 0.55]	0.77	1.48	[0.70, 0.87]	0.70	1.40
4	#1	0.16	1.07	0.34	1.03	[0.31, 0.38]	0.54	1.38	[0.49, 0.63]	0.53	1.39
4	#2	0.11	1.22	0.32	1.39	[0.27, 0.40]	0.61	2.18	[0.56, 0.71]	0.56	1.93
4	#3	0.20	1.25	0.63	1.66	[0.49, 0.75]	1.35	2.60	[1.18, 1.68]	1.35	2.70
6	#1	0.17	1.13	0.38	1.15	[0.30, 0.45]	0.91	2.33	[0.77, 1.20]	1.06	2.79
6	#2	0.14	1.56	0.44	1.91	[0.34, 0.59]	1.14	4.07	[0.94, 1.48]	1.00	3.44
6	#3	0.32	2.00	0.85	2.24	[0.59, 1.15]	2.68	5.15	[2.24, 3.31]	3.96	7.92
8	#1	0.28	1.86	0.51	1.55	[0.39, 0.68]	1.79	4.59	[1.46, 2.81]	3.50	9.21
8	#2	0.20	2.22	0.65	2.82	[0.45, 0.82]	2.40	8.57	[1.77, 3.40]	2.22	7.66
8	#3	0.93	5.81	1.30	3.42	[0.84, 1.89]	5.32	10.23	[4.53, 7.11]	15.70	31.40

Tabelle 9: Verlustmaße für die Portfolios #1, #2, #3 bei variierender Response-Stärke k. Im Falle von Portfolio #1 wurden 1026 Realisationen ausgeführt, bei Portfolio #2 1010, bei Portfolio #3 1000. Die Werte sind in Basispunkten des Brutto-Nominalwertes des Portfolios angegeben. Die Maße MQ, QM und TCE beziehen sich auf ein 95%-Quantil, die aufgeführten Konfidenzintervalle auf ein 98% Vertrauensniveau. Die Angaben ME‘ etc. stellen die relative Steigerung des jeweiligen Verlustmaßes gegenüber dem Fall ohne Response dar.

Um die Stärke der Belegung der Verteilungsenden quantitativ zu messen, wenden wir die Verlustmaße ME, MQ, QM und TCE auf die Verluste der drei Portfolios an. Wir stellen in Tabelle 9 die Resultate dar. Wir tabellieren außerdem die relative Steigerung ME' etc. gegenüber dem Wert des jeweiligen Maßes, das auf den Verlustprozeß ohne Response angewendet wurde. Dieses Verhältnis sehen wir als Maß für die Sensitivität an, mit der das Maß auf die schwereren Tails reagiert, die durch die wachsende Response-Stärke verursacht worden sind. Aufgrund dieser Tabelle können wir entscheiden, welche der Maße geeignet sind, Worst Cases zu messen:

ME: Das Maß ME reagiert erst bei der stärksten Reponse-Stärke $k = 8$ deutlich auf das Vorhandensein stärker besetzter Verteilungsenden. Für $k < 8$ variiert das ME-Maß nur wenig und ist daher als Maß für Worst Cases nicht geeignet, weil es keine ausreichende Sensitivität aufweist.

MQ: Es ist überraschend, daß das Value-at-Risk Maß MQ, das auf den Quantilen der marginalen Verteilungen beruht, genauso insensitiv reagiert wie das Maß ME. Selbst bei $k = 8$ sind die Auswirkungen der stark besetzten Verteilungsenden gering.

QM: Schon bei geringen Response-Stärken k reagiert das QM-Maß sensitiv auf das Vorhandensein stärker belegter Verteilungsenden. Bei jedem Portfolio ist die Variation des Maßes QM zwischen geringerer Response-Stärke und höherer Response-Stärke deutlich größer als bei den Maßen ME und MQ. Daher erscheint QM besser geeignet, das Vorhandensein einer größeren Wahrscheinlichkeit für stärkere Verluste quantitativ genau messen zu können.

TCE: Das Shortfall-Maß TCE reagiert ähnlich sensitiv wie das Maß QM. Allerdings zeigt das TCE-Maß im Falle von Portfolio #3 einen deutlich stärkeren Ausschlag bei Response-Stärke $k = 8$ als das Maß QM. Dies ist ein Anzeichen, daß das TCE-Maß auch gefährliche Belegungen der äußersten Verlustverteilungsenden anzeigen kann.

Wir schließen aus dieser Untersuchung, daß die Maße QM und TCE als Worst-Case-Maße gut geeignet erscheinen, während die Maße ME und MQ nicht sensitiv genug reagieren. Überraschend ist das schlechte Abschneiden des Value-at-Risk Maßes MQ, das im Risikomanagement oft verwendet wird. Es erscheint angebracht, bei Ermittlung des risikobasierten Eigenkapitals durch ein Value-at-Risk Maß eine ergänzende Betrachtung des Short-Fall Maßes TCE durchzuführen.

Variation der Größe des Portfolios

Wie im Fall ohne Response (vgl. Abschnitt 5.3) untersuchen wir Skalierungseffekte und die Subadditivitätseigenschaft. Wie im vorigen Abschnitt 5.4 berechnen wir die Verlustprozesse mit verschiedenen Response-Stärken, die durch den Skalar $k = 0, 2, 4, 6, 8$ variiert wird.

Skalierungseffekte: Um die Skalierungseffekte zu untersuchen, bestimmen wir einerseits den gewichteten Durchschnitt der Verlustmaße, um ein Maß für die Schwere der Tails der kleinen Portfolios #1, #2, #3 zu erhalten („A....“) und andererseits die Verlustmaße, angewandt auf den relativen Verlustprozeß des großen Portfolios, um ein Maß für die Belegung der Verteilungsenden des großen Portfolios zu bestimmen („....A“). Die Ergebnisse sind in Tabelle 10 aufgeführt.

k	MEA	AME	MPA	AMP	PMA	APM	TCEA	ATCE
0	0.13	0.13	0.23	0.31	0.27	0.39	0.27	0.39
2	0.14	0.14	0.26	0.35	0.34	0.50	0.33	0.48
4	0.15	0.16	0.33	0.42	0.57	0.80	0.54	0.78
6	0.19	0.21	0.46	0.54	1.14	1.51	1.51	1.90
8	0.43	0.45	0.74	0.79	2.87	3.03	5.92	6.73

Tabelle 10: Skalierungseffekte für verschiedene Response-Stärken k. Die Maße AMQ, MQA, AQM, QMA, ATCE und TCEA sind bezogen auf ein 95%-Quantil. Die Werte sind angegeben in Basispunkten des Brutto-Nominalwertes des gesamten Portfolios.

Stets ergibt die Anwendung eines Verlustmaßes auf den (relativen) Verlustprozeß („....A“) des großen Portfolios eine kleinere Eigenkapitalanforderung als der Mittelwert der Maße („A....“) im Falle der kleinen Sub-Portfolios. Dieses Ergebnis zeigt, daß ein großes Portfolio Diversifikationsvorteile gegenüber kleinen Portfolios hat.

Allerdings sind die Maße MQA (oder QMA, TCEA) nicht (wie im Falle ohne Response) für alle Sub-Portfolios kleiner als MQ (oder QM, TCE) der Sub-Portfolios. Dies ist auf die große Variation zwischen den Ergebnissen bei den Portfolios #1, #2 und #3 zurückzuführen. Beispielsweise ist Portfolio #3 (das das am stärksten durch Ausfälle bedrohte Portfolio darstellt) im großen Portfolio hauptverantwortlich für die schweren Verteilungsenden bei starker Response $k = 8$, so daß der relative Verlust des großen Portfolios größer ist als die relativen Verluste der Portfolios #1 und #2. Trotzdem ist die Auswirkung der Diversifikationseffekte deutlich bemerkbar, so daß wir die Hypothese von Hull[54] nicht falsifizieren können.

54 Hull 1989.

Effekt	Rat.	ME	MQ	Konf.	QM	Konf.	TCE
M(P)	-	3.66	9.01	[7.21, 12.00]	22.57	[18.12, 34.39]	25.54
M(P)+M(S)	Aa	3.68	9.07	-	22.84	-	25.87
M(P+S)	Aa	3.67	9.07	[7.26, 12.10]	23.19	[18.40, 34.84]	25.74
M(S)	Aa	0.02	0.06	[0.04, 0.07]	0.28	[0.20, 0.44]	0.32
M(P+S)-M(P)	Aa	0.01	0.06	-	0.62	-	0.20
M(P)+M(S)	Baa	3.73	9.22	-	23.55	-	26.69
M(P+S)	Baa	3.71	9.22	[7.28, 12.30]	23.56	[18.84, 36.18]	26.23
M(S)	Baa	0.07	0.21	[0.13, 0.26]	0.98	[0.71, 1.55]	1.15
M(P+S)-M(P)	Baa	0.05	0.21	-	1.00	-	0.69
M(P)+M(S)	B	4.63	11.88	-	36.11	-	41.49
M(P+S)	B	4.33	11.86	[8.39, 14.30]	33.10	[27.58, 52.61]	35.07
M(S)	B	0.97	2.87	[1.84, 3.64]	13.54	[9.80, 21.45]	15.95
M(P+S)-M(P)	B	0.67	2.85	-	10.54	-	9.53

Tabelle 11: Marginale Auswirkungen der Hinzunahme einer neuen Swap-Position. Das Rating des neuen Kontrahenten *a* ist Aa, Baa oder B. Der Kontrahent *a'*, der diesen neuen Swap hält, hat eine starke positive Reagibilität ($k_{a'} = k4$). Die Werte sind absolute Verluste in Tausendstel des Nominalwertes. Die Maße MQ, QM und TCE beziehen sich auf ein 95%-Quantil, die aufgeführten Konfidenzintervalle auf ein 98% Vertrauensniveau. Die Zeit t_{max} gibt den Zeitpunkt an, an dem der Erwartungswert bzw. das 95%-Quantil bzw. der TCE-Wert der Marginalverteilung maximal ist.

Marginale Effekte und Subadditivität: Wir studieren wie im Fall ohne Response (siehe Abschnitt 5.3) die Subadditivitätseigenschaft (Gleichung (20)) unter Berücksichtigung der Reagibilität der Ausfallwahrscheinlichkeit. Wir betrachten einen Swap mit einem zusätzlichen Kontrahenten *a'*, der nicht an dem bisher untersuchten Portfolio beteiligt war (wir wählen erneut Portfolio #4 und Swap #3). Die Bonität von *a'* nimmt die (Moody-)Ratings Aa, Baa oder B an. Wie die anderen Kontrahenten des Portfolios hat *a'* eine exponentielle Response-Funktion (Gleichung (6)), wobei wir einen starken negativen Response-Koeffizienten -4 unterstellen, so daß $k_{a'} = k(-4)$ gilt. Die Ergebnisse sind in Tabelle 11 wiedergegeben. Wir machen zwei wichtige Beobachtungen:

Erstens: Die Subadditivitätseigenschaft ist im Falle des quantilbasierten Maßes QM verletzt. Die Eigenkapitalanforderung, die sich bei getrennter Betrachtung des neuen Kontrahenten ergibt, ist in zwei Fällen (Rating Aa und Baa) geringer als bei der Ermittlung im Kontext des schon bestehenden Portfolios. FI könnte durch eine separate Buchung des neuen Kontrahenten *a'* die Eigenkapitalanforderung senken. Die Warnung von Duffee[55], die die Gefahr der Unterschätzung des Ausfallpotentials bei einer separaten Buchung des Kreditrisikos eines Kontraktes betrifft, kann aufgrund dieses Beispiels für nicht-kohärente Maße unterstrichen werden. Dagegen haben wir kein Gegenbeispiel gefunden, um die Kohärenz von MQ zu widerlegen. Das Maß TCE ist nach Artzner et al.[56] ein kohärentes Maß, was mit den Ergebnissen dieser Untersuchung übereinstimmt: In keinem Fall ist der marginale Effekt größer als der „Stand-alone"-Effekt, so daß für kohärente Maße die Warnung von Duffee[57] nicht angebracht ist.

Zweitens: Wir stellen fest, daß ein einzelner Kontrakt das Kreditrisiko des ganzen Portfolios bedeutend beeinflussen kann, wenn dieser Kontrakt von einer gefährlichen Gegenpartei gehalten wird. Im Falle des schlechten Ratings B der Gegenpartei, deren Kreditrisiko zudem sehr sensitiv auf das Zinsniveau reagiert, bewirkt der einzelne zusätzliche Kontrakt, daß das ME-Maß um 18%, MQ um 31%, QM um 46% und TCE um 36% ansteigt. Diese hohen Steigerungen lassen auf ein gut diversifiziertes Portfolio schließen, zu dem ein schlechtes Risiko hinzugenommen wird.

6 Zusammenfassung und Schlußfolgerung

In der vorliegenden Arbeit wurde eine Methodik vorgestellt, mit der das Kreditrisiko eines Portfolios aus marktabhängigen Finanzkontrakten abgeschätzt werden kann. Dabei sollte insbesondere der Einfluß der Marktrisiken auf das Ausfallpotential der einzelnen Vertragspartner in extremen Marktsituationen berücksichtigt werden. Die Methodik setzt sich aus drei Bausteinen zusammen:

Der *erste Baustein* ist die Quantifizierung des Kreditverlustes des Portfolios. Dazu wurde ein Prozeß modelliert, der die Verluste durch Ausfälle von Vertragspartnern in einer gegebenen Marktsituation darstellt. Im speziellen Fall, in dem ein Zinssatz das einzige Marktrisiko darstellt, berücksichtigt eine exponentielle Reaktionsfunktion den Einfluß dieses Marktrisikos auf das Ausfallrisiko.

Der *zweite Baustein* besteht in der Entwicklung und Diskussion von Worst-Case-Risikomaßen, die das Eigenkapital bestimmen, das auch in sehr ungünstigen Marktsituationen ausreichend ist. Neben dem Value-at-Risk-Maß wird ein Maß betrachtet, das als Quantil der Verteilung des pfadweisen Maximums definiert ist und bisher nicht im Risikomanagement verwendet wird. Weiterhin wird ein Shortfall-Maß untersucht, das als Erwartungswert der Verluste definiert ist, die eine gewisse Schranke überschreiten.

55 Duffee 1996a.
56 Artzner et al. 1997.
57 Duffee 1996a.

Der *dritte Baustein* besteht in der quantitativen Untersuchung der Auswirkungen der Stärke der Responsefunktion auf das Ausfallpotential eines Beispielportfolios aus Zinsswaps. Die Worst-Case-Risikomaße werden auf die Realisationen des Verlustprozesses angewandt, um das Eigenkapital zu ermitteln. Der Schwerpunkt liegt auf dem Vergleich der Ausfallhöhe, die sich bei Berücksichtigung der Responseauswirkung ergibt, mit der Ausfallhöhe ohne Response.

Für das Kreditrisikomanagement des Portfolios ergeben sich folgende wichtige *Resultate*: Erstens macht sich die Response des Kreditrisikos auf die Marktrisiken besonders in extremen Marktsituationen bemerkbar. Das Kreditrisiko wird in diesen Worst-Case-Situationen deutlich erhöht, während sonst das Kreditrisiko annähernd unverändert bleibt. Aus dieser Feststellung folgt, daß das Kreditrisikomanagement eines Portfolios von marktabhängigen Finanzkontrakten nicht losgelöst von den Marktrisikofaktoren betrachtet werden kann.

Zweitens zeigt das Value-at-Risk-Maß die Auswirkung der Response auf das „schlechte" Verteilungsende der Portfolioverluste *nicht* zuverlässig an. Das Eigenkapital, das auch in extremen Marktsituationen ausreichen soll, wird durch das Value-at-Risk-Maß deutlich unterschätzt. Dagegen messen das auf der Maximumsverteilung des Verlustprozesses basierende Maß und das Shortfall-Maß das erhöhte Risiko für große Kreditverluste zuverlässiger. Aus der Anwendung dieser beiden Maße ergibt sich ein höheres Eigenkapital als bei Verwendung des Value-at-Risk-Maßes, da das erhöhte Ausfallpotential in extremen Marktsituationenen im Gegensatz zu dem Value-at-Risk-Maß durch diese beiden Maße angezeigt wird.

Beide Ergebnisse führen zu deutlich höheren Eigenkapitalforderungen als der traditionelle Value-at-Risk-Ansatz unter der Annahme der Unabhängigkeit von Markt- und Kreditrisiken. Dies liegt zum einen daran, daß die Unabhängigkeitsannahme von Markt- und Kreditrisiken in extremen Marktsituationen nicht gültig ist, da durch das Marktrisko ein stark erhöhtes Kreditrisiko induziert wird. Der andere Grund ist, daß das Value-at-Risk-Maß wichtige Elemente des Risikos wie die Höhe der Verluste vernachlässigt, die eine obere Schranke überschritten haben.

Ein Problem bei der praktischen Anwendung der vorgestellten Methodik wird die Beschaffung von Daten über das Responseverhalten der einzelnen Vertragspartner sein. Weiterhin sind die Eigenkapitalforderungen bei Verwendung der Worst-Case-Maße stark abhängig von der Wahl dieser Responseparameter. Daher werden Finanzinstitutionen die Eigenkapitalforderungen nicht direkt umsetzen wollen, da die Datenbasis zu unsicher ist. Jedoch eignet sich die Methodik für *systematische Streß-Tests*: Unter der Hypothese eines bestimmten Responseverhaltens können die Auswirkungen der extremen Marktsituationen mit Hilfe der Worst-Case Maße systematischer untersucht werden als bei der Auswertung der Portfolioverluste unter ad-hoc gewählten Crash-Szenarien. Die Frage nach der Höhe der möglichen Verluste in extremen Situationen, die den eigentlichen Sinn eines Streß-Tests darstellt, kann so besser beantwortet werden.

Die bankaufsichtliche Behandlung von Kreditderivaten im Lichte eines aktiven Kreditportfoliomanagements

von

Hans-Peter Burghof / Sabine Henke / Bernd Rudolph

1 Problemstellung

Es gibt nur wenige privatwirtschaftliche Unternehmen, die mit vergleichbarer Intensität durch den Staat reguliert werden wie die Kreditinstitute. Ursache für die intensive staatliche Regulierung ist die Furcht, der Konkurs von Banken könne zum Zusammenbruch des Finanzsystems führen und dadurch großen gesamtwirtschaftlichen Schaden verursachen. Die Deregulierungen der vergangenen Jahre waren daher an den Finanzmärkten mit einer intensiven Reregulierung verbunden, die insbesondere in der Vorgabe strenger und technisch immer weiter ausgereifter Eigenkapitalvorschriften ihren Ausdruck fand. Die technische Entwicklung der Normen muß dabei einerseits den Neuerungen an den Märkten und im Risikomanagement der Institute folgen, um ihre Wirksamkeit aufrechtzuerhalten.[1] Andererseits kann die Frage, welche Eigenkapitalanforderungen für das Halten eines bestimmten Finanztitels entstehen, für dessen Markterfolg ausschlaggebend sein. Die Finanzinstitute belasten nämlich Finanztitel, aus denen ihnen Eigenkapitalanforderungen entstehen, mit den Opportunitätskosten einer zusätzlichen Eigenkapitalaufnahme. Ohne die Nachfrage dieser wichtigsten Finanzmarktakteure ist aber jede Finanzinnovation zum Scheitern verurteilt.

Die Relevanz der aufsichtlichen Behandlung für den Markterfolg gilt in besonderem Maße für Kreditderivate. Diese Finanzinnovationen entfalten ihren Nutzen für Kreditinstitute gerade aus der Möglichkeit, Teile der bisher relativ illiquiden Kreditrisiken zu veräußern und auf diesem Wege das ökonomische Eigenkapital der Banken zu optimieren. Der Einsatz von Kreditderivaten im Risikomanagement setzt jedoch eine angemessene bankaufsichtliche Behandlung voraus, da andernfalls die Verpflichtung zum Vorhalten regulatorischen Eigenkapitals in Konflikt mit der Optimierung des ökonomischen Eigenkapitals gerät. Während aber das benötigte ökonomische Eigenkapital aus der Analyse der Risikoposition der Gesamtbank und damit aus dem Risikogehalt des Einzeltitels im Portfoliozusammenhang abzuleiten ist, erfolgt die Ermittlung des regulatorischen Kapitals nach den heute gültigen Eigenkapitalvorschriften separat für einzelne Risikokategorien und im Falle des Kreditrisikos sogar für den isolierten Einzeltitel.

Die stark beschränkte Liquidität von Kreditpositionen und eine relativ homogene Zusammensetzung der Kreditportfolios der Banken ließen die Schwächen der Eigenkapitalanforderungen in der Vergangenheit als tragbar erscheinen. Durch die neue Handelbarkeit von Kreditrisiken werden sie aber schonungslos aufgedeckt. Die traditionellen Eigenkapitalnormen erfassen für jeden sichtbar nicht die tatsächliche Risikowirkung der Kreditportefeuillegestaltung mit Kreditderivaten und schaffen dadurch Anreize zu einem ineffizienten Management der Kreditrisiken, die teilweise auch den bankaufsichtlichen Grundintentionen entgegenlaufen. Der nächste Entwicklungsschritt bankaufsichtli-

1 Vgl. Burghof 1998, S. 103-118.

cher Eigenkapitalnormen müßte daher darin bestehen, den Neuerungen des Kreditrisikomanagements zu folgen und neue Techniken zur Abbildung der Kreditrisiken im Portfoliozusammenhang zur Anwendung zu bringen.

Ziel dieses Beitrages ist es, die Reaktion der Bankaufsichtsbehörden auf diese neue Situation zu analysieren und kritisch zu würdigen. Dabei stehen die Vorgaben des deutschen Bundesaufsichtsamtes für das Kreditwesen (BAKred) und die Vorschläge des Basler Ausschusses für Bankenaufsicht im Zentrum der Betrachtung. Erstere bilden das geltende Recht für die bankaufsichtliche Behandlung von Kreditderivaten bei deutschen Kreditinstituten, letztere zeigen die mutmaßliche zukünftige Entwicklung der bankaufsichtlichen Behandlung von Kreditrisiken allgemein und von Kreditderivaten im besonderen. Beide werden auf die Berücksichtigung von Risikozusammenhängen im Portfoliokontext, d.h. auf die Behandlung von Hedging- und Diversifikationseffekten im Kreditrisikobereich hin geprüft. Dieser Untersuchung der aufsichtlichen Haltung gegenüber Kreditderivaten in Abschnitt 3 wird in Abschnitt 2 eine Darstellung der Grundstrukturen von Kreditderivaten und der Perspektiven für einen Einsatz dieser Instrumente im Kreditportfoliomanagement vorangestellt, um die ökonomische Bedeutung von Kreditderivaten deutlich zu machen.

2 Kreditderivate als Instrumente eines aktiven Kreditportfoliomanagements

2.1 Definition und Konstruktionsmerkmale von Kreditderivaten

Bei Kreditderivaten wird die Auszahlung im Gegensatz zu herkömmlichen derivativen Finanzinstrumenten nicht an die Marktrisiken eines Referenzaktivums, sondern an dessen Kreditrisiko gekoppelt. Da das Kreditrisiko so von der zugrundeliegenden Kreditposition und den mit ihr verbundenen Zinsänderungs- und sonstigen Marktrisiken separiert werden kann, erlauben Kreditderivate ein Aufschnüren des Basisinstrumentes mit dem Ziel einer Neubündelung und Weitergabe des Kreditrisikos. Auch bei Kreditderivaten bilden Optionen, Forwards bzw. Futures sowie Swaps die Basisbausteine aller Konstruktionen. Mögliche Referenzaktiva sind Anleihen und Kredite oder synthetische Kreditrisikopositionen, bspw. ein Counterparty-Exposure oder ein Index.[2]

Gemäß einer Marktumfrage der British Bankers' Association können unter den zahlreichen Ausprägungsvarianten von Kreditderivaten Credit Default Swaps, Total Return Swaps und Credit Default Linked Notes als die derzeit wichtigsten Grundformen identi-

2 Vgl. Burghof/Henke/Rudolph 1998, S. 278.

fiziert werden.[3] Allerdings gewinnen auch andere Strukturen, insbesondere Credit-Spread-Produkte und Basket-Konstruktionen, zunehmend an Bedeutung:

	Ende 1997	2000 (Schätzung)
Credit Default Products	52 %	38 %
Total Return Swaps	16 %	13 %
Credit Linked Notes	14 %	17 %
Credit Spread Products	13 %	21 %
Basket Products	5 %	11 %

Abbildung 1: Die wichtigsten Kreditderivate-Produkte im Überblick

Bei *Credit-Default-Produkten* ist die Auszahlung vom Eintritt eines Ausfalls (Default) beim Referenzaktivum abhängig. Zumeist wird ein Credit-Default-Produkt so strukturiert, daß der Sicherungsgeber (Risikokäufer) gegen Erhalt einer einmaligen oder periodischen Prämie die Verpflichtung übernimmt, im Falle eines Defaults eine Ausgleichszahlung an den Sicherungsnehmer (Risikoverkäufer) zu leisten. Diese Konstruktion bezeichnet man in der Regel als Credit Default Swap, häufig aber auch als Credit Default Option, da strittig ist, ob es sich um eine Option oder einen Swap handelt. Das BAKred bezeichnet sie als Credit Default Swap, ordnet sie aber aufgrund ihrer asymmetrischen Zahlungs- und Risikostruktur als Option ein.[4]

Im Mittelpunkt der vertraglichen Gestaltung des Credit Default Swaps steht die Abgrenzung des Defaults und die Definition der Ausgleichszahlung. Um den Ausfall des Referenzaktivums möglichst lückenlos abzudecken, werden in der Regel mehrere Kreditereignisse (Credit Events) miteinbezogen, z.B. die Eröffnung eines Konkursverfahrens, die Zahlungsunfähigkeit, die Nichteinlösung einer fälligen Zahlungsverpflichtung oder eine Ratingherabstufung.[5] Als Ausgleichszahlung kann im Rahmen eines Cash Settlements die Differenz zwischen dem Nominalbetrag des Underlyings und seinem nach dem Ausfall gültigen Marktwert oder ein fixer Prozentsatz des Nominalbetrages vereinbart werden. Eine Alternative ist die Zahlung des Nominalwertes gegen Lieferung des Underlyings. Zu beachten ist, daß der Transfer des Ausfallrisikos bei Abschluß eines Credit Default Swaps lediglich in Höhe des vereinbarten Betrages und für die vertraglich vereinbarten Kreditereignisse wirksam ist.

3 Vgl. British Bankers' Association 1998.

4 Vgl. Bundesaufsichtsamt für das Kreditwesen 1999. Die britische Aufsichtsbehörde "Financial Services Authority" behandelt den Credit Default Swap hingegen auch als Swap-Kontrakt. Vgl. Financial Services Authority 1999, CD Section 2, S. 3.

5 Vgl. International Swaps and Derivatives Association 1998, S. 4.

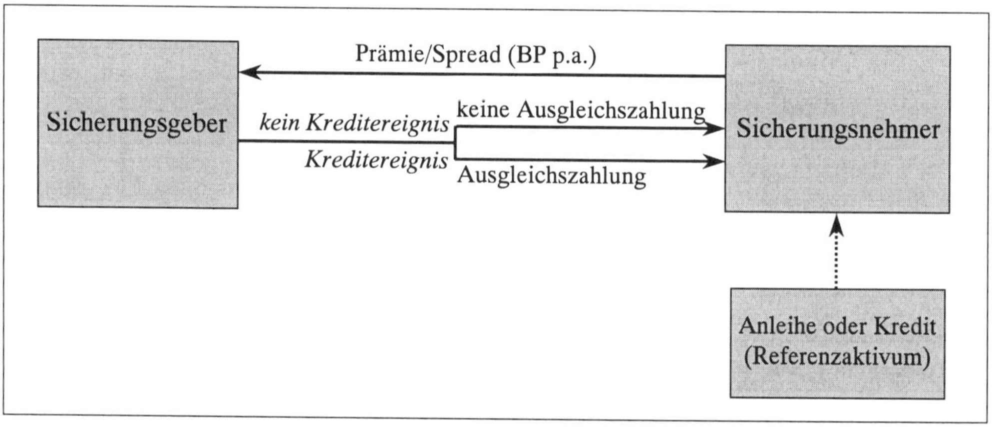

Abbildung 2: Credit Default Swap

Bei einem *Total Return Swap* ist die Auszahlung direkt an die Wertveränderung des Referenzaktivums gekoppelt und somit unabhängig vom Eintreten bestimmter Kreditereignisse. Gegen Zahlung von synthetischen Refinanzierungskosten in Form eines zumeist variablen Zinssatzes leitet der Sicherungsnehmer die gesamten wirtschaftlichen Erträge des Referenztitels, d.h. Kupons und Marktwertänderungen, an den Sicherungsgeber weiter.[6] Bei Eintritt eines vertraglich vereinbarten Ausfallereignisses wird der Swap mit einer abschließenden Ausgleichszahlung vorzeitig abgewickelt. Der Sicherungsgeber übernimmt mithin eine synthetische Position im Underlying. In Abhängigkeit davon, ob ein Zinsswap in den Total Return Swap integriert ist, werden nur das Bonitätsänderungsrisiko des Schuldners des Referenzaktivums oder zusätzlich auch mit dem Referenztitel verbundene Zinsrisiken transferiert.[7]

6 Vgl. Reoch/Masters 1996, S. 7.

7 Sonstige Marktrisiken, wie z.B. Währungsrisiken, werden hier vernachlässigt.

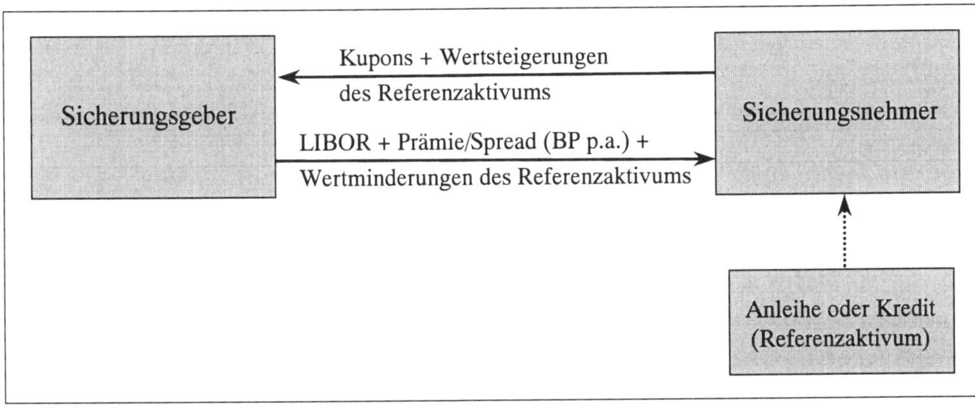

Abbildung 3: Total Return Swap

Bei *Credit-Spread-Produkten* knüpft die Auszahlung an den Credit Spread eines Referenztitels, der als Zinsspanne zwischen dem kreditrisikobehafteten Referenztitel und einer quasi-risikolosen Benchmark (bei ansonsten gleichen Konditionen und gleicher Laufzeit) oder als Aufschlag auf einen entsprechenden LIBOR-Satz ermittelt wird. Eine Ausweitung des Credit Spreads entspricht hier einer Verschlechterung der Kreditqualität des Referenzschuldners.[8]

Kreditderivate können mit Anleihen zu bilanzwirksamen strukturierten Wertpapieren verknüpft werden. Die einfachste Form einer sog. *Credit Linked Note* ist die Kombination eines Credit Default Swaps mit einer Schuldverschreibung. Die Tilgung der vom Sicherungsnehmer emittierten Anleihe ist abhängig vom Ausfall des Referenzaktivums. Tritt kein Default ein, so wird die Anleihe regulär zum Nominalbetrag zurückgezahlt. Bei Default hat der Sicherungsgeber die Wertminderung des Referenzaktivums in vereinbarter Höhe zu tragen und erhält demzufolge lediglich einen um Wertverluste des Referenztitels verminderten Tilgungsbetrag.[9]

---

8 Zu den Eigenschaften des Credit Spreads und zur Gestaltung von Credit-Spread-Produkten vgl. bspw. Longstaff/Schwartz 1995 und Das 1998, S. 29-32.

9 Die obige Darstellung der Credit Linked Note ist stark vereinfacht, um die grundlegenden Zusammenhänge zu verdeutlichen. In der Regel wird - ähnlich wie bei Asset Backed Securities - ein Special Purpose Vehicle zwischen Investoren und Sicherungsnehmer geschaltet. Zur Gestaltung von Credit-Linked-Note-Emissionen und ihren Vorteilen im Vergleich zu Kreditderivaten vgl. bspw. J.P. Morgan 1999, S. 23-26 oder Nelken 1999, S. 43-48.

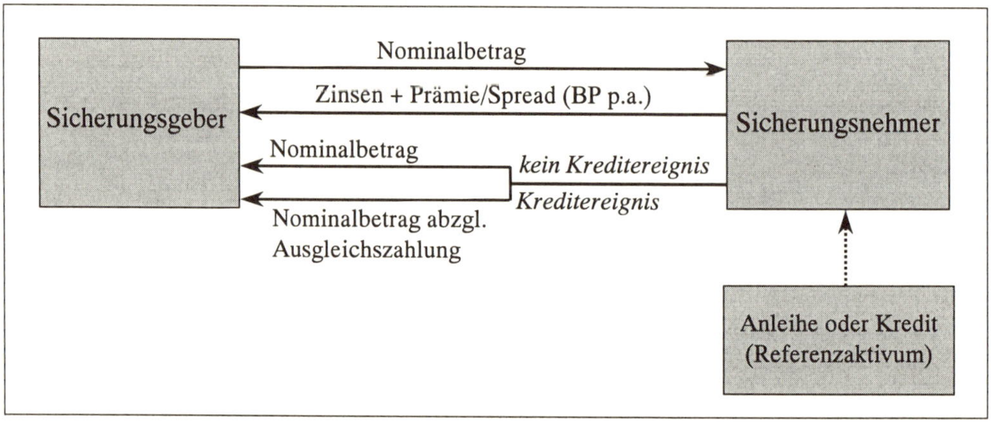

Abbildung 4: Credit Linked Note

Die Abgrenzung von *Basket-Produkten* gegenüber anderen Kreditderivaten basiert nicht auf der Unterscheidung nach unterschiedlichen Kreditrisikomeßgrößen (Credit Default versus Total Return versus Credit Spread) und nach der Bilanzwirksamkeit der Instrumente (Kreditderivate versus Credit Linked Notes), sondern auf einer weiteren Systematisierungsebene. Basket-Produkte beziehen sich nicht auf ein einzelnes Underlying, sondern auf einen ganzen Korb ausgewählter Referenztitel. Die Auszahlung eines Basket-Kreditderivates kann entweder proportional an das Kreditrisiko aller Titel des Baskets (Green-Bottle-Strukturen) oder an den ersten Ausfall einer der im Korb enthaltenen Kreditpositionen (First-to-Default-Strukturen) geknüpft werden.[10] Basket-Konstrukte haben ebenso wie Index-Kreditderivate eine besondere Bedeutung für das Kreditportfoliomanagement, da man durch geeignete Gestaltung dieser Produkte die mit dem Transfer von Kreditrisiken verbundenen Anreiz- und Informationsprobleme vermindern kann.[11]

2.2 Perspektiven des Einsatzes von Kreditderivaten im Kreditportfoliomanagement

Seitens der Banken besteht unverkennbar der Trend, moderne Konzepte der Portfoliotheorie auch auf Kreditrisiken anwenden zu wollen.[12] Es ist jedoch fraglich, inwieweit

---

10 Vgl. Financial Services Authority 1999, CD Section 5, S. 5.

11 Zur Rolle von Basket- und Index-Papieren vgl. Gorton/Pennacchi 1993.

12 Treibende Faktoren sind hierbei u.a. der intensive Wettbewerb in der sich konsolidierenden Bankenbranche sowie die Forderung der Eigenkapitalgeber nach einer angemessenen Eigenkapitalrendite. Die Bestrebungen werden aber auch von den Bankaufsichtsbehörden unterstützt. Vgl. Basler Ausschuß für Bankenaufsicht 1999c.

die für den Wertpapierbereich gültigen Zusammenhänge auf den Kreditbereich übertragen werden können.[13] In der Portfolio-Selection-Theorie nach Markowitz wird die Zusammenstellung verschiedener Wertpapiere zu einem Portefeuille für einen vorgegebenen Erwartungswert der Portefeuillerendite über die Minimierung der Varianz der Portefeuillerendite optimiert:[14]

$$\mu_P = \sum x_i \mu_i$$

$$\sigma_P^2 = \sum \sum x_i x_j \sigma_i \sigma_j \rho_{ij} - \min!$$

Bei Wertpapieren ist diese Vorgehensweise grundsätzlich unproblematisch. Die Erwartungswerte der Renditen μ_i, die Standardabweichungen der Renditen σ_i und die Korrelationen zwischen den Wertpapierrenditen ρ_{ij} können aus historischen Daten bestimmt oder individuell geschätzt werden. Die Wertpapieranteile x_i sind bei vorgegebenem Universum weitgehend frei wählbar. Bei der Mehrzahl der Wertpapiere ist es über Wertpapierleihe und Derivate möglich, Positionen leer zu verkaufen und so negative Wertpapieranteile zu realisieren. Ist dies nicht der Fall, gilt für die entsprechenden x_i Nichtnegativität als zusätzlich Nebenbedingung, ohne daß sich dadurch das Grundproblem und der Charakter möglicher Lösungen der Portfolio Selection verändern würde.

Die Anwendbarkeit der Portfolio Selection auf den Kreditbereich leidet hauptsächlich unter der eingeschränkten Datenverfügbarkeit, den begrenzten Handlungsspielräumen im Kreditbereich und der Beeinflußbarkeit von Kreditrisiken durch das Handeln der einzelnen Akteure. So ist bspw. die erwartete Rendite eines Kredites μ_i nicht exogen vom Markt vorgegeben, sondern kann zum einen über die Kreditvergabe- und Preispolitik der Bank, zum anderen über deren Kreditüberwachungsanstrengungen gestaltet werden. Problematisch ist aber auch, daß die Kreditanteile x_i nicht frei wählbar sind. Sowohl das Kredituniversum als auch die Höhe der Kreditanteile sind durch den individuellen Kundenkreis der Bank und den Bedarf der Kreditkunden vorbestimmt. Eine Veräußerung einmal eingegangener Kreditpositionen an Dritte sowie der Leerverkauf von Kreditrisiken sind im Rahmen der klassischen Kreditvergabepolitik der Banken nicht vorgesehen.

Eine Erweiterung des Handlungsspielraumes und der Flexibilität der Banken bei der Kreditvergabe und im Kreditportfoliomanagement ist nur möglich, wenn Kreditrisiken

---

13 Erste Überlegungen im Hinblick auf die Übertragbarkeit der modernen Portfoliotheorie auf den Kreditbereich finden sich bereits bei Bennett 1984. Zum aktuellen Stand der Entwicklung von Kreditrisikoportfoliomodellen vgl. Basler Ausschuß für Bankenaufsicht 1999a.

14 Zur Portfoliotheorie für Wertpapiere vgl. bspw. Elton/Gruber 1995.

auf Basis eines Sekundärmarktes gehandelt werden können. Kreditderivate sind hier neben syndizierten Krediten, Kreditverkäufen und Kreditverbriefungen ein möglicher Mechanismus für den Transfer von Kreditrisiken.[15] Sie ermöglichen die Trennung des Kreditrisikos von der zugrundeliegenden Position und den isolierten Transfer auf andere Marktteilnehmer, ohne die Bank-Kunde-Beziehung zu belasten. Wie bei anderen derivativen Finanzinstrumenten werden durch Verzicht auf einen Transfer des Basisobjekts Transaktionkosten eingespart und mit geringem Liquiditätseinsatz Risikopositionen gestaltet.[16] Mit Kreditderivaten lassen sich dabei Kreditrisikokonzentrationen sowohl hinsichtlich einzelner wichtiger Schuldner als auch bestimmter Branchen oder Regionen reduzieren. Darüber hinaus können die Banken in unterrepräsentierten Marktsegmenten neue Kreditrisiken erwerben und ihr Kreditportfolio weitergehender als bisher diversifizieren. Durch den gezielten Kauf und Verkauf von Kreditrisiken läßt sich so das Risk-Return-Verhältnis des Kreditportfolios optimieren.

Allerdings bietet sich ein Transfer von Kreditrisiken nicht für alle Kreditpositionen in gleicher Weise an. Die mit einer Position verbundenen Kreditrisiken können immer dann relativ einfach an Dritte weitergereicht werden, wenn zum einen über eine Marktbewertung der relevanten Position oder eines geeigneten Referenztitels oder zum anderen über ein Rating einer anerkannten internationalen Ratingagentur eine hohe Transparenz sichergestellt wird. Die öffentliche Bewertung des Kreditrisikos über Märkte oder Ratingagenturen wird hierbei implizit gleichgesetzt mit einer symmetrischen Verteilung der Information zwischen Kreditrisikokäufer (Sicherungsgeber) und Kreditrisikoverkäufer (Sicherungsnehmer) und mit dem Ausschließen der Beeinflußbarkeit des Risikos durch die das Kreditrisiko abgebende Bank.

Resultieren jedoch aus den speziellen Leistungen der Banken bei der Finanzintermediation Informationsasymmetrien zwischen der Bank als Risikoverkäufer und den potentiellen Risikokäufern, so ist ein Transfer des Kreditrisikos nur dann möglich, wenn es über eine anreizkompatible Gestaltung der Sekundärmarkt-Instrumente gelingt, die mit den Informationsasymmetrien verbundenen Anreizprobleme zu überwinden.[17] Dabei kann man unterscheiden zwischen Adverse-Selection- und Moral-Hazard-Problemen. Adverse Selektion entsteht, wenn der Kreditrisikoverkäufer vor Vertragsabschluß über bessere Informationen verfügt als der Kreditrisikokäufer. Das Moral-Hazard-Problem bei der Veräußerung von Kreditrisiken ist auf die Beeinflußbarkeit der Kreditrisiken durch die kreditvergebende Bank zurückzuführen, da der Risikoverkäufer nach der vollständigen oder teilweisen Veräußerung der Kreditrisikoposition nur noch verminderte Anreize hat, den Kredit zu überwachen und dadurch die Wahrscheinlichkeit einer ver-

---

15 Zu den anderen Instrumenten des Kreditrisikomanagements vgl. bspw. Burghof/Henke 2000.
16 Vgl. Rudolph 1995, S. 17.
17 Vgl. Henke/Burghof/Rudolph 1998.

tragsgemäßen Bedienung des Kredites zu erhöhen.[18] Kreditderivate besitzen gegenüber anderen Mechanismen des Kreditrisikotransfers auch den Vorteil, daß sie vertragliche Gestaltungsmöglichkeiten bieten, die Probleme der adversen Selektion und der Beeinflußbarkeit von Kreditrisiken abmildern. Bereits die obige Darstellung der grundlegenden Ausprägungsformen von Kreditderivaten verdeutlicht, wie vielfältig die Gestaltungsmöglichkeiten bei der Konstruktion von Kreditderivaten sind.[19]

Eine Möglichkeit der Konstruktion anreizkompatibler Vertragsstrukturen ist die Differenzierung in unsystematische und systematische Kreditrisikokomponenten.[20] Während unsystematische Kreditrisiken auf die individuellen Gegebenheiten der jeweiligen Unternehmung zurückzuführen sind, werden systematische Kreditrisiken durch übergreifende fundamentale ökonomische Faktoren, wie z.B. regionale oder branchenspezifische Konjunkturschwankungen, verursacht.

Das wichtigste risikopolitische Mittel zum Management unsystematischer Kreditrisiken ist die Risikostreuung. Bei Großkrediten greift die Diversifikation aber nicht ausreichend. Da hier allerdings von einer entsprechend hohen Transparenz hinsichtlich des Underlyings ausgegangen wird, können Kreditderivate auf Einzeltitel eingesetzt werden, um das gesamte Kreditrisiko, d.h. die unsystematische in Verbindung mit der systematischen Komponente, zu reduzieren. So hat sich für das Kreditmarktsegment Großunternehmen und Staaten bereits ein liquider Markt für Kreditderivate etabliert.[21]

Kredite an kleine und mittlere Unternehmen weisen in aller Regel eine geringe Transparenz auf, da ein Rating oder eine Bewertung der Schuldtitel durch den Kapitalmarkt fehlt. Für diese kommt folglich eine Anwendung von Kreditderivaten auf Einzeltitelebene, d.h. der kombinierte Transfer von idiosynkratischem und systematischem Kreditrisiko, nicht in Frage. Grundsätzlich wird angenommen, daß wesentliche Informationsasymmetrien zwischen der kreditvergebenden Bank und dritten Marktteilnehmern nur die unsystematischen Kreditrisiken betreffen, denn die Bank kann nur hinsichtlich der individuellen Gegebenheiten des Kreditnehmers einen Informationsvorsprung und Einflußmöglichkeiten aufbauen, während sie auf die systematische Komponente des Risikos kaum Einfluß hat.

---

18 Für eine genaue Begründung der Probleme der adversen Selektion und des Moral Hazard beim Transfer von Kreditrisiken im Rahmen der Theorie der Finanzintermediation vgl. Gorton/Pennacchi 1995.

19 Der Over-the-counter-Handel und die Möglichkeit des Maßschneiderns der Instrumente ermöglichen zwar eine genaue Abstimmung des Instrumentes auf die Bedürfnisse des individuellen Nutzers, die geringe Standardisierung der Kreditderivat-Kontrakte steht allerdings in Konflikt mit der Entwicklung eines liquiden Marktes.

20 Vgl. bspw. Duffee 1996c und Froot/Stein 1998.

21 Vgl. Kim 1998, S. 97.

Über eine Separierung der unsystematischen und systematischen Kreditrisiken kann eine Lösung der Adverse-Selection- und Moral-Hazard-Problematik angestrebt werden. Grundsätzlich gilt, daß die unsystematischen Kreditrisiken, die aus einer Vielzahl - bezogen auf die Größe der Bank - kleiner und mittlerer Kredite an unabhängige Unternehmen resultieren, auf Portfolioebene durch Diversifikation reduziert oder sogar fast vollständig eliminiert werden. Wichtig für die Bank ist deshalb vor allem ein aktives Management der systematischen Risikokomponenten von Krediten an kleine und mittelständische Unternehmen. Die hinsichtlich einer Steigerung der Kreditvergabekompetenz wünschenswerte Spezialisierung führt häufig zu regionalen und/oder branchenspezifischen Kreditkonzentrationen,[22] die bei einem regional begrenzten oder industriespezifischen konjunkturellen Abschwung mit einer Häufung von Insolvenzen und daraus resultierenden beträchtlichen Verlusten bei der Bank verbunden sein können. Der separierte Handel des systematischen Kreditrisikos besitzt hierbei den Vorteil geringer Informationsasymmetrien. Geeignet konstruierte Kreditderivate, die sich auf ein Portefeuille von Referenzaktiva (Pool, Basket) oder einen Index[23] beziehen, könnten eine derartige Absicherung des systematischen Kreditrisikos in Isolation vom unsystematischen Kreditrisiko ermöglichen.[24]

Viele Einschränkungen bei der Anwendung portfoliotheoretischer Konzepte auf Kreditrisiken werden durch die Entstehung eines funktionsfähigen Sekundärmarktes für Kreditrisiken aufgehoben. Die resultierende Kreditpolitik ist eine Mischung aus der Übernahme möglichst guter Kreditrisiken im Rahmen der Kreditvergabe, des Erwerbs von Kreditrisiken über den Sekundärmarkt zur Verbesserung der Diversifikation und eines selektiven Hedgings im Bereich von Kreditrisikokonzentrationen. Kreditvergabeentscheidungen können im Rahmen dieser Politik relativ unbeeinflußt von portfoliotheoretischen Überlegungen erfolgen. Eine vollständige Entkoppelung von Kreditvergabe und Kreditportfoliomanagement ist jedoch nicht vorstellbar.[25]

Bei der portfoliotheoretisch fundierten Optimierung des Kreditportefeuilles werden die Banken allerdings durch die derzeitigen regulatorischen Eigenkapitalanforderungen in ihrer Entscheidungsfreiheit restringiert. Durch die bankaufsichtliche Behandlung des

---

22 Zu einer Analyse des Zusammenspiels von Spezialisierung und Diversifikation im Kreditbereich der Banken vgl. Winton 1999.

23 An der Chicago Mercantile Exchange werden bereits sog. CME Quarterly Bankruptcy Index (CME QBI) Futures und Optionen auf CME QBI Futures gehandelt. Underlying dieser Kontrakte ist ein Index auf Konsumenteninsolvenzen. Diese CME QBI Derivate werden gerne als die ersten börsengehandelten Kreditderivate bezeichnet. Vgl. Chicago Mercantile Exchange 1999. Auch andere Börsenplätze, z.B. die London International Financial Futures and Options Exchange (LIFFE), spielen mit dem Gedanken der Einführung von Indexkreditderivaten. Vgl. Crabbe 1999.

24 Vgl. Henke/Burghof/Rudolph 1998.

25 Zur Begründung vgl. Burghof/Henke 2000.

Kreditrisikos im allgemeinen und dabei auch der Kreditderivate im speziellen ergibt sich eine große Lücke zwischen der Optimierung des ökonomischen und des regulatorischen Kapitals. Ökonomisch sinnvolle Risikominderungen, die nicht die bankaufsichtlichen Eigenkapitalanforderungen verringern, sind aus Perspektive der Bank mit hohen Opportunitätskosten behaftet. Stattdessen erfolgt auf dem Wege einer aufsichtsrechtlichen Eigenkapitalarbitrage eine Optimierung des regulatorischen Kapitals.

3 Zur bankaufsichtlichen Behandlung von Kreditderivaten

3.1 Die Berücksichtigung von Diversifikationseffekten in der Eigenkapitalregulierung

Grundkonzept jeder bankaufsichtlichen Eigenkapitalregulierung ist die Begrenzung des Verhältnisses zwischen einer Risikomeßzahl R und einer durch die Eigenmittel des Kreditinstituts repräsentierten Risikobegrenzungsgröße E:[26]

$$E / R \geq X .$$

In der Vergangenheit bestanden in den Grundsätzen I und Ia für eine Reihe von Schwerpunktrisiken separate Risikobegrenzungsnormen. Dabei wurde eine für das jeweilige Schwerpunktrisiko i ermittelte Risikobegrenzungsgröße R_i jeweils separat durch das haftende Eigenkapital gem. § 10 KWG begrenzt. Mit der zum 1.10.1998 in Kraft getretenen Änderung des nun allein verbleibenden Grundsatzes I werden die Risikomeßzahlen für unterschiedliche Risiken additiv verknüpft. Dabei teilen sich die Risiken in Adressenausfall- und verschiedene Marktpreisrisiken, die jeweils aus Positionen des Anlage- bzw. des Handelsbuchs resultieren können. Diese Risiken werden in unterschiedlicher Weise begrenzt, je nachdem, ob das Institut als Handelsbuch- oder Nicht-Handelsbuchinstitut einzuordnen ist. Kriterium für diese Zuordnung ist nach § 2 (11) KWG der Umfang der Handelsgeschäfte.

Bei Handelsbuchinstituten ergibt sich die Risikomeßzahl für die Adressenausfallrisiken des Anlagebuchs R_A als Summe der gewichteten Risikoaktiva[27] des Anlagebuchs. Für alle Risiken aus Handelsbuchpositionen sowie die Fremdwährungs- und Rohwarenpositionen aus beiden Büchern errechnet sich eine Risikomeßzahl R_H als Summe der Anre-

---

26 Vgl. Burghof/Rudolph 1996, S. 121-124.

27 Als Risikoaktiva des Anlagebuchs sind Bilanzaktiva, Swapgeschäfte, Termingeschäfte, Optionsrechte und sonstige außerbilanzielle Geschäfte anzusehen, soweit diese Posten bei der Ermittlung der Anrechnungsbeträge für die Handelsbuch-Risikopositionen nicht zu berücksichtigen sind. Vgl. § 4 Satz 2 GS I. Zur Abgrenzung der Handelsbuch-Risikopositionen vgl. § 18 GS I.

chungsbeträge für die einzelnen Risiken, die nach unterschiedlichen Verfahren ermittelt werden. Zinsänderungsrisiken des Anlagebuchs werden nicht berücksichtigt.

Bei Nicht-Handelsbuchinstituten werden in R_A die Adressenausfallrisiken aller Risikoaktiva erfaßt, während in R_H nur die Marktpreisrisiken aus Fremdwährungs- und Rohwarenpositionen enthalten sind. Im Unterschied zu Handelsbuchinstituten werden hier also Adressenausfall- und Marktpreisrisiken trennscharf erfaßt. Es bleiben allerdings einige Marktpreisrisiken ohne Eigenkapitalunterlegung.

Generell gilt, daß für die Begrenzung der durch R_H abgebildeten Risiken über das haftende Eigenkapital *EK* hinaus als weitere Eigenmittelkategorie auch Drittrangmittel *D* zur Verfügung stehen.[28]

Das haftende Eigenkapital *EK* muß täglich zum Geschäftsschluß mindestens 8% der Risikomeßzahl für Adressenausfallrisiken R_A betragen:

$$EK / R_A \geq 8\% .$$

Der zur Erfüllung dieser Norm nicht genutzte Differenzbetrag $E_\Delta = 0{,}08 R_A - EK$ darf täglich bei Geschäftsschluß zusammen mit den Drittmitteln die Risikomeßzahl für Marktpreisrisiken R_H nicht unterschreiten:

$$(E_\Delta + D) / R_H \geq 1.$$

Kreditrisiken finden bei der Ermittlung der Risikomeßzahlen an unterschiedlichen Stellen und in unterschiedlicher Form Berücksichtigung. Die Risikoaktiva des Anlagebuchs (bzw. bei Nicht-Handelsbuchinstituten alle Risikoaktiva) bilden bonitätsgewichtet R_A.[29] Die dabei angewandten Bonitätsgewichte von 0%, 10%, 20%, 50%, 70% und 100% für Kreditnehmer in unterschiedlichen Bonitätsklassen bzw. für unterschiedlich besicherte Kredite stehen nicht auf einer empirischen Datengrundlage, sondern sind in ihrer Höhe, aber auch wegen einiger eher politisch motivierter Zuordnungen recht willkürlich. Bei Handelsbuchinstituten erscheinen diese Bonitätsklassen und -gewichte erneut - mit gewissen Abweichungen - bei der Erfassung des Kontrahentenrisikos im Handelsgeschäft (Adressenausfallrisikoposition des Handelsgeschäfts) sowie des Bonitätsrisikos der Zinspositionen des Handelsbuchs (besonderes Kursrisiko). Insbesondere gelten bei der Erfassung des besonderen Kursrisikos von Zinspositionen für Aktiva mit hoher Anlage-

---

[28] *EK* bezeichnet das verfügbare, d.h. nicht für andere Zwecke wie die Deckung von Großkrediten verwendete haftende Eigenkapital.

[29] Auf den ersten Gewichtungsschritt zur Errechnung der Kreditäquivalente bei einigen außerbilanziellen Positionen des Anlagebuchs soll hier nicht eingegangen werden.

qualität und kürzerer Fristigkeit Anrechnungssätze, die deutlich unter den im Anlagebuch für diese Bonitätsklasse anzusetzenden 20% liegen. Zur Deckung der Kreditrisiken des Handelsgeschäfts stehen auch Drittrangmittel zur Verfügung, da die entsprechenden Anrechnungsbeträge in R_H eingehen.

Aus Platzgründen kann auf die einzelnen Verfahren nicht näher eingegangen werden. Die folgende Graphik gibt einen Überblick über die Risikoerfassung im neuen Grundsatz I.[30] Die grau unterlegten Flächen betreffen das Kreditrisiko.

<table>
<tr><th></th><th>Risiken</th><th colspan="3">Erfaßte Positionen</th><th>Anrechnungs-verfahren</th></tr>
<tr><td rowspan="2">Nicht-Handelsbuch-institute</td><td>Adressen-ausfall-risiken</td><td colspan="3">alle Risikoaktiva (R_A)</td><td>Standardverfahren</td></tr>
<tr><td>Marktpreis-risiken</td><td colspan="3">alle Fremdwährungs- und Rohwarenpositionen (R_H)</td><td>Standardverfahren oder institutseigene Risikomodelle</td></tr>
<tr><td rowspan="7">Handels-buch-institute</td><td rowspan="2">Adressen-ausfall-risiken i.e.S.</td><td colspan="3">Risikoaktiva des Anlagebuchs (R_A)</td><td rowspan="2">Standardverfahren</td></tr>
<tr><td rowspan="5">Handels-buch-risikopo-sitionen</td><td colspan="2">Adressenausfallrisiko-positionen des Handels-buchs (Kontrahentenrisiko)</td></tr>
<tr><td rowspan="5">R_H Marktpreis-risiken</td><td rowspan="2">Zins-netto-positionen</td><td>allgemeines Kursrisiko</td><td rowspan="5">Standardverfahren oder institutseigene Risikomodelle</td></tr>
<tr><td>besonderes Kursrisiko</td></tr>
<tr><td rowspan="2">Aktien-netto-positionen</td><td>allgemeines Kursrisiko</td></tr>
<tr><td>besonderes Kursrisiko</td></tr>
<tr><td colspan="3">Fremdwährungs- und Rohwarenpositionen des Anlage- und Handelsbuchs</td></tr>
</table>

Tabelle 1: Risikoerfassung im Grundsatz I

30 Abbildung in Modifikation der Darstellung bei Deutsche Bundesbank 1998, S. 69.

Weder die separate Risikobegrenzung der Vergangenheit noch das heute gültige additive Konzept berücksichtigt in korrekter Weise die tatsächlichen Korrelationen zwischen den unterschiedlichen Risikokategorien. Die aktuellen Verfahren der Risikomessung in Eigenkapitalnormen zeichnen sich allerdings durch eine mehr oder weniger genaue Berücksichtigung von Diversifikationseffekten auf unterschiedlichen Aggregationsebenen aus. Welche Verfahren tatsächlich zur Anwendung kommen, hängt zum einen von einer Reihe von Bagatellregelungen ab, deren wichtigste die Trennung in Handelsbuch- und Nicht-Handelsbuchinstitute ist. Daneben erlaubt Grundsatz I den Instituten die Ausübung einer Reihe von Wahlrechten, insbesondere die Verwendung institutseigener, sogenannter interner Modelle zur Erfassung von Marktpreisrisiken.

Es lassen sich im Grundsatz I in unterschiedlichen Zusammenhängen drei grundlegende Vorgehensweisen zur Berücksichtigung von Diversifikationseffekten ausmachen:

1. *Micro-Hedge*: Eine Aufrechnung erfolgt, wenn zwei Positionen für fast exakt gegenläufig angesehen werden (Gegenläufige Positionen in gleichen Wertpapieren, Nettingvereinbarungen im Derivategeschäft, weitgehend einander entsprechende Derivatepositionen, auf die jeweiligen Aktien aufgeschlüsselte Positionen in Aktienindizes, Positionen in eng korrelierten Währungen).

2. *Pauschale Risikoschichtung im Building-Block-Approach*: Das Risiko einer Position wird gedanklich in ein allgemeines und ein besonderes Risiko geteilt. Das besondere Risiko wird durch eine prozentuale Anrechnung der zugrundeliegenden Position berücksichtigt. Für die Ermittlung des Anrechnungsbetrages für das allgemeine Risiko wird die Position mit anderen Positionen zusammengefaßt, für die man eine enge Korrelation vermutet. Die Anrechnung des allgemeinen Risikos erfolgt mit einem bestimmten Prozentsatz der dabei geschlossenen Position. Dieser Schritt kann entweder nur einmal (allgemeines Aktienkursrisiko) oder mehrfach (allgemeines Kursrisiko von Zinspositionen, Rohwarenpreisrisiko nach der Zeitfächermethode) und dann mit steigender Anrechnung der jeweils geschlossenen Positionen durchgeführt werden. Den höchsten Anrechnungssatz erhält die auch nach Durchführung aller Aggregationsschritte verbleibende offene Position.

3. *Portfoliotheoretischer Ansatz*:[31] In internen Modellen werden Ergebnisverteilungen für ein Teilportefeuille der Bankassets geschätzt. Aus dieser Verteilung läßt sich der Betrag an Eigenmitteln (Value at Risk) ableiten, der mit 99prozentiger Wahrscheinlichkeit zum Ausgleich der in einer Halteperiode der jeweiligen Assets von zehn Ta-

31 Vgl. Johanning 1998.

gen auftretenden Verluste ausreicht.[32] Damit sind die innerhalb des jeweiligen Teilportefeuilles auftretenden Diversifikationseffekte mit der Exaktheit berücksichtigt, welche nach dem Stand der Technik der Verteilungsschätzung möglich ist. Grundlage der Schätzung sind allerdings historische Daten über die Wertentwicklung der Assets, d.h. in aller Regel Marktpreise, die für viele Bankassets typischerweise nicht vorliegen. Eine Anwendung des portfoliotheoretischen Ansatzes auf nichtmarktbewertete Assets und daran anknüpfend eine Erweiterung zur Gesamtbankrisikoposition ist daher gegenwärtig noch nicht zu leisten.

Sieht man von der bereits erwähnten Anerkennung von bestimmten Nettingvereinbarungen im Derivategeschäft ab (Netting durch Novation und nun auch Close-out-Netting), so wurden bisher in den Standardverfahren des neuen Grundsatzes I bei der Errechnung der Risikomeßzahl für Adressenausfallrisiken keinerlei Diversifikationseffekte berücksichtigt.

3.2 Diversifikation und Kreditderivate im Rundschreiben 10/99 des BAKred

Die für herkömmliche Finanzinstrumente geltenden Vorschriften der Eigenkapitalunterlegung sind grundsätzlich auch für Kreditderivate maßgeblich. Hierbei handelt es sich auf internationaler Ebene um die Basler Eigenmittelübereinkunft, auf europäischer Ebene insbesondere um die Solvabilitäts- und Kapitaladäquanzrichtlinie sowie auf nationaler Ebene um die Vorschriften des KWG und den Grundsatz I. Da sowohl der Basler Ausschuß als auch die EU-Gremien derzeit noch an endgültigen Stellungnahmen zur bankaufsichtlichen Behandlung von Kreditderivaten arbeiten, hat das BAKred - ebenso wie eine große Anzahl nationaler Aufsichtsbehörden anderer Länder - eine vorläufige Regelung zur aufsichtlichen Behandlung von Kreditderivaten auf nationaler Ebene getroffen.[33]

Im *Rundschreiben 10/99 des Bundesaufsichtsamtes für das Kreditwesen vom 16.06.1999* wird bis zum Erlaß einer gegenwärtig noch ausstehenden internationalen Vereinbarung die Eigenkapitalregulierung der oben beschriebenen Grundformen von

32 Die bankaufsichtliche Eigenkapitalanforderung ergibt sich allerdings durch eine Multiplikation des so errechneten Value-at-Risk-Wertes mit einem Faktor ≥ 3.

33 Vgl. zum folgenden Henke/Burghof 1999.

Kreditderivaten,[34] d.h. Credit Default Swaps, Total Return Swaps und Credit Linked Notes, gemäß Grundsatz I geregelt.[35] Im einzelnen wird festgelegt,

1. unter welchen Voraussetzungen Kreditderivate in das Anlagebuch oder in das Handelsbuch einzuordnen sind,

2. unter welchen Voraussetzungen Absicherungen auf die Eigenkapitalanforderungen angerechnet werden können, und

3. wie das Markt- und Kreditrisiko des Underlyings und das Kontrahentenrisiko mit Eigenkapital zu unterlegen sind.

Die Zuordnung zum *Handels- oder Anlagebuch* folgt zwar den allgemeingültigen Kriterien des § 1 (12) KWG, wird aber durch Zusatzanforderungen eingeschränkt. Bei Credit Default Swaps und Total Return Swaps ist die Zuordnung zum Handelsbuch auch vom Charakter des Referenzaktivums abhängig. Sie ist nur dann zulässig, wenn es sich dabei um einen an Kapitalmärkten gehandelten Titel gem. § 1 Abs. 11 Satz 2 und 3 KWG oder um eine Forderung handelt, die zum Zweck des Wiederverkaufs zur Erzielung eines Eigenhandelserfolges gehalten wird und die einer Marktbewertung unterliegt. Für Credit Linked Notes ist für den Sicherungsgeber (Risikokäufer) wie bei anderen Finanzinstrumenten der Verwendungszweck maßgeblich. Der Sicherungsnehmer (Risikoverkäufer) darf als Emittent der Credit Linked Note diese nur ins Handelsbuch einstellen, wenn er sie zur Absicherung von Kreditrisikopositionen des Handelsbuchs verwendet.

Die *aufsichtsrechtliche Anerkennung einer Besicherungswirkung* auf eine Kreditrisikoposition des Sicherungsnehmers erfolgt, wenn, in Abhängigkeit von der Zuordnung des Kreditderivates zum Anlage- oder Handelsbuch, nachweislich die folgenden Voraussetzungen erfüllt sind:

[34] Sollte ein Institut Kreditderivate einsetzen, die erheblich von den dargestellten Grundformen abweichen oder prinzipiell anders aufgebaut sind, ist deren Anrechnung im GS I mit dem BAKred im Einzelfall abzustimmen.

[35] Daneben finden sich Regelungen zur Behandlung von Kreditderivaten im Rahmen der Großkredit- und Millionenkreditvorschriften, die sich nicht mit den im folgenden dargestellten Regelungen zur Eigenkapitalnorm des Grundsatzes I decken. Auf diese soll hier nicht näher eingegangen werden.

<table>
<tr><th>Anlagebuch</th><th>Handelsbuch</th></tr>
<tr><td colspan="2">(a) wirksame Übertragung der betreffenden Kreditrisiken
▪ die beabsichtigte Risikoübertragung wird durch die vertragliche Ausgestaltung auch erreicht
▪ der ordnungsgemäßen Vertragserfüllung stehen weder gesetzliche Regelungen noch vertragliche Abreden entgegen
▪ lauten Kreditderivat und zu besicherndes Aktivum auf unterschiedliche Währungen, ist der Umfang der Besicherung durch regelmäßige Marktbewertungen zu prüfen</td></tr>
<tr><td colspan="2">(b) Gleichartigkeit von Referenzaktivum und zu besicherndem Aktivum</td></tr>
<tr><td>▪ Übereinstimmung des Schuldners
▪ Ranggleichheit bei Insolvenz
▪ Bindung der Zahlung aus dem Kreditderivat an das Ausfallereignis des zu besichernden Aktivums (Cross Default Klausel)</td><td>Voraussetzungen des § 19 Abs. 3 GS I, d.h.
▪ Übereinstimmung des Schuldners
▪ Übereinstimmung des Marktes
▪ Übereinstimmung des Rückzahlungsprofils bei Einbeziehung in die Zinsnettoposition
▪ Ranggleichheit bei Insolvenz
Bedingung der Währungskongruenz in § 19 Abs. 3 GS I ist aufgehoben (siehe unter (a))</td></tr>
<tr><td>(c) Laufzeitkriterium
▪ Laufzeitkongruenz zwischen abzusichernder Position und Kreditderivat
▪ bei Laufzeitunterdeckung Restlaufzeit des Kreditderivates von mindestens einem Jahr und Berücksichtigung des Terminrisikos erforderlich</td><td>(d)Marktwertänderungskriterium
Gegenläufiges Rückzahlungsprofil des Derivates gegenüber dem zu besichernden Aktivum und dementsprechend vollständig negative Korrelation potentieller Marktwertänderungen</td></tr>
</table>

Tabelle 2: Voraussetzungen für die aufsichtsrechtliche Anerkennung

Unter diesen Voraussetzungen werden Kreditderivate des *Anlagebuchs* wie Gewährleistungen (Total Return Swap, Credit Default Swap) bzw. Barsicherheiten (Credit Linked Note) auf das Referenzaktivum behandelt. Bei Total Return Swaps und Credit Default Swaps entstehen Eigenkapitalanforderungen beim Sicherungsnehmer mit Bonitätsgewichtung des Sicherungsgebers. Für den Sicherungsgeber wird die Position mit dem Anrechnungssatz der Bonitätsklasse des Schuldners des Underlyings gewichtet. Bei Credit Linked Notes darf das Risikoaktivum beim Sicherungsnehmer mit 0 % gewichtet werden, da dieser nach Erhalt des Nominalbetrags der Anleihe kein Adressenausfallrisiko trägt. Für den Sicherungsgeber ist jeweils die schlechtere Bonitätsklasse des Referenzschuldners oder des Sicherungsnehmers (Credit Linked Note) maßgeblich. Bei einer Laufzeitunterdeckung in Kombination mit einer Restlaufzeit des Kreditderivates von mindestens einem Jahr sind zusätzlich 50% des ursprünglichen Eigenkapitalbedarfes dazuzurechnen.[36] Bei einer kürzeren Restlaufzeit des Kreditderivates und Laufzeitunterdeckung ist eine Anerkennung der Besicherungswirkung ganz ausgeschlossen.

Komplexer gestaltet sich die Anrechnung im *Handelsbuch.* Ein *Total Return Swap* weist ein allgemeines und ein spezielles Kursrisiko im Referenzaktivum auf. Er wird bei beiden Vertragsparteien in gleicher Weise wie dieses in die entsprechenden Positionen eingestellt und kann dadurch mit dem zu besichernden Aktivum aufgerechnet werden. Weiterhin beinhaltet ein Total Return Swap ein allgemeines Kursrisiko (Zinsänderungsrisiko) aus der Gegenleistung, die je nach Ausgestaltung als fiktive Floating Rate Note oder als festverzinslicher Titel zu erfassen ist. Ein Kontrahentenrisiko besteht immer dann, wenn der Kontrakt aus der Sicht der betroffenen Partei einen positiven Marktwert hat und ihr somit bei einem Ausfall des Kontrahenten ein Eindeckungsaufwand entstünde. Die Parteien müssen daher das Kontrahentenausfallrisiko nach § 27 Abs. 1 Nr. 4 GS I mit Eigenkapital unterlegen.

Credit Default Swap und *Credit Linked Note* verletzen das Marktwertänderungskriterium, da sie nur das Ausfall- und nicht das Bonitätsänderungsrisiko des Referenzaktivums transferieren. Das Bundesaufsichtsamt für das Kreditwesen schließt daher eine Aufrechnung mit dem besonderen Kursrisiko der abzusichernden Position kategorisch aus.[37] Die Regelungen des Rundschreibens beschränken sich darauf, die Eigenkapitalunterlegung der durch die Schaffung des Derivates neu entstandenen Risiken zu bestimmen und zu verhindern, daß trotz der (wenn auch unvollkommenen) Absicherung eines besonderen Kursrisikos eine insgesamt höhere Eigenkapitalunterlegung für das besondere Kursrisiko der Position aus Derivat und abzusicherndem Titel entsteht. Mit einem besonderen Kursrisiko wird daher der Sicherungsnehmer nur insoweit belastet, als die Ausgleichszahlung des Credit Default Swaps bzw. die dieser Ausgleichszahlung entsprechende maximale Minderung der Rückzahlungsverpflichtung der Credit Linked Note über die abzusichernde Kreditposition hinausgeht. Dieses besondere Kursrisiko ist durch Bildung einer synthetischen Verkaufsposition zu berücksichtigen.

---

36 Dabei kann sich theoretisch auch eine erhöhte Eigenkapitalanforderung ergeben. In diesem Fall gilt die Eigenkapitalanforderung ohne Besicherung, damit sich der Bank durch die Besicherung keine höheren Anforderungen stellen.

37 Dies gilt nicht für Banken, die als Intermediäre Kreditrisiken lediglich durchhandeln und dabei Kauf- und Verkaufspositionen in Credit-Default-Produkten miteinander aufrechnen.

Die darüber hinausgehende Eigenkapitalunterlegung für Credit Default Swaps und Credit Linked Notes spiegelt die unterschiedliche Risikostruktur dieser beiden Produkte wider:

Beim *Credit Default Swap* besitzt der Sicherungsgeber im besonderen Kursrisiko eine synthetische Kaufposition im Referenzaktivum in Höhe der vereinbarten Ausgleichszahlung und mit der Laufzeit des Credit Default Swaps. Bei einer Periodisierung der Prämienleistungen ist bei beiden Parteien das durch die zeitliche Verschiebung der Zahlungen entstehende Zinsänderungsrisiko als allgemeines Kursrisiko sowie beim Sicherungsgeber ein Kontrahentenrisiko bezüglich der noch nicht geleisteten Prämienzahlungen anzurechnen. Durch eine einmalige Risikoabgeltung vermeidet man die Anrechnung eines allgemeinen Kursrisikos, und auch das Kontrahentenrisiko auf Seiten des Sicherungsgebers entfällt. Der Sicherungsnehmer trägt jedoch in jedem Fall ein Kontrahentenrisiko in Höhe der Wiedereindeckungskosten.

Eine *Credit Linked Note* erfordert beim Sicherungsgeber gegenüber dem Credit Default Swap eine zusätzliche Anrechnung des allgemeinen und speziellen Kursrisikos der Anleihe, wobei nun die Bonität des Anleiheschuldners für die Bonitätsgewichtung maßgeblich ist. Damit deckt das spezielle Kursrisiko der Anleihe das Kontrahentenrisiko auf Seiten des Sicherungsgebers ab. Als Emittent der Note besitzt der Sicherungsnehmer eine Verkaufsposition in der Anleihe, die bei der Ermittlung des allgemeinen Kursrisikos einzurechnen ist. Aus der Konstruktion der Credit Linked Note ergibt sich, daß der Sicherungsnehmer kein Kontrahentenrisiko trägt.

Eigenkapitalanforderungen aus den *Kontrahentenrisiken* im Handelsbuch errechnen sich aus dem Wiedereindeckungsaufwand nach § 27 Abs. 1 Nr. 4 GS I und einem von der Art des zugrundeliegenden Geschäftes abhängigen prozentualen Zuschlag von der Bemessungsgrundlage (§ 10 GS I), der einen Puffer gegen potentielle Erhöhungen des Eindeckungsaufwandes bilden soll. Der Eigenkapitalbedarf ergibt sich als acht Prozent der bonitätsgewichteten Summe dieser beiden Größen. Die Zuschläge fallen jedoch für Total Return Swaps und Credit Default Swaps (bei Credit Default Notes entsteht kein Kontrahentenrisiko) sehr unterschiedlich aus. Während bei Total Return Swaps in aller Regel die niedrigeren Sätze der zinsbezogenen Geschäfte zur Anwendung kommen, gelten für Credit Default Swaps im Grundsatz die sehr viel höheren Zuschläge für aktienkursbezogene Geschäfte. Nur bei sehr hoher Anlagequalität des Referenzaktivums dürfen die niedrigen Sätze zinsbezogener Geschäfte verwendet werden.

Voraussetzung für die Anwendung von Kreditderivaten im Rahmen eines aktiven Kreditrisikomanagements ist die angemessene bankaufsichtliche Berücksichtigung ihrer

Wirkung auf das Risiko des Kreditportefeuilles der Bank. Was leistet das Rundschreiben in dieser Hinsicht?

Aus den Regelungen ergibt sich, daß das BAKred eine Risikominderung durch den Einsatz von Kreditderivaten nur auf der Ebene von perfekten *Micro-Hedges* anerkennt (mit Ausnahme der gemilderten Bedingung der Fristenkongruenz im Anlagebuch). Im Rahmen der durch die Standardverfahren des Grundsatzes I vorgegebenen Strukturen ist dieses Vorgehen folgerichtig, da hier an keiner Stelle die unterschiedlichen Korrelationen verschiedener Kreditrisikopositionen berücksichtigt werden. Eine besondere Leistung von Banken liegt aber gerade darin, durch Diversifikation in sehr unterschiedliche Risikobereiche das Gesamtbankrisiko gering halten zu können. Dem trägt die Entwicklung des Bankaufsichtsrechts durch die Förderung interner Risikomodelle im Marktrisikobereich, aber auch durch die komplexe Gestaltung der Standardverfahren zur Erfassung des allgemeinen Kursrisikos bei Aktien- und Zinspositionen und der Rohwarenposition Rechnung.[38] Es fragt sich, ob das Bankaufsichtsrecht bei der Behandlung des traditionell wichtigsten Bankrisikos, des Kreditrisikos, auf Dauer auf die Berücksichtigung von Diversifikationseffekten verzichten kann.[39]

Aus der Perspektive des Kreditportfoliomanagements ergibt sich die Notwendigkeit einer gegenüber dem Rundschreiben verbesserten Berücksichtigung der Risikominderung durch den Einsatz von Kreditderivaten insbesondere unter zwei Gesichtspunkten:

Der Nutzen von *Credit-Default-Produkten* für das Management von Kreditrisiken *im Handelsbuch* wird von der Bankenaufsicht *negiert*. Dabei läßt sich auch durch diese Produkte ungeachtet der unvollkommenen Korrelation zwischen der Wertentwicklung von Kreditderivat und Referenzaktivum das besondere Kursrisiko der abzusichernden Position verringern. Dem wird im Anlagebuch durch Berücksichtigung des Credit Default Swaps als Gewährleistung und der Credit Linked Note als Barsicherheit Rechnung getragen. Der Einsatz von Kreditderivaten in einem integrierten, d.h. Kreditrisiken im Anlage- und Handelsbuch umfassenden Kreditrisikomanagement erfährt durch diese krasse Ungleichbehandlung eine nicht sachgerechte Verzerrung. Während im Anlagebuch die marktgängigeren Credit-Default-Produkte zum Einsatz kommen, müssen sich die deutschen Banken zur Absicherung der Kreditrisiken im Handelsbuch auf den Einsatz von Total Return Swaps kaprizieren. Zwischen beiden Büchern dürften sich Mög-

---

38 Auch im Standardverfahren zur Erfassung von Währungsrisiken findet sich eine sehr pauschale Berücksichtigung der Korrelation aller Währungen gegenüber der Deutschen Mark.

39 Vor dem Hintergrund dieser ökonomischen Analyse kann die Bewertung des Rundschreibens durch die Vertreter des Bundesverbandes deutscher Banken nur verwundern: „Im Rahmen der Neuregelungen des Rundschreibens 10/99 erkennt die deutsche Bankenaufsicht die risikoreduzierende Wirkung von Kreditderivaten in einem hohen Maße an und fördert damit den Einsatz dieser Instrumente.“ (Vgl. Boos/Meyer-Ramloch 1999, S. 653.) Unsere Analyse ergibt, daß genau dies nicht der Fall ist.

lichkeiten einer Regulierungsarbitrage auftun, die einer klaren Zuordnung verschiedener Geschäfte zu den beiden Büchern entgegenläuft. Und schließlich prägt das Bundesaufsichtsamt durch seine rigide Einstellung gegenüber Credit-Default-Produkten die Entwicklung der Märkte für Kreditderivate in nicht wünschenswerter Weise vor.

Zum zweiten ist, wie oben ausgeführt wurde, gerade für kleinere und mittlere Unternehmen die Entwicklung von Kreditderivaten auf Einzeltitel und damit die Konstruktion eines Micro-Hedges in aller Regel ausgeschlossen. Ein aktives Management dieses Teilportefeuilles würde demnach durch die bankaufsichtliche Regelung verhindert. Schon die einfachste Konstruktion eines Basket-Kreditderivates, bei dem alle Kredite innerhalb des Pools ganz oder anteilig vergütet werden, wird bisher nicht berücksichtigt, obwohl dies in einfacher Übertragung der für Aktienindexgeschäfte gültigen Regelung möglich wäre. Für komplexere *Basket-Konstruktionen und Kreditderivate auf Indizes* ist dagegen eine deutliche Modifikation des Grundsatzes I notwendig, die sinnvollerweise nicht im Rahmen eines einfachen Rundschreibens erfolgen sollte.

Daneben steht die grundsätzliche Kritik, daß durch die Beschränkung der bankaufsichtlichen Anerkennung auf Micro-Hedges die Risikominderung aus der Diversifikation nur unvollkommen korrelierter Zahlungsströme nicht berücksichtigt wird. Die implizite Annahme ist, daß alle Kreditrisikopositionen, die nicht exakt negativ miteinander korreliert sind, eine vollkommen positive Korrelation aufweisen, was offenkundig nicht der Fall ist. Zwei denkbare Lösungskonzepte wären die Übertragung des Building-Block-Approaches auf Kreditrisiken oder die konsequente Anwendung der Portfoliotheorie in internen Modellen. Während der erste Vorschlag relativ zügig umzusetzen ist, weist der zweite in eine Zukunft, in der die damit verbundenen technischen Probleme gelöst sein sollten.

Zunächst zum *Building-Block-Approach*: Bei den Standardverfahren ist analog zur Schichtung des allgemeinen Kursrisikos bei Zinspositionen auch eine Schichtung des Kreditrisikos nach unterstellten Risikozusammenhängen denkbar. Dabei kann die Schichtung des systematischen Risikos nach Branchen oder nach Regionen bzw. Ländern erfolgen. Es könnten auch mehrere Schichtungsebenen kombiniert und von der Bankenaufsicht schon im Standardverfahren mehrere unterschiedliche Konzepte der Strukturierung des systematischen Kreditrisikos vorgegeben werden. Die Anrechnungsgewichte für das unsystematische und das systematische Kreditrisiko müssen in ihrer Summe den durch die Solvabilitäts- und Kapitaladäquanzrichtlinie vorgegebenen Prozentzahlen für Schuldner der jeweiligen Bonitätsklasse entsprechen. Durch Index-Kreditderivate könnte dann die Anrechnung für die systematischen Kreditrisiko-Komponenten reduziert werden.

Dabei bleibt die Frage offen, in welcher Weise die nur partielle Abdeckung des besonderen Kursrisikos durch Credit-Default-Produkte bei dieser Form der Ermittlung des Eigenkapitalbedarfes miteinfließen sollte. Im stark pauschalisierenden Rahmen des Building-Block-Approaches wären einfache prozentuale Zuschläge allerdings kein Fremdkörper. Diese dürften eigentlich nicht allzu hoch ausfallen: Die Bankenaufsicht bezweckt mit Eigenkapitalanforderungen nur eine Begrenzung der Eintrittswahrscheinlichkeit extremer Wertänderungen, da diese die Existenz der Bank gefährden und damit auch die Stabilität des Bankensystems bedrohen könnten.[40] Die Veränderungen des Gesamtwertes eines Kreditportefeuilles dürften sich ohne die Berücksichtigung der Wertverluste aus einzelnen größeren oder einer Vielzahl kleinerer Kreditausfälle in einem eher engen Schwankungsbereich bewegen. Die eigentlichen Krisenauslöser sind nach aller Erfahrung die Kreditausfälle. Der Erfolg der auf diese Ereignisse hin konditionierten Default-Produkte läßt sich daher außer mit ihren unverkennbaren konzeptionellen Vorteilen auch mit dem Nutzen der Banken aus der Vermeidung von Distress-Situationen erklären. In der Zielfunktion der Bankenaufsicht sollte die Vermeidung eines Konkurses aber noch ein sehr viel höheres Gewicht haben als bei den Bankinstituten selbst, da der Bankenaufsicht einerseits die Anreize zu einer höheren Risikoübernahme aus beschränkter Haftung abgehen und sie andererseits die negativen externen Effekte eines Bankkonkurses mit berücksichtigen muß.

Auch bei Integration von Kreditrisiken in den Building-Block-Approach bleibt die Grundkritik an der pauschalen Erfassung von Risiken in den Standardverfahren und hier insbesondere an den pauschalen Bonitätsgewichten bestehen. Es fragt sich daher, ob nicht auch die Adressenausfallrisiken des Grundsatzes I einer Risikoerfassung durch *interne Risikomodelle* zugänglich sind. Grundlage der Verteilungsschätzungen wären in diesem Fall neben Marktdaten auch interne Daten der Bank, wie z.B. Übergangsmatrizen auf Basis interner Ratings, Erfahrungswerte zu Recovery Rates sowie Korrelationsmatrizen. Die unterschiedlichen Zahlungscharakteristiken von Credit-Default-Produkten und den durch sie abzusichernden Kreditpositionen würden in die Verteilungsschätzung eingehen und sich direkt im Risiko des Gesamtportefeuilles niederschlagen. Gleiches gilt für Macro-Hedges über Basket- oder Indexprodukte. Die Risikominderung durch den Derivateeinsatz würde im Portfoliorahmen in seiner ökonomischen Konsequenz richtig erfaßt.

Neuere Modelle zur Messung und Steuerung des Kreditrisikos auf Portfolioebene zeichnen diesen Weg auch für die Bankenaufsicht vor.[41] Mehr noch als bei Value-at-

40 Zu den Zielsetzungen bankaufsichtlicher Eigenkapitalnormen vgl. Burghof 1998, S. 49-101.

41 Die drei führenden Konzepte in diesem Zusammenhang sind CreditMetrics von J.P. Morgan, CreditRisk^{+} von Credit Suisse Financial Products und CreditPortfolioView von McKinsey. Zu den Möglichkeiten und Grenzen dieser Verfahren zum heutigen Zeitpunkt vgl. Basler Ausschuß für Bankenaufsicht 1999a.

Risk-Verfahren für Marktrisiken ist allerdings eine Validierung der Portfoliomodelle zur Vermeidung von Manipulationen der Datenbasis und des Berechnungsverfahrens unerläßlich. Die größten Probleme bei der Implementierung interner Modelle für Ausfallrisiken sind die relative Seltenheit von Default-Ereignissen, die eine Kalkulation von Input-Parametern für Kreditrisikomodelle erschwert, sowie die zeitliche Lücke zwischen dem Default-Ereignis und seiner Bewertung, die insbesondere den Wert eines Backtesting zur Validierung in Frage stellt.

3.3 Das Basler Konsultationspapier: Ein Durchbruch?

Die heutige Eigenkapitalregulierung in den entwickelten Ländern wird im wesentlichen von den Vorgaben des Basler Ausschusses für Bankenaufsicht bestimmt.[42] Dieses Gremium aus Vertretern der Notenbanken und Bankaufsichtsbehörden der G10-Staaten brachte mit der Eigenkapitalvereinbarung von 1988 (*Basle Capital Adequacy Accord*) erstmals einheitliche Standards und für einige G-10-Länder die erstmalige Einführung genau bestimmter Eigenkapitalanforderungen.[43] Die Vereinbarungen des Basler Ausschusses wirken aber auch weit über den originären Teilnehmerkreis hinaus auf die Bankaufsichtsgesetzgebung in vielen Ländern der Erde ein, da der Zugang zu den internationalen Kapitalmärkten faktisch an die Übernahme der Basler Regelungen geknüpft ist. Insgesamt haben über 100 Länder die Eigenkapitalvereinbarung übernommen.[44] Damit gerät der Ausschuß immer mehr in die Rolle eines übernationalen Gesetzgebers in allen Fragen der Bankenregulierung.

Daher hat es auch erhebliches Aufsehen erregt, als der Basler Ausschuß im Sommer 1999 ein Konsultationspapier mit dem Titel „*A New Capital Adequacy Framework*“ vorlegte.[45] In diesem Papier finden sich weitreichende Änderungsvorschläge der aktuell gültigen Eigenkapitalvereinbarungen. Der Schwerpunkt liegt auf der Behandlung der Kreditrisiken, die nach Meinung des Ausschusses in euphemistischer Umschreibung bisher „not overly sophisticated“[46] ausgefallen ist. Dabei werden sowohl die Gewichtungsfaktoren für Kreditrisikopositionen als auch die Behandlung von Maßnahmen des Kreditrisikomanagements im alten Akkord kritisiert, auf dem ja auch die in den vorhergehenden Abschnitten dargestellte und kritisierte Behandlung von Kreditderivaten nach dem Rundschreiben des BAKred beruht. Der Ausschuß geht dabei soweit, zuzugestehen, daß mit den alten Vorgaben nicht immer die richtigen Anreize für den Einsatz mo-

---

42 Zum Basler Ausschuß für Bankenaufsicht siehe Burghof 2000.

43 Vgl. Basler Ausschuß für Bankenaufsicht 1988.

44 Vgl. Basler Ausschuß für Bankenaufsicht 1999b, S. 19.

45 Vgl. Basler Ausschuß für Bankenaufsicht 1999b.

46 Basler Ausschuß für Bankenaufsicht 1999b, S. 10.

derner Instrumente zur Steuerung des Kreditrisikos gesetzt wurden.[47] Aber was kann an die Stelle der alten Verfahren treten?

Für die eigentliche Problematik der Erfassung des Kreditrisikos im Portfoliozusammenhang sieht der Basler Ausschuß noch kein tragfähiges Konzept. Zu viele technische Probleme seien noch zu lösen, ehe Banken in zuverlässiger und für die Bankenaufsicht nachprüfbarer Weise eine Verteilungsfunktion möglicher Verluste aus ihren Kreditportfolios zu schätzen vermögen. Zu den ungelösten Problemen zählt die notwendige Festlegung auf eine bestimmte Grundkonzeption der Messung von Kreditrisiken im Portfoliokontext.[48] Aber auch die Verfügbarkeit geeigneter Daten wird in Frage gestellt. Daher werden die Voraussetzungen für die Ermittlung und die empirische Validierung auch über unterschiedliche Institute hinweg vergleichbarer Eigenkapitalanforderungen gegenwärtig für noch nicht gegeben angesehen.[49] Der Ausschuß empfiehlt zwar die Entwicklung und Nutzung von Kreditportfoliomodellen, mag sie aber noch nicht als Anknüpfungspunkt für aufsichtliche Eigenkapitalanforderungen nutzen.

Dennoch leistet das neue Konzept des Basler Ausschusses wichtige Vorarbeiten für eine spätere Nutzung von Portfoliomodellen. Der erste Schritt dazu ist eine bessere Differenzierung bei der Gewichtung von Risikopositionen, die auch die *Bewertung des Kreditrisikos durch Ratingagenturen* einbeziehen soll. Die folgende Abbildung verdeutlicht die alternativen Vorschläge des Ausschusses, die dieser in Anlehnung an die Ratingterminologie von Standard & Poor's entwickelt hat.[50] Die Festsetzung der einzelnen Risikogewichte hat keine empirische Grundlage. Damit sind - wie im alten Basler Akkord - die absolute Höhe und auch die Relation der Eigenkapitalanforderungen von Titeln in unterschiedlichen Bonitätsklassen zueinander letztlich willkürlich.

	Externes Rating					
	AAA – AA-	A+ – A-	BBB+ – BBB-	BB+ – B-	Unter B-	Ohne Rating
Staaten	0%	20%	50%	100%	150%	100%
Banken Option 1	20%	50%	100%	100%	150%	100%
Banken Option 2	20%	50%	50%	100%	150%	50%
Unternehmen	20%	100%	100%	100%	150%	100%

Tabelle 3: Bonitätsgewichte auf Basis externer Ratings

[47] Vgl. Basler Ausschuß für Bankenaufsicht 1999b, S. 9.
[48] Vgl. Basler Ausschuß für Bankenaufsicht 1999a.
[49] Vgl. Basler Ausschuß für Bankenaufsicht 1999b, S. 41.
[50] Vgl. Basler Ausschuß für Bankenaufsicht 1999b, S. 31.

Im Umkehrschluß billigt der Basler Ausschuß nach der heute gültigen Regelung etwa allen Ländern der Vorzugszone[51] ein Rating von mindestens AA- zu, da für diese gegenwärtig ein einheitlicher Anrechnungssatz von 0% gilt. Schon in dieser relativ homogenen Gewichtungsklasse reichen die Ratings jedoch von AAA bis B. Von den 24 Staaten der Vorzugszone, für die ein Rating von Standard & Poor's oder Moody's vorliegt, würden nach der vorgeschlagenen Skala nur 18 eine Anrechnung von 0% erhalten, 3 fielen in die Anrechnungszone zu 20%, 2 müßten ihre Verbindlichkeiten in fremder Währung zu 50% anrechnen lassen, ein Land zu 100%. Es ergibt sich also eine erhebliche Verschiebung der Bonitätsgewichte.[52] Die Anrechnungssätze für Banken der Vorzugszone betragen derzeit 20% und würden nach dem Vorschlag von 20% bis 150% reichen. Für Unternehmen mit sehr gutem Rating ist dagegen eine Verbesserung auf eine Anrechnung von 20% möglich. Bisher werden ihre Verbindlichkeiten einheitlich mit 100% angerechnet. Insgesamt ergibt sich also eine sehr viel breitere Auffächerung der Anrechnungssätze, durch die eine bessere ökonomische Erfassung des Kreditrisikos auf Einzeltitelebene erzielt werden kann.

Nach der ökonomischen Logik der gegenwärtig gültigen Eigenkapitalregulierung muß man die Risikogewichte als Abbildung des Risikobeitrags des einzelnen Titels in einem gut (oder zumindest nach Maßgabe der aufsichtlichen Diversifikationsvorschriften ausreichend) diversifizierten Kreditportefeuille verstehen.[53] Ratingagenturen bewerten jedoch das Ausfallrisko des einzelnen Titels ohne Rücksicht auf einen möglichen Portfoliozusammenhang. Es ist allerdings eine Konstante in der Methodik der aufsichtlichen Gewichtung von Kreditrisiken, die diesen durchaus bedeutsamen Unterschied nicht berücksichtigt, die Bezugnahme auf Ratings ist damit nur eine konsequente Fortsetzung.

Parametrische Portfoliokonzepte beruhen auf den Bausteinen Erwartungswert, Varianzen und Korrelationen. Da man Ratingklassen mit Ausfallwahrscheinlichkeiten verbinden kann, lassen sich aus der Bezugnahme auf Ratings Erwartungswerte für Verluste abschätzen, die in die Ermittlung eines Portfoliorisikos eingehen können. Ratings als aufsichtliche Inputgröße grundsätzlich anzuerkennen, stellt daher ungeachtet der oben angeführten methodischen Bedenken einen wichtigen Schritt in die richtige Richtung dar. Dabei sind *interne Ratings* in Verbindung mit bankinternen Erfahrungen über historische Ausfallwahrscheinlichkeiten und vor allem Ausfallquoten möglicherweise wert-

---

51 Dabei handelt es sich um die OECD-Staaten mit einigen Ergänzungen und ohne Mexiko.

52 Vgl. Standard & Poor's (1999) mit Ratings per 10.12.1999 und Moody's (1999) mit Ratings per 16.12.1999. Lagen Ratings von beiden Agenturen vor, wurde das Rating von Standard & Poor's verwendet. Für Südkorea lag kein Rating durch eine der beiden Agenturen vor. Es ist aber zu vermuten, daß nach der Asienkrise eine hypothetische Bewertung durch eine Ratingagentur nicht sehr positiv ausfallen würde.

53 Vgl. die Diskussion der Adressengewichtung bei Burghof/Rudolph 1996, S. 149 f.

voller als öffentliche Ratings, bringen allerdings auch potenzierte Anreizprobleme im internen Risikomanagement mit sich.

Eine wesentliche Triebfeder für die intensive Beschäftigung des Basler Ausschusses mit Kreditrisiken war die rasante Entwicklung der Märkte für den Transfer von Kreditrisiken, insbesondere der Kreditderivatemärkte, in den letzten Jahren und die Befürchtung, risikomindernde Wirkungen dieser Aktivitäten in den Eigenkapitalanforderungen nicht angemessen zu berücksichtigen. Aus der bisherigen Regulierungspraxis und der Beschränkung auf die Anerkennung von Micro-Hedges ergeben sich insbesondere Probleme durch einen *Maturity Mismatch* (Laufzeitunterdeckung) und einen *Asset Mismatch* (Divergenz zwischen Referenzaktivum und abzusicherndem Titel), auf welche das Konsultationspapier daher explizit eingeht.[54] Bei beiden Fragestellungen entspricht die im Konsultationspapier favorisierte Lösung der Regelung des Rundschreibens des BAKred, ohne allerdings bei der Laufzeitunterdeckung konkrete Anrechnungssätze zu nennen. Insbesondere bezüglich einer unvollständigen Korrelation zwischen abzusichernder Position und Referenztitel des Kreditderivates wird damit eine Entwicklung zu einer portfolioorientierten Kalkulation des Kreditrisikos einstweilen abgeschnitten. Allerdings drängt der Ausschuß in diesen wie auch anderen Fragen die Bankindustrie (und interessierte Dritte) dazu, selbst Vorschläge für ein besseres Verfahren zu entwickeln.

Die bisherigen Vorschläge des Basler Ausschusses zur Behandlung von Kreditderivaten stellen also keineswegs den erhofften Durchbruch bezüglich einer portfolioorientierten aufsichtlichen Behandlung von Kreditderivaten dar. Aber auch in der jetzigen Form hätten die in Vorschlag gebrachten Änderungen der Eigenkapitalregulierung weitreichende Implikationen für den Einsatz von Kreditderivaten durch Banken:

Die Veränderung der Bonitätsgewichte wird die *Marktstruktur im Hinblick auf Kontraktpartner und Underlyings* verschieben. Parteien mit relativ zur bisherigen bankaufsichtlichen Einstufung guten Ratings werden zu attraktiven Kontraktpartnern. Ein wichtiges Beispiel sind hier Unternehmen, die derzeit aufgrund ihres Bonitätsgewichts von 100% als Kontraktpartner für Absicherungstransaktionen im Anlagebuch gar nicht und im Handelsbuch nur sehr eingeschränkt in Frage kommen. Da gut geratete Corporates nach den Vorschlägen des Basler Ausschusses aber nur noch mit einem Bonitätsgewicht von 20% belegt werden, kann durch Abschluß eines Kreditderivates mit einem Unternehmen eine Eigenkapitalerleichterung erzielt werden. Die neue Eigenkapitalregulierung würde demzufolge einen Transfer von Kreditrisiken außerhalb des Bankensystems begünstigen. Mit der angestrebten Verbesserung der Risikoabbildung auf Einzeltitelebene durch die Bezugnahme auf (externe oder interne) Ratings wird sich auch die

[54] Vgl. Basler Ausschuß für Bankenaufsicht 1999b, S. 44-46.

Auswahl der Underlyings von Kreditderivaten stärker am ökonomischen Risiko und dem Ziel einer Optimierung des ökonomischen Kapitals orientieren. Heute bestehende Verzerrungen der Marktstruktur durch Regulierungsarbitrage-Aktivitäten dürften sich insofern abmildern. Die Lücke zwischen der Optimierung des ökonomischen und regulatorischen Kapitals wird damit zwar kleiner, bleibt aber dennoch erhalten.

4 Fazit

Die dynamische Entwicklung des Bankaufsichtsrechts in der jüngsten Vergangenheit ist an erster Stelle ein Reflex auf die schnelle Folge von Veränderungen an den Finanzmärkten und bei den Möglichkeiten des Risikomanagements der Institute. Dementsprechend betont das BAKred in seinem Rundschreiben den vorläufigen Charakter seiner Regelungen zu Kreditderivaten und auch der Basler Ausschuß bemüht sich, auf neue Entwicklungen zu reagieren und die Mitgestaltung bankaufsichtlicher Normen durch die Finanzinstitute zu induzieren. Es fragt sich allerdings, ob dieser dynamische Dialog rechtzeitig zu befriedigenden Ergebnissen führen wird. Weder das Rundschreiben des BAKred noch das Konsultationspapier des Basler Ausschusses zeichnen eine konkrete Umsetzung portfolioorientierter Konzepte im Kreditrisikobereich vor, sondern bleiben dem Konzept einer einzeltitelbezogenen Risikobetrachtung verhaftet. Damit ist nur ein wenig bedeutsamer Teil der potentiellen Anwendungsmöglichkeiten von Kreditderivaten zur Risikogestaltung abgedeckt.

Die Frage der richtigen bankaufsichtlichen Unterstützung eines sachgerechten Einsatzes von Kreditderivaten hat aber wichtige wettbewerbliche Nebenwirkungen für die deutsche Kreditwirtschaft, die es der deutschen Bankenaufsicht nicht erlauben, auf flexiblere internationale Vereinbarungen zu warten. Ein bloßes Reagieren der Bankenaufsicht auf die Entwicklung der Märkte erscheint schon deshalb als unzureichend, weil das Handeln der Bankenaufsicht diese gleichzeitig prägt. Es ist nicht zu erwarten, daß die Kreditinstitute entgegen ihren kurzfristigen Gewinninteressen von sich aus die Entwicklung von Märkten für bestimmte Kreditderivate betreiben und damit deren spätere aufsichtsrechtliche Anerkennung evozieren. Die Bankenaufsicht sollte daher der Marktentwicklung voran- und nicht hinterherschreiten. Dies ist nicht nur im Interesse eines besseren Kreditportfoliomanagements der Banken, die sich dadurch im Wettbewerb mit anderen Formen der Finanzintermediation besser behaupten könnten. Auch aus den ureigensten Zielen der Bankenaufsicht ergibt sich ein Interesse an einer entsprechenden bankaufsichtlichen Behandlung von Kreditrisiken, um die Bildung wohldiversifizierter Bankportefeuilles durch den Einsatz von Kreditderivaten zu unterstützen. Denn dies trägt zu einer höheren Stabilität der individuellen Banken und damit auch des Finanzsystems in seiner Gänze bei.

Literaturverzeichnis

Albrecht, P. (1998), Stochastische Ansätze zur Quantifizierung des Ausfallrisikos von OTC-Finanzderivaten; Transactions of the 26th Int. Congress of Actuaries, 7, S. 359 – 370

Alexander, C. / Phelan, K. (1999): Different Strokes; in: CreditRISK, October, S. 32 – 35

Allen, F. / Gale, D. (1998), Comparative Financial Systems: Competition versus Insurance, mimeo

Altman, E.I. / Saunders, A. (2000), An Analysis and Critique of the BIS Proposal on Capital Adequacy and Ratings, Salomon Center Working Paper, New York, mimeo

Ammann, M. (1999), Pricing Derivative Credit Risk, Springer Lecture Notes in Economic and Mathematical Systems 470

Artzner, P. / Delbaen, F. / Eber, J.-M. / Heath, D. (1997), Thinking coherently; in: Risk, Vol. 10, S. 68 – 71

Baetge, J. (1998a), Kreditwürdigkeitsprüfung mit neuronalen Netzen; in: A. Pfingsten (Hrsg.), Münsteraner Bankentage 1997, Münster, S. 39 - 59.

Baetge, J. (1998b), Empirische Methoden zur Früherkennung von Unternehmenskrisen, Opladen/Wiesbaden.

Barth, J. (2000), Worst-Case Analysen des Ausfallrisikos von Finanzderivaten unter Berücksichtigung von Markteinflüssen, Verlag Dr. Kovac, Hamburg

Basler Ausschuß für Bankenaufsicht (1999a), Credit Risk Modelling: Current Practice and Applications, April, Basel

Basler Ausschuß für Bankenaufsicht (1999b), A New Capital Adequacy Framework, Consultative Paper, Juni, Basel

Basler Ausschuß für Bankenaufsicht (1999c), Principles for the Management of Credit Risk, Consultative Paper, Juli, Basel

Basler Ausschuß für Bankenaufsicht (1996), Overview of the amendment to the capital accord to incorporate market risks, Basel

Basler Ausschuß für Bankenaufsicht (1988), International Convergence of Capital Measurement and Capital Standards, Juli 1998 (erweitert im April 1998, Januar 1996, April 1995, Juli 1994, Juli 1994 und November 1991), Basel

Bennett, P. (1984), Applying Portfolio Theory to Global Bank Lending; in: Journal of Banking and Finance, Vol. 8, S. 153 - 169

Bester, H. und Hellwig, M. (1989), Moral Hazard and Equilibrium Credit Rationing: An Overview of the Issues; in: G. Bamberg und K. Spremann (Hrsg.), Agency Theory, Information, and Incentives, Berlin, S. 135 - 166.

Bingham, N.H. / Kiesel, R. (1998), Risk-Neutral Valuation: Pricing and Hedging of Financial Derivatives, Springer Finance

BIZ (1999a), A New Capital Adequacy Framework, Consultative paper issued by the Basel Committee on Banking Supervision, June, Basel

BIZ (1999b), Credit Risk Modelling: Current Practices and Applications, Basel Committee on Banking Supervision, April, Basel

Boos, K.-H. / Meyer-Ramloch, D. (1999), Kreditderivate: Die Regeln der Bankenaufsicht; in: Die Bank, o. Jg., S. 644 - 653

Brakensiek, T. (1991), Die Kalkulation und Steuerung von Ausfallrisiken im Kreditgeschäft der Banken, Frankfurt

British Bankers' Association (1998), BBA Credit Derivatives Report 1997/98, London

Bundesaufsichtsamt für das Kreditwesen (1999), Rundschreiben 10/99 zur „Behandlung von Kreditderivaten im Grundsatz I gemäß §§ 10, 10a KWG und im Rahmen der Großkredit- und Millionenkreditvorschriften", Berlin 16.06.1999; unter: http://www.bakred.de/texte/rundsch/rs10_99e.htm

Burghof, H.-P. (1998), Eigenkapitalnormen in der Theorie der Finanzintermediation, Berlin

Burghof, H.-P. (2000), Systemrisiko und internationale Regulierungsinitiativen; in: C. Conrad / M. Stahl (Hrsg.), Risikopotential und Risikomanagement an internationalen Finanzmärkten, Stuttgart

Burghof, H.-P. / Henke, S. (2000), Perspektiven des Einsatzes von Produkten des Kreditrisikomanagements auf Bankkredite; erscheint in: Handbuch Risikomanagement, herausgegeben von Lutz Johanning und Bernd Rudolph, Bad Soden

Burghof, H.-P. / Henke, S. / Rudolph, B. (1998), Kreditderivate als Instrumente eines aktiven Kreditrisikomanagements; in: Zeitschrift für Bankrecht und Bankwirtschaft, 10. Jg., S. 277 - 286

Burghof, H.-P. / Rudolph, B. (1996), Bankenaufsicht, Wiesbaden

Caouette, J.B. / Altman, E.I. / Narayanan, P. (1998), Managing Credit Risk, The Next Great Financial Challenge, Wiley Frontiers in Finance, Wiley & Sons Inc., New York

Carty, L.V. / Lieberman, D. (1996), Defaulted Bank Loan Recoveries, Moody's Investor Service, Global Credit Research

Chicago Mercantile Exchange (1999), CME Quarterly Bankruptcy Index (QBI) Futures and Options; unter: http://www.cme.com/qbi/qbi.html am 15.12.1999

Cox, J. C. / Ingersoll, J. E. / Ross, S. A. (1985a), An intertemporal general equilibrium model of asset prices; in: Econometrica, Vol. 53, S. 363 - 384

Cox, J. C. / Ingersoll, J. E. / Ross, S. A. (1985b), A theory of the term structure of interest rates; in: Econometrica, Vol. 53, S. 385 - 407

Crabbe, M. (1999), LIFFE Ponders Credit Swap Contract; in: Risk, Vol. 12, No. 7, S. 6

Credit Suisse Financial Products (1997), CreditRisk+: Technical Document

Crnkovic, C. and Drachman, J. (1996), A Universal Tool to Discriminate Among Risk Measurement Techniques. RISK.

Crouhy, M. / Galai, D. / Mark, R. (2000), A Comparative Analysis of Current Credit Risk Models; in: Journal of Banking & Finance, Vol. 24, S. 59-117

Crouhy, M. / Mark, R. (1998a), A Comparative Analysis of Current Credit Risk Models; Presentation at the Conference on: Credit Modelling and the Regulatory Implications, September, London

Crouhy, M. / Mark, R. (1998b), Aggregating and Integrating Market and Credit Risk within a Consistent Framework, Global Derivatives, Paris

Das, S. (1998), Credit Derivatives – Instruments; in: S. Das (Hrsg.), Credit Derivatives – Trading & Management of Credit & Default Risk, Singapur et al., S. 7 - 97

Das, S. (Hrsg.) (1998), Credit Derivatives. Trading & Management of Credit & Default Risk, Wiley Frontiers in Finance, Wiley & Sons Inc., Asia

Davé, R. and Stahl, G. (1997), On the accuracy of VaR estimates. Forthcoming Proceedings of the 6-th Econometric Workshop of the University of Karlsruhe, Germany

Dawid, A. P. (1984), The Prequential Approach; in: Journal Royal Statistical Society, Vol. 147, S. 278 - 292

Deutsche Bundesbank (1998), Der neue Grundsatz I; in: Monatsbericht, Mai, S. 69

Duffee, G. R. (1996a), On measuring credit risks of derivative instruments; in: Journal of Banking and Finance, Vol. 20, S. 805 - 833

Duffee, G. R. (1996b), The variation of default risk with treasury yields; in: Risk Measurement and Systemic Risk, Board of Governors of the Federal Reserve System

Duffee, G. R. (1996c), Rethinking Risk Management for Banks: Lessons from Credit Derivatives; in: Rethinking Bank Regulation: What Should Regulators Do? The Proceedings of the 32nd Annual Conference on Bank Structure and Competition, Mai 1996, Federal Reserve Bank of Chicago, S. 381 - 400

Duffie, D. / Huang, M. (1996), Swap rates and credit quality; in: Journal of Finance, Vol. 53, 3, S. 921 – 949

Duffie, D. / Singleton, K. J. (1998), Simulating correlated defaults, Working Paper, Stanford University

Düllmann, K. / Uhrig-Homburg, M. / Windfuhr, M. (1999), Risk structure of interest rates: An empirical analysis for deutschemark-denominated bonds; forthcoming: European Financial Management

Edwards, F. R. (1999), Hedge funds and the collapse of long-term capital management; in: Journal of Economic Perspectives, Vol. 13.2, S. 189 - 210

Eisenführ, F. und Weber, M. (1999), Rationales Entscheiden, 3. Aufl., Berlin u.a.O.

Elton, E. J. / Gruber, M. J. (1995), Modern Portfolio Theory and Investment Analysis, New York et al.

Embrechts, P. / Klüppelberg, C. / Mikosch, T. (1997), Modelling Extremal Events, Springer-Verlag, Heidelberg

Financial Services Authority (1999), Guide to Banking Supervisory Policy, jüngste Lieferung 30.9.1999; unter: http://www.fsa.gov.uk/bank/supolicy.htm

Fons, J. S. (1994), Using default rates to model the term structure of credit risk; in: Financial Analysts Journal, Sept.-Oct., S. 25 - 32

Froot, K. A. / Stein, J. C. (1998), Risk Management, Capital Budgeting, and Capital Structure Policy for Financial Institutions: An Integrated Approach; in: Journal of Financial Economics, Vol. 47, S. 55 - 82

Garside, T., Stott, H. und Strothe, G. (1999), Portfoliomanagement des Kreditrisikos; in: J. Moormann / T. Fischer (Hrsg.), Handbuch Informationstechnologie in Banken, Wiesbaden, S. 186 - 207

Gordy, M.B. (2000), A Comparative Anatomy of Credit Risk Models; in: Journal of Banking and Finance, Vol. 24, S. 119 – 149

Gordy, M. B. (1998), A Comparative Anatomy of Credit Risk Models, Working Paper, Federal Reserve System

Gorton, G. B. / Pennacchi, G. G. (1993), Security Baskets and Index-Linked Securities; in: Journal of Business, Vol. 66, S. 1 - 27

Gorton, G. B. / Pennacchi, G. G. (1995), Banks and Loans Sales – Marketing Nonmarketable Assets; in: Journal of Monetary Economics, Vol. 35, S. 389 - 411

Gupton, G.M. / Finger, C.C. / Bhatia, M. (1997), CreditMetrics – Technical Document, Morgan Guaranty Trust Co.

Guthoff, A. / Pfingsten, A. / Schuermann, T. (1999), Die Zukunft des Kreditgeschäftes; in: Zeitschrift für das gesamte Kreditwesen, Vol. 52, S. 1182 - 1186

Guthoff, A., Pfingsten, A. und Wolf, J. (1998), Der Einfluß einer Begrenzung des Value at Risk oder des Lower Partial Moment One auf die Risikoübernahme; in: A. Oehler (Hrsg.), Credit Risk und Value-at-Risk Alternativen, Stuttgart, S. 111 - 153

Härdle, W. (1990), Smoothing Techniques, Springer, New York

Härdle, W. / G. Stahl (2000), Backtesting beyond VaR; in: W. Härdle et al. (Hrsg), Measuring Risk in Complex Stochastic Systems, Lecture Notes in Statistics

Härdle, W. / Hlávka, Z. / Stahl, G. (2000), Mapping-Verfahren für Aktienportfolios, in Vorbereitung

Hellwig, M. F. (1994), Liquidity provision, banking and the allocation of interest rate risk; in: European Economic Review, Vol. 38, S. 1363 - 1389

Henke, S. / Burghof, H.-P. (1999), Kreditderivate und Eigenkapitalunterlegung: das Rundschreiben 10/99 des BAKred; in: Zeitschrift für das gesamte Kreditwesen, 52. Jg., S. 726 - 733

Henke, S. / Burghof, H.-P. / Rudolph, B. (1998), Credit Securitization and Credit Derivatives – Financial Instruments and the Credit Risk Management of Middle Market Commercial Loan Portfolios, CFS Working Paper Nr. 98/07, Frankfurt am Main

Hull, J. C. (1989), An analysis of the credit risks in interest rate swaps and currency swaps; in: Recent Developments in International Banking and Finance, S. 109 - 130

Huschens, S. (1997), Genauigkeit von Schätzungen des Risikopotentials; in: C. Hipp et al. (Hrsg.), Geld, Finanzwirtschaft, Banken und Versicherungen, Karlsruhe

Huschens, S. (1998), Confidence Intervals for the Value-at-Risk; in: G. Bol et al. (Hrsg.), Risk Measurement, Econometrics and Neural Networks, Heidelberg

International Swaps and Derivatives Association (1998), Confirmation of OTC Credit Swap Transaction, New York, Januar

J.P. Morgan (1999), The J.P. Morgan Guide to Credit Derivatives, London

J.P. Morgan / Reuters (1997), CreditMetrics™ – Technical Document. Morgan Guaranty Trust Company, Reuters Ltd., New York, December

Jackson, P. / Furfine, C. / Groeneveld, H. / Hancock, D. / Jones, D. / Perraudin, W. / Radecki, L. / Yoneyama, M. (1999), Capital Requirements and Bank Behaviour: The Impact of the Basle Accord, Basle Committee on Banking Supervision Working Paper, No. 1, April

Jackson, P. / Perraudin, W. (1999), The nature of credit risk: the effect of maturity, type of obligor, and country of domicile; in: Financial Stability Review, Bank of England, November, S. 128 - 140

Jarrow, R.A. / Lando, D. / Turnbull, S. (1997), A Markov Model for the Term Structure of Credit Risk Spreads; in: Review of Financial Studies, Vol. 10, No. 2, S. 481 - 523

Johanning, L. (1998), Value-at-Risk zur Marktrisikosteuerung und Eigenkapitalallokation, Bad Soden

Jones, D. (1999), Emerging Problems with the Accord: Regularory Capital Arbitrage and Related Issues; erscheint in: Journal of Banking and Finance

Jones, D. und Mingo, J. (1999), Credit Risk Modeling and Internal Capital Allocation Processes: Implications for a Models-Based Regulatory Bank Capital Standard; in: Journal of Economics and Business, Vol. 51, S. 79 - 108

Kaplan, R. / Urwitz, G. (1979), Statistical Models of Bond Ratings: A Methodology Inquiry.; in: Journal of Business, Vol. 62, S. 317 - 325

Karatzas, I. / Shreve, S. E. (1988), Brownian Motion and Stochastic Calculus, Springer-Verlag Inc., New York

Kealhofer, S. (1995a), Managing Default Risk in Portfolios of Derivatives; in: Derivatives Credit Risk: Advances in Measurement and Management, RISK Publications, London, S. 49 - 63

Kealhofer, S. (1995b), Portfolio of Default Risk; proprietary documentation, KMV Corporation, San Francisco

Kealhofer, S. / Kwok, S. / Wenlong, W. (1998), Uses and abuses of bond default rates; in: CreditMetrics Monitor, 1st quarter, S. 37 – 55

Kiesel, R. / Perraudin, W. / Taylor, A.P. (1999), The Structure of Credit Risk, Birkbeck College mimeo, submitted for publication

Kim, T. (1998), A Hundred Ways to Slice Up Credit; in: Euromoney, Issue No. 347, S. 97

Kloeden, P. E. / Platen, E. (1992), Numerical Solutions of Stochastical Differential Equations, Springer-Verlag, Berlin-Heidelberg

Koyluoglu, H.U. / Hickmann A. (1998), A Generalized Framework for Credit Portfolio Models, Working Paper, Oliver, Wyman & Company

Koyluoglu, U. und Hickman, A. (1998), Reconcilable Differences; in: Risk, Vol. 11, S. 56 - 62.

Krahnen, J.P. und Weber, M. (1999), Generally Accepted Rating Principles: A Primer, mimeo

Kuritzkes, A. (1999), Kreditportfoliomanagement: Neues Geschäftsmodell im Firmenkundengeschäft; in: Die Bank (o.J.), S. 60 - 64

Kuritzkes, A., Harris, S. und Strothe, G. (2000), Redesign des Kreditprozesses; in: Die Bank (o.J.), S. 42 - 47

Lehrbaß, F.B. (1999), Risikomessung für ein Kreditportfolio – Ein Methodenvergleich; in: Die Bank, Vol. 2, S. 130 - 134

Longstaff, F. A. / Schwartz, E. S. (1995), A simple approach to valuing risky fixed and floating rate dept; in: Journal of Finance, Vol. 50, S. 789 - 819

Longstaff, F. A. / Schwartz, E. S. (1998), Valuing Credit Derivatives; in: Journal of Fixed Income, Vol. 5, No. 2, S. 6 - 12

McKinsey & Co. (1998), Credit Portfolio View: Approach Document and User´s Manual

Merton, R.C. (1973), Theory of Rational Option Pricing; in: Bell Journal of Economics and Management Science, Vol. 4, S. 141 - 183

Merton, R.C. (1974), On the Pricing of Corporate Debt: The Risk Structure of Interest Rates; in: Journal of Finance, Vol. 29, S. 449 - 470

Miller, R. (1998), Refining ratings; in: Risk, August, S. 97 - 99

Moody's (1999), Country Ceilings for Foreign Currency Ratings Current as of Dec 16; unter: http://www.moodys.com/repldata/ratings/ratsov.htm

Murphy, A. H. (1997), Forecast Verification; in: Economic Value of Weather and Climate Forecasts, ed. by R. W. Katz and A. H. Murphy, Cambridge University Press

Murphy, A. H. and Winkler, R. L. (1987), A General Framework for Forecast Verification; in: Monthly Weather Review, Vol. 115, S. 1330 - 1338.

Nelken, I. (1999), Implementing Credit Derivatives, New York et al.

Nickell, P. / Perraudin, W. / Varotto, S. (1998), Ratings- versus Equity-Based Credit Risk Models: An Empirical Investigation, unpublished Bank of England mimeo

Nickell, P. / Perraudin, W. / Varotto, S. (1999), Stability of Rating Transitions; erscheint in: Journal of Banking and Finance

o.V. (1999), Kommission spricht sich für interne Ratings bei Kreditbewertung aus; in: Handelsblatt, 22.11.1999

Ong, M.K. (1999), Internal Credit Risk Models. Capital Allocation and Performance Measurement, Risk Books, London

Overbeck, L. / Stahl, G. (1998), Stochastische Modelle im Risikomanagement von Kreditportfolios; in: Oehler, A. (Hrsg.), Credit Risk und Value-at-Risk Alternativen, Stuttgart, S. 77 - 110

Overbeck, L. und G. Stahl (2000), Backtesting; erscheint demnächst in: B. Rudolph / L. Johanning (Hrsg.), Handbuch des Risikomanagements

Perraudin, W. / Taylor, A.P. (1999), On the Consistency of Bond Spreads and Ratings, unpublished Birkbeck College mimeo

Reoch, R. / Masters, B. (1996), Credit Derivatives: Structures and Applications; in: Financial Derivatives and Risk Management, Heft 5, März 1996, S. 4 - 10

Ridder, T. und Stahl, G. (2000), Flexibles oder starres Mapping?; erscheint demnächst in: B. Rudolph / L. Johanning (Hrsg.), Handbuch des Risikomanagements

RiskMetrics (1996), - Technical Dokument. 3rd and 4th Ed.

Rudolph, B.(1995), Derivative Finanzinstrumente – Entwicklung, Risikomanagement und bankaufsichtsrechtliche Regelungen; in: B. Rudolph (Hrsg.), Derivative Finanzinstrumente, Stuttgart, S. 3 - 41

Saunders, A. (1999), Credit Risk Measurement. New Approaches to Value at Risk and Other Paradigms, Wiley Frontiers in Finance, Wiley & Sons Inc., New York

Schierenbeck, H. / Rolfes, B. (1999), Operationalisierung von CreditRisk+ für Anwendungsfelder in der Bankpraxis, unveröffentlichtes Manuskript

Schmid, B. (1998), Credit Risk – Verschiedene Methoden zur Berechnung von Kreditrisiken, Risklab Research Paper, Nr. 9807

Schmid, B. / Zagst, R. (1999), A Three-Factor Defaultable Term Structure Model, Risklab Research Paper, Nr. 9902

Schröck, G. (1997), Risiko- und Wertmanagement in Banken – Der Einsatz risikobereinigter Rentabilitätskennzahlen, Wiesbaden

Sellier-Moiseiwitsch F. (1993), Sequential Probability Forecasts and the Probability Intregral Transform; in: International Statistical Review, Vol. 61, No. 3, S. 395 - 408

Sellier-Moiseiwitsch F. / Dawid, A.P. (1993), On Testing the Validity of Sequential Probability Forecasts; in: Journal of American Statistical Association, Vol. 88, S. 355 – 359

Stahl, G. (1997a), Backtesting using a Generalisation of the traffic-light-approach; in: Neural Network World, Vol. 7, S. 565 - 577

Stahl, G. (1997b) Three Cheers, RISK

Standard & Poor's (1999), Sovereign Rating List, Dec. 10, 1999; unter: http://www.standardpoor.com/ratings/sovereigns/ratingslist.htm

Staub, M. (1998), The term structure of interest rates and the swiss regional bank crisis: Empirical evidence and its limits; in: Swiss Journal of Economics and Statistics, Vol. 134, S. 653 - 683

Treacy, W.F. und Carey, M. (2000), Credit Risk Rating Systems at Large US Banks; in: Journal of Banking and Finance, Vol. 24, S. 167 - 201

Wahrenburg, M. (1999), Vergleichende Analyse alternativer Kreditrisikomodelle; erscheint in: Kredit und Kapital, mimeo

Wahrenburg, M. / Niethen, S. (2000), Vergleichende Analyse alternativer Kreditrisikomodelle; erscheint in: Kredit und Kapital

Wilk, M. B. / R. Gnanadesikan (1968), Probability Plotting for the Analysis of Data; in: Biometrika, Vol. 55, S. 1 - 17

Wilson, T. (1997a), Portfolio Credit Risk (I); in: Risk, September, Vol. 10, No. 9, S. 111 - 119

Wilson, T. (1997b), Portfolio Credit Risk (II); in: Risk, October, Vol. 10, No. 10, S. 56 - 61

Wilson, T. (1997c), Measuring and managing credit portfolio risk, Working Paper McKinsey & Company, Zürich, Switzerland

Winton, A. (1999), Don't Put All Your Eggs in One Basket? – Diversification and Specialization in Lending, Working Paper, Finance Department, University of Minnesota, August

Zhou, C. (1997), Default Correlation: An Analytical Result, Working Paper, Federal Reserve Board

Stichwortverzeichnis